LOCUS

U0009411

LOCUS

LOCUS

LOCUS

宗才的逃亡路線
斯
蒙
古
黑龍江
吉林
遼寧
古
蒙
陰
山
烏拉山
臨河
呼和浩特
內
北京
天津
毛烏素
沙漠
阿拉騰席勒鎮
榆林
何珠的農莊
銀川
甘
寧夏
河北
山
陝
西
山東
朝鮮民主主義人民共和國
大韓民國
東海
黃河
肅
西
西安
華山
河南
江蘇
安徽
上海
大巴山
隧道
長江
四川
重慶
湖北
浙江
洞庭湖
湖南
江西
福建
貴州
臺灣
雲南
廣西
廣東
廣州
澳門
香港
南海
越南
寮國
菲律賓

哈薩克
俄羅
0
200公里
蒙古
戈壁
內蒙古
吉爾吉斯
烏拉山
西山嘴鎮
梅力更召
臨河
呼和浩特
包頭
普濟寺
蘭湖村
黃河
虛燈之墳
毛烏素沙漠
喀什米爾
青海
西藏
拉薩
尼泊爾
印度
不丹
長江
孟加拉
印度
0
1000公里
緬甸
國立台灣師範大學地理系吳信政繪製

mark

這個系列標記的是一些人、一些事件與活動。

mark 27 **師父還在沙漠裡**

(Bones of the Master)

作者：喬治・科瑞恩 (George Crane)

譯者：梁永安

責任編輯：潘乃慧

主　　編：陳郁馨

美術編輯：謝富智

法律顧問：全理法律事務所董安丹律師

出版者：大塊文化出版股份有限公司

台北市105南京東路四段25號11樓

www.locuspublishing.com

讀者服務專線：0800-006689

TEL：(02) 87123898　FAX：(02) 87123897

郵撥帳號：18955675　　戶名：大塊文化出版股份有限公司

版權所有　翻印必究

Bones of the Master: A Buddhist Monk's Search for the Lost Heart of China

Copyright © 2000 by George Crane

Chinese (Complex Characters) Volume copyright © 2001 by

Locus Publishing Company

Published by arrangement with Lichtman, Trister, Singer & Ross

through Arts & Licensing International, Inc., USA

ALL RIGHTS RESERVED

總經銷：北城圖書有限公司　　地址：台北縣三重市大智路139號

TEL：(02) 29818089 (代表號)　　FAX：(02) 29883028　29813049

排版：天翼電腦排版印刷有限公司　　製版：源耕印刷事業有限公司

初版一刷：2001年 9 月

定價：新台幣 350 元

Printed in Taiwan

Bones of the Master

師父還在沙漠裡

蒙古禪師與美國嬉皮的狂沙之旅

George Crane 著　梁永安 譯

目錄

中文版編輯說明

在編輯《師父還在沙漠裡》的過程中，書中的專有名詞和若干詩作要如何翻譯成對應的中文，著實讓我們傷透腦筋。

本書中的地名，有幾個比較爲人所知，它們的還原沒有太大的問題。但也有不少較小的地名，如內蒙古的一些盟市與城鎮，則的確花了我們好一番功夫查索與確認。至於書中人物，除了少數幾個可在古籍中確定的人名之外，其餘均爲宗才禪師的親友。此外，宗才本人的詩作是以中文寫成的，我們也希望能還原成中文。

爲了確認這些地名與人名，以及取得宗才詩作的原文，我們聯絡上作者喬治·科瑞恩，希望透過他向宗才確認這些名詞的中文。問題是宗才行蹤不定，無從連絡。在久候數月而仍無消息的情況下，我們不得不決定：不再等候。

我們最後的處理方式如下：我們盡可能地查索了現有資源，確認了大多數地名，少數的較小的地名和大部分的人名則採取了音譯或意譯的方式。至於宗才的詩，我們只好就英文字意進行翻譯。

讀者現在所看到的譯本中，地名如「普濟寺」、「蘭湖村」、「東陽寺」爲音譯；「大沙山」（或作「沙山」）、「好枕山」、「神女峰」、「大蛇板山」、「小蛇板山」、「北方美味黃河飯館」、

「華嚴佛教靜修中心與基金會有限公司」則爲意譯。另外，「三湖河」、「白彥花」、「毛烏素沙漠」這幾個地名經過查證，內蒙古實際上確有這些地名及地點，也符合書中文意；只由於一方面這些是當地較小的地名，另一方面在没有宗才本人的確認下，我們不敢百分之百地以爲這些譯名絶對無誤，特此提出。

人名方面，除了「宗才」、「巖頭全豁」及「瑞巖師彥」以外，其餘都是譯音。

本書譯者梁永安先生在翻譯時盡了最大的努力，在此特別致意。

第一篇　餓鬼

無法控制，只能想辦法抓住。

——宗才

一　普濟寺的最後日子

一九五九年十月，內蒙古，烏拉山

十月的第九天。黃色的季節。宗才在半夜三點醒來，離黎明射出第一線曙光還有兩小時。在寺院石牆外的枯草地上，未斷氣的蟬還在刮擦著翅膀。

宗才點燃了一截短燭，燭蕊啪一聲燃起，融出蠟油，火光搖曳。他把手攏在燭焰旁邊取暖，燭影在他的臉上和僧房四壁的石牆上閃忽。在這個六英尺長、九英尺寬的小房間裡，宗才已居住了十八年。這裡有他寥寥可數的全部家當：一個睡鋪、一床捲起來的棉被、一件褐色的粗布僧袍、一張寫字桌、一副硯台毛筆，還有一本詩集。他走到那個可以眺望北邊和西邊山脈的窗前，望向絲路的方向。但他唯一勉強看得到的，只是位於窗戶下方的一棵梅樹，它的樹枝光禿禿的，而樹皮則被風沙刮成了灰色。幾小時以後，全寺的僧侶就會在樹下集合，進行經行❶。

宗才把浮在臉盆上的薄冰戳開，把水潑到臉上。然後，擦乾雙手，從掛在牆上的僧袍裡取出一串念珠，又點燃了一根二十公分長的香，開始打坐。打坐過後，香灰仍燒著，他穿上僧袍，走到樓下的廚房去喝茶。這時，更鼓聲把他的師兄們叫起床。他傾聽著他們盥洗和咳嗽的聲音。在這段最後的日子裡，寺裡的僧人並未怠忽每日例行性的功課。不過，宗才今天卻不會參加做早課的行列。接下來，他聽見他的師兄們拖著腳步，從走廊往廟裡走去時僧袍發出沙沙沙的摩擦聲。之後，宗才就出發了。

佛寺南牆的鐵門仍然向世界緊閉著。這是普濟寺的最後一天了。普濟寺是一個禪宗聖所，也是一個僧侶們尋求開悟、研究《傳心法要》的所在，但再過一天，這一切將不復存在：

語言道斷，
心行處滅。
將心無心，
心卻有成……
默契而已。❷

宗才推開鐵門往外走的時候，天還沒有半點將要亮的跡象。他迫不及待去看他的師父，所以當他走過那條彎過菜園和儲藏室的小路時，步履相當匆促。他熟悉這條路，也熟悉自己踩在碎石上的腳步聲以及那條向東流去的溪水的潺潺聲。

他把僧袍的下襬束在腰間，以方便接下來的攀爬。而爲了抵禦稍後將從北緯四十度照來的灼烈陽光，他也戴了一頂草帽，保護他的光頭。他用帶子束在背上的一個籃子裡，裝著寺裡僅存的小米。寺裡只剩下幾天份的燈油了。昨天，僧人們收割了最後的包心菜和馬鈴薯。黃豆、小麥和小米都全吃光了。中國正在鬧飢荒。未來兩年內，會有超過三千萬人餓死。唯一有東西可吃的，是幹部和老鼠。

一場爲期十年的大混亂業已開始。即使是在像蒙古和西藏這樣遙遠的地區，寺廟仍然逃不過被摧毀的命運，佛經會被焚毀，僧侶會遭殺戮。

死亡什麼時候會降臨在普濟寺呢？各種流言四起，像飢荒一樣，從一個鄉鎮蔓延到另一個鄉鎮。上星期，一個梅力更召❸的喇嘛在深夜從烏粱素海高原來到普濟寺，他的喊叫聲和敲打鐵門的聲音，把寺中的僧人從睡夢中驚醒。他的臉色蒼白如紙，兩眼慌亂。他告訴他們，德高望重的禪宗第九代傳人、一百二十歲的虛雲大師，已經被共產黨給砍死了❹。

□

早上五點，天空開始出現隱約的亮光。星星正遠去，而黑漆一團的烏拉山和長在山脊上的樹木，輪廓逐漸分明。宗才往南邊他的出生地望過去——在十六歲剃度爲僧以前，他一直住在那裡。

癸亥年，也就是一九二五年，三月十八日的申時，宗才出生於位在黃河以北的蘭湖村。他在家裡四兄弟姊妹中排行最小，被取名爲寶生，但父親喜歡喊他「三三」，意指「三子的第三子」。這是一個他父親津津樂道的巧合。

宗才至今還記得小時候從母親懷抱中醒來、聽到他師父敲木魚的情景。當虛燈一個人在山洞裡念經的時候，村民都說能聽得見他的聲音，好像他就在他們耳邊低語。村民稱他爲「赤腳眞人」，這是因爲他走路時總是赤著腳，哪怕在蒙古最凜冽的寒冬也是如此。村民都相信他能飛。

宗才八歲那一年，有個托缽僧遊方到了蘭湖村，搭了個臨時的帳篷，爲人治病。他使用的治病工具包括一根拐杖和一個銅鈴，以及一些由樹皮、樹枝、樹根、花朵、牛角、獸骨和各類動物腺體磨粉混合而成的丹藥。另外，他還有一種特效的聖水，是他對著開水念咒三次製成的。托缽僧離開的時候，宗才一路跟在他後面。幾個小時後，托缽僧被跟得不耐煩了，便向宗才撒去一把石頭，並拿起拐杖，作勢要打他。宗才哭著跑回家。

宗才父親在他十歲那一年突然過世。宗才很傷心，獨自一個人跑到沙山去爲父親痛哭哀悼。他在那些流動沙丘群中遊蕩了九天。他發現自己有跟野馬說話的能力。牠們告訴他，有朝一日他會遇到一個羅漢，並成爲他的弟子。到了第九天，他看到一顆星星在西方的天空墜落，他很肯定，那就是他往淨土去了的父親。

□

小徑隨著河流延伸，沿著山脈彎向西邊，然後通向一千五百公尺高的山口。從普濟寺到烏拉山山麓，有二十公里遠，而從此再到他師父位於西麓上的洞穴，又是二十五公里遠。宗才腳步穩健地穿過一個長滿楊柳、柏樹和杜鵑的樹林。由於飽受終年不斷的風沙吹襲，這些樹的葉子稀稀落落，而且樹幹一律斜向東邊。這些風沙，來自世界上最恐怖的兩個沙漠，一個是戈壁沙漠，一個是塔克拉馬干沙漠。戈壁沙漠是一個龍的天堂——一個恐龍的埋骨處。而塔克拉馬干一詞的原意，則大約是「有去無回之地」。在山口的頂端，可以看到一片開闊的山谷景致——一望無際的大草原向東一直延伸到天邊，一個遊牧者的海洋。

時間已過了正午，太陽把山頂照得清清楚楚，雲霧盡散。從一條面南的山溝裡，宗才摘下了一朵野蘭花。他把頭抬起，透過稀薄乾燥的空氣，可以望見從他師父的山洞裡飄出來的炊煙。

爬過最後一片佈滿滑溜碎石的陡坡與大石塊以後，宗才終於到達了山洞。他看見師父正在罐子裡煮著兩人份的小米，一雙眼睛盯著火焰。過去三十年來，虛燈都是吃小米粥維生。他看起來像個沒有體重的人。長年的艱苦修行讓他兩頰深陷，腿和手臂都只剩下一層皮包骨。

一如往常的，他師父正在等著他。宗才出現的時候，虛燈並沒有跟他打招呼或流露出驚奇的表情。他早知道宗才要來，因爲就像許多東方的巫師一樣，虛燈也修習了他心通。

虛燈住了三十年的這個洞穴，位於一座狹窄懸崖的後方，上面懸著一堆亂石。洞穴的地面已經過整平。每逢冬天，宗才會在洞口堆幾堆乾草，讓山洞暖和一點。宗才每次來山洞，都一待數天，有時甚至是數星期。師徒倆就坐在平坦的石頭上，靠著小小的火堆取暖。在虛燈之前住在這個山洞裡的是個叫虛貫的喇嘛，他是十九世紀末的時候，從西藏雲遊到蒙古這裡來的；據說他有行走水面上的本領。

師徒倆默默用餐，拿小枝條充當筷子。那是一個怡人的下午，溫暖的陽光撫拂在他們臉上。他們的坐姿就像悟道那個晚上的釋迦牟尼。

無眼耳鼻舌身意，

無色聲香味觸法，

無眼界，

乃至無意識界。❺

在一片沈寂中，虛燈突然開口問道：「你們什麼時候動身？」

「明天，晚課之後。」

之後是一陣長長的靜默，只有一隻黃鳥在唱歌。最後，虛燈說：「我太老了。」

他沒有再說什麼，也沒有必要再說什麼。沒有什麼是會被遺漏的。每一件發生的事情，都是合該發生的。過去如此，未來也是如此。即使這個訣別也是如此。

□

宗才下山的時候，一彎月亮已經高掛在只有一朵孤雲的夜空上。當他再次推開普濟寺的鐵門時，時間已是午夜過後。他很希望還有別的辦法，然而沒有。寺裡的僧眾非得逃亡不可，這是無庸置疑的。他們沒開會，也沒有投過票或作出過決議。他們別無選擇。繼續生存下去是他們的責任。弘揚佛法也是他們的責任。這是他們對虛燈師父的責任，一如虛燈對他的師父的責任。

因爲我們是僧人。因爲我們需要自由。因爲我們希望成佛。

當宗才準備就寢的時候，天氣變得極端的冷。我抖得何其厲害，長夜何其漫漫。他比他的師兄們要早起了一小時，獨自在黃沙翻捲的院子裡做體操。

五點是早課開始的時間，宗才覺得他呼出的氣息都頓時結成了冰。

六點，僧眾稱念佛號的聲音最後一次在普濟寺升起：

南無阿彌陀佛，一切讚頌歸於佛陀。

這時一陣從西伯利亞吹來的冷風，把香爐裡的煤吹得嘶嘶作響。

七點，吃過一頓煮包心菜的早飯以後，天上開始飄雪。這雪讓宗才憶起母奶的甜美滋味，憶起母親彎腰親吻他臉頰時的氣息，憶起父親每年下第一場冬雪時喜歡吟誦的〈疏梅〉詩：

數過冰花三兩枝，
東風點綴看新奇。
黃昏照影臨清淺，
寫出林逋一句詩。❻

九點，僧人開始進行三小時的參禪，坐禪和經行交替進行，每一節的時間是一炷香。

無無明，
亦無無明盡，
乃至無老死，
亦無老死盡。❼

午餐同樣是包心菜和茶。

「我也吃『空』。」日後宗才這樣說。

午飯後是一天下來第一次休息的時間。僧人們脫下袍子，換上中國農人的典型裝束——厚厚的藍色棉夾克棉褲子，光頭上是一頂有護耳的毛澤東式帽子。這些褪色而有補丁的衣服穿在他們的瘦骨架上，顯得鬆鬆垮垮。

宗才把僧袍摺好後，就到圖書館去，把下午的時間消磨在閱讀上。

他從老子那裡尋求力量和方向感：

天下之至柔，
馳騁天下之至堅。

他也翻了李白的詩。李白是唐朝的傳奇詩人，有一次喝醉了，爲了擁抱自己的倒影而溺死在一個充滿月影的池塘裡。

對酒不覺暝，落花盈我衣。
醉起步溪月，鳥還人亦稀。❽

繼而他又翻了翻杜甫的詩。杜甫是另一個唐朝的大詩人，對痛苦與放逐有很深的體驗。

世亂遭飄蕩，生還偶然遂。
鄰人滿牆頭，感嘆亦歔欷。❾

傍晚時，在昏暗的油燈的照明下，僧眾齊聚一起，吃他們在普濟寺的最後一頓飯。宗戒、宗喜、宗法、宗實、宗致、宗威、宗宏、宗證、宗行、宗修、宗鑑、宗才——十二個師兄弟，分成兩排對坐。他們低著頭默默吃飯的樣子，就像是正在沈思的佛。

□

馬鈴薯、包心菜和淡茶。這是寺裡最後的食物。而僧眾們最後要做的事情，也只有晚課和逃亡。有幾條可能的逃亡路線，但全都充滿危險。最年長的師兄宗戒將帶領宗才以外的其餘師弟，採取不同的路線向西和向南逃亡，前往尼泊爾與印度；而宗才——師兄弟裡最年輕的一個——則會孤身南行，穿過混亂的心臟地帶，前赴香港。

晚課過後，大約是十點左右，宗才開始收拾東西。他決定要把一本收有兩百首詠梅詩的詩集《千片雪》帶在身邊。他知道這是個風險，因爲如果軍隊在他身上搜到詩集的話，他將被處死。不過這本詩集是他祖父和父親兩代的遺物，也可能是他的家庭——乃至於他的整個文化——唯一可以倖存下來的東西。他小心翼翼從袍子上撕下一長條的布塊，把書綁在腰間，藏在衣服後面。

他拿起放在寫字桌上的一捲米紙卷。那是一份度牒，是除詩集以外他會隨身攜帶的東西。五年前，盧燈認定宗才在經過十三年的修行以後，已夠資格成爲一名僧人，遂發給他這份度牒。這種上面書寫著精美毛筆字和蓋著印鑑的證明文件，最早是唐朝時代朝廷發給僧人，用來保障他們在中國境內通行無阻的。明朝洪武皇帝的時候，又修訂了一次度碟的規定：

> 昭告天下各寺院之僧衆，凡有欲前往各處受戒、拜師習佛或學禪之行童，不論其欲往任一寺廟或深林、高山，均須放行。

對宗才這個即將躲躲藏藏的僧人來說，他的度牒乃是一本個人的通行證，是一個傳承的證明，是一個提醒：提醒他，他所碰到的瘋狂，只不過是五千年歷史的一次小小出軌。他用手背輕輕撫平紙卷，對摺了三遍，然後脫下了棉襖，以僧人特有的精準，在襯裡的地方割開一道小口子，把度牒塞入其中，保護在層層的棉絮裡。之後，他用細線把口子縫了起來。宗才對自己的手工很滿意。他穿上外衣，走到廚房，在口袋裡塞滿了馬鈴薯。

□

晚課的誦經聲響徹整個佛殿。結束後，十二個師兄弟一一走到佛像面前，焚上一炷香，一鞠躬，然後往佛殿外走去。沒有人往回看。普濟寺的歷史已經結束了。裊裊青煙從蓮花型的銅香爐上升起，像雲一樣飄向被薰得漆黑的屋樑上。

當他們走過院子，向大門走去時，發現虛燈正在那棵梅樹下等他們。他從陰影處往前踏出，袍裾隨風亂飛，臉上閃忽著佛堂裡的微弱燭影。

僧人們紛紛向師父鞠躬，對於他竟然摸黑下山來感到詫異。但他畢竟還是錯過了晚課。虛燈一一抓住他們的肩膀一會兒。輪到宗才的時候，虛燈交代他說：「到處都是餓鬼，走快一點。要保持堅強的意志。」

宗才什麼都沒說。已經沒有什麼可說了。他知道，再沒多久，他師父就會遺忘這世界，忘掉自我，靜靜死去。他也很害怕他的師兄們就這樣死去，因爲沒有他們，他眞不知道自己要如何參透這個世界的空性。

讓我們像雪一樣，四散紛飛吧，他想。

然後就轉過身，走向未知。

二　說空氣

一九八七年十月，紐約州北部，卡茨基爾山脈

另一個秋天。另一個黃色季節。我和太太女兒才搬到胡士托附近的瓜爾迪安山（Woodstock, Guardian Mt.）沒多久。那個晚上，應該是十點左右吧，突如其來刮起了一場大風雪。森林裡的聲音聽起來就像發生了一場戰爭。樹木在溼雪的重壓下紛紛折斷。半夜我起了床，獨自一人站在窗前看那不斷去而復返的冬天。

風暴在日出前停息。院子裡枝葉散落一地。我們對外連絡的道路——一條窄窄的泥土路——被積雪封鎖了。不過那卻是一個無比可愛的早晨：若干浮雲在天空徘徊，徐徐的松風吹拂著，溫暖的太陽把地上的積雪照得光彩奪目。我手裡拿著熱騰騰的咖啡，站在露天平台上，被眼前的景色帶進了一種心無雜念的狀態。就在這時，有一個人笑吟吟地從樹林裡走了出來，

手拿一把鋸，肩上揹了一把斧頭。他的步履穩定而有力，走起路來像個運動家。看到他，我彷彿看到一幅我所喜愛的中國畫的畫中人物——一個手舞足蹈、正在揮毫寫詩的和尚——化成了眞人，出現在我面前。

白亮亮的禿頭
在松風之中
無拘無束

我走過院子去跟他打招呼，溼雪在我的靴底下扎扎作響。「我是宗才。」他自我介紹說：「是你的鄰居，是個僧人，佛教的老和尚。」

「我是喬治・科瑞恩。」我伸出一隻手。

「哈啊，原來是小喬治，幸會幸會。」他點點頭，用溫暖、多繭而粗指的手緊緊握住我的手：「你是個作家？」

「你怎麼知道？」

他把斧頭鍥在一個樹椿上，又把鋸子放在斧頭旁邊：

「我不知道，我是猜的。」

「猜得好，不過我只寫詩。」

「太棒了！」他幾乎是用喊的說：「詩是最棒的，是最高等的教育。你有寫過什麼好詩嗎？」

「也許有一、兩首。」

「眞巧，我也是。」他用雙手握住我的手：「人生有時很奇妙。」

他比我矮個八、九公分，年紀比我大二十歲左右。他是個矮個子，卻長得結實，差不多一百六十七公分高，大約有六十三公斤重，頭戴一頂黃色針織帽，帽沿下面露出兩隻招風耳。他身上包裹著層層的衣服，其中包括一件破破爛爛、掉了內裡的大衣，一件鈕子掉光的褐色開襟毛線衣和一件肉桂色的棉布夾克（夾克上面的口袋都用安全別針別了起來）。他穿的薄棉褲是茶色的，在足踝的部位則用鞋帶把褲管綁住。爲了在溼雪上行走，他腳上穿了一雙兒童尺碼的黃色橡皮靴。

「路斷了。我們可以把它打通。需要花我們一點點力氣。很簡單。沒什麼大不了。」

他用起弓鋸和斧頭來快速而精準，我用的雖然是鏈鋸，但不加把勁，還跟不上他。

「我的力氣很大的。別偷懶。趕快工作。」

談到懶，他倒是沒有說錯。我是個遊手好閒的人，嗜愛書本、女人和旅行，討厭從事任何長期或固定的職業。

直到中午過後，我們才把路給打通。他看起來毫無倦容，我也一樣。我們沒有說太多話，大多時候都只是面帶微笑。

「來我家吧。」工作結束時他對我說：「我會泡茶和煮麵。我們來談談詩，但不要談文學，文學只是空中樓閣。」

他的家是一棟結實的兩層樓小屋，離我家大約四分之一英里，路況很差。屋子很簡單，一樓用的建材是煤渣磚，二樓用的是風乾的灰松木。二樓的正面有一個與外牆齊寬的木頭陽台，面向南邊，俯瞰著一片凌亂的梯行丘；四周長滿了岩櫟和月桂樹。

「房子是我自己蓋的。」

「很漂亮。」

我這話讓他感到很高興，他輕輕拍了拍牆壁說：「對，而且堅固。絕不會動半下，又美。」

我在門前充當踏墊用的厚紙板上揩去靴底的雪。一樓被一個磚砌的煙囪和一個巨大的鐵壁爐一分為二。但壁爐裡看不到柴燒過的痕跡。宗才示意我在廚桌旁的一張木椅子坐下。餐桌上鋪著油布，上面攤著些中文報紙。廚房的窗戶都用透明的塑膠布遮蓋著，這些塑膠布固然可以阻隔一些寒氣，但也使得屋內的光線變得黯淡。他煮了一鍋麵，在裡面加入少許麻油和醬油。他把麵倒在一個碗裡給我，自己則直接吃鍋子裡的麵。午餐後，他遞了一個蘋果給我：「先拿去供佛。」

我脫下靴子，跟他一起到二樓去。二樓沒有隔間，漆成紅、金兩色的佛像被放置在一塊擱板上。佛像面對的是一排向南的窗戶，可以看見屋外的岩櫟和月桂樹。

「哈─囉，佛陀，哈─囉，我可愛的佛陀。」宗才帶著唱腔說。

「哈囉，佛陀。」我囁嚅著，把蘋果放到擱板上的一個碗裡。

神像和宗教象徵物一類的東西常讓我感到不自在。我不知道爲什麼。是因爲我是個猶太人嗎？是因爲耶和華的警告深深烙印在我的腦子裡嗎？

除了我以外，你不可有別的神。不可以爲自己雕刻偶像……不可跪拜那些像，也不可事奉它，因爲我耶和華——你的上帝——是忌邪的上帝。❶

在房間最東邊的地板上，鋪著一些攤平的紙箱。

「那是我的床鋪。」宗才說：「和尙的生活是很淸苦的。」

他打開一個破破的行李箱，東翻西翻之後，找出一本書，得意地在我面前舉起來：「《千片雪》。徹頭徹尾的禪詩。」

「《千片雪》？漂亮的名字。」

「對，用中文寫的。包含兩個朝代的禪詩。元朝和明朝。」

在十四世紀元朝即將覆亡以前，號稱「怪僧人」的詩人馮海粟寫下了一百首詠梅詩，透過詩來思索梅花的特質。梅樹是不會結果的，但會在晚冬開花，花香瀰漫在空氣中。

在那之後大約三個世紀的明朝，一位自稱「梅顛道人」的詩人周履靖又寫了一百首的詠梅詩，應和馮海粟之作。他把他自己和馮海粟的詠梅詩合爲一冊，取名爲《千片雪》。

「事實上，周履淸寫的詠梅詩要比馮海粟多一首。」宗才說：「一共是一百零一首。」下樓後，宗才動手泡茶。他一口氣就把一杯燙呼呼的茶喝下，然後站起來，把他那件破爛的大衣披在肩上，打開詩集，用中文吟哦了起來。他唸詩的聲音，介乎念經和唱歌之間，充滿韻律和節奏。他一面唸詩一面輕轉手指和手腕，一條腿向前屈膝，一條腿向後彎成弧形，胸和腹平而直。他的眼睛在眼角處微微彎起，縮成兩道小縫，鼻孔一開一闔。

我聽不懂他唸的詩的內容，但從他優雅而抒情的朗誦，我卻看出了我們之間的共通性：我們都愛文字，愛它們的組合方式，愛它們的重量和聲音，愛那些能把已逝的味道、氣味、聲音召喚回來的意象。

日落的時候，我蹦蹦跳跳地踏上回家的路，陶醉在發現的喜悅中。我告訴宗才，我希望跟他合作，把那些詠梅詩譯成英文，但他的反應並不熱衷。

「匆匆忙忙不會做出什麼好東西來。」他說。

□

在我們相識的第一個秋天和冬天裡，我們相處的時間愈來愈多。有時，他會請我開車送他下山，到鎮上去買食物、工具或寄信。他都是早上工作，我則是晚上寫詩，所以，下午最適合我們出遊和他所謂「談一點點哲學」的時間。他的大門總是爲我敞開：「你隨時可以過來。不用敲門。我們是朋友。」

「你們稱這一類的哲學性聊天爲什麼？」他問我：「英文裡是怎麼說的？」

「扯屎（bull-shitting）。」

「屎？就像狗屎？」

「沒有錯。」

他笑了起來：「屎眞是貼切的形容。中國人也有類似的想法。糞便可以培育出很多好東西。」

「包括詩。」

「還有觀念。屎的養分非常豐富。」

當時我還不曉得，這個說著一口破英語、喜愛詩、習慣睡在厚紙板上的有趣老人，不僅是個梵文和佛經的專家，還是個大夫、畫家（他的畫在香港倍受珍視及收藏）和受敬重的高僧。

宗才和我的女兒席莉一見如故。他說席莉是他的老師。他們常常玩在一塊，用一種他們自己發明的語言交談。他們的談話聲聽起來像鳥鳴。

「出生以前我都是赤著腳走路，赤腳跑過一顆顆星星。」席莉有一晚這樣對宗才說。

「你們的小女娃有很深的慧根。」宗才告訴我。

除了跟我相處的時間以外，他大部分時間都是一個人過。我慢慢明白到，他來自一個我們西方人幾乎一無所知的精神傳統。在他那間位於瓜爾迪安山旁邊，岩櫟和月桂樹簇擁的小房子裡，宗才遵行著有幾千年歷史的佛門生活。就像他的師父虛燈一樣，他是一個隱居深山的聖人，一個刻意迴避眩目廟宇、金錢和徒眾的遁隱者。

他家的電話偶而會響起，但他總是說：「很忙，我今天沒空。」然後就把電話掛斷。有很多仰慕者想成爲他弟子，他們會在鎮上的街道或超級市場裡攔住他，要求追隨他研習佛法，但一概被回絕。宗才告訴我，泰國的千水寺在一九八三年修復重新開寺時，他是十九個被泰國政府邀請去主持典禮的僧人之一。但他沒去。

「爲什麼不去呢？」我問。

「沒空。你知道我的，小喬治。我不想見太多人。太忙了。我需要閱讀、寫作、思考。還需要做研究。」

「研究？什麼樣的研究？」

「數學。很高深、很特別的數學。對你來說太難了。」

「大概吧。」我笑著回答。

「這數學來自《易經》。是有關天地萬物運行之理的。我已經研究了很多年。很好玩。需要動腦筋。」

他用一根食指反覆去扣他的左手掌。

「說不定。」他微笑著說：「我會得到諾貝爾獎。」

「說不定。」

「萬物由何而來？你能回答嗎？」他問。

「不能。」

「是數字。數字可以計算萬物。可以計算時間、雪、雨、精子，一切的一切。數字賦予『空』以活力。」

「佛也是數字創造的嗎？」

「不，佛是自己創造自己的。」

「你沒錯，太高深了，我不會懂的。」

「對，詩才是你的所長。詩跟數學比起來，詩對你比較有好處。」

宗才對自己的一套形上學和宇宙論非常有自信。他沒有任何疑惑，沒有任何不安全感。我很忌妒。

我從一個鄰居處得知（這鄰居是位新時代的治療師），宗才也是一位針灸師兼草藥專家，全國各地都有僧人和俗家人慕名前來找他。她甚至信誓旦旦的說，宗才懂得用法術治病。有時候有些人會不請自來，敲宗才的門，向他求診。雖然宗才花在求診者身上的時間多過前來尋求精神指引的人，他有時候卻只淡淡回應。

「吃兩顆阿斯匹靈吧。」他會這樣說，然後就斷然轉過身離開。

我請他幫我看看身體。他揮手叫我走開：「你健康得很，小喬治。什麼問題都沒有。」

我很好奇他的醫術是哪裡學來的。

「我有幾千年的經驗。」他說：「我有關草藥和特殊療法的知識，是從我師叔那兒學來的，他是個著名的道教大夫。在香港時，我在大學裡研究過針灸，認識很多專家。」他閉起眼睛，很睿智似的點了點頭，攤開雙手說：「我甚至懂得治療癌症。」

「癌症你也能治？」

「當然！不只癌症，什麼病都可以。你有朋友需要我幫忙的嗎？」

「沒有，他們每一個都很好。」

他不以為然地咕嚕了一聲。

沒想到，這一席談話的當晚，我就接到一個老朋友的電話。我們已經好些年沒有連絡。

「我快死了。」他說。

他頭部長了個橘子般大的腫瘤，沒辦法開刀。「我身體一向很好，連感冒也沒有得過。」

他頓了一下，然後說：「在這之前，我根本不知道什麼叫生病、瀕臨死亡。」

「你會痛嗎？」

「痛得厲害。」

他告訴我，十五年前他的愛人離開了他，跟他最好的朋友跑去洛杉磯。他唯一的兒子也疏遠了他，住在巴黎。他感到很孤單。

當晚，天氣變了。一陣強勁的東北風把樹木僅餘的葉子一掃而空。電話掛斷後，我走到屋外，佇立在雨中。往常，滿月這時應該升到天空上的，但今天沒有，天空一片空白，風中隱約可聞到柴煙和風雨欲來的大西洋氣息。在安眠藥和止痛藥淹沒他的知覺前，他都想什麼呢？我想著，然後又想：他會做什麼樣的夢呢？

第二天早上，我把這件事告訴了宗才：「他名叫朱利安。他得了癌症，痛得要命，只剩下幾個月好活。」

「我們明天去看你朋友。」他說：「我們可以試試看。」

第二天破曉天色暗褐。先是起霧、下雨，雨又成了霰。葉子在水坑裡凍結了。我們往北開了一小時的車，到達朱利安的家。他正等著我們，身上裹著好幾張毯子，坐在壁爐的前面。我根本不敢相信眼前的人就是他。過去，他是我見過最生龍活虎的人，如今卻像一艘沈船的殘骸。

宗才把四根手指搭在朱利安的脈搏上，專心地諦聽了好一會。之後又檢視了他的眼睛和舌頭。還用手去攏那個讓朱利安頭部扭曲變形的腫瘤。最後，他往椅背上靠，嘆了口氣。「我很抱歉，朱兒。」（編按：宗才不會發 Julian 這個名字的音，講成了 Jewels，這裡譯作「朱兒」。）他說：「我幫不上你的忙，你來日不多了。」

朱利安臉色發白，不發一語。我也是。宗才握起他的一隻手說：「不用怕，朱兒，人必有一死。」他說：「但我可以開些止痛藥給你。吃了就不會再覺得疼痛。會很舒服。你想要嗎？」

□

朱利安在兩週後過世。一如宗才所承諾的，他沒有感到疼痛。

偶爾會有些可愛的瘋子到宗才家作客。其中特別可愛的一個，名叫約翰和尚。出現在我們面前的時候，他手上托個缽，穿著件橘色的長衫和一雙軍靴。他是個佛學家，出身於南波士頓的德裔天主教家庭，本來是個修進口車的技師，後來卻出家當了和尚。他能用濃濃的南方腔精彩敍述宗才的故事。

有一次，我們一起坐在宗才的廚房時，宗才在一旁補衣服。約翰就開口了：「七〇年代中，這老頭住在紐約下東城亨利街的一間廟堂裡。」

「小喬治，那是你們老鄉的地方。」宗才答腔說。

那是間空置經年的猶太會堂，屋頂上有破洞，玻璃窗都是破的，靠厚紙板擋風，也沒有任何暖氣設備。宗才將它取名為「福智」。宗才把一個裝冰箱的紙箱墊在地上，鋪上報紙，當成床來睡；又在過去猶太教教士拉比念誦猶太教律法《托拉》的祭壇上放了個柳條箱子，用來供奉佛像。兩個流氓破門而入的那一天，約翰正好跟宗才待在一起。

「當時我生病。」約翰說：「發著高燒，只能勉強坐起來。他們一共有兩個人。兩個神經兮兮的癮君子，手裡拿著刀子，想要把佛像拿走。」

宗才把頭從手上的針線抬起來，插嘴說：「我告訴他們，我們是窮僧人。但他們不理會，很惡劣地說想要佛像。於是，我改用很溫柔的聲音對他們說：『佛像不能給你們，但我可以給你們麵條。』」

我和約翰都笑了起來。

「他們其中一個想過去搶佛像。」約翰接著說：「宗才便一躍而起，跳過他們頭頂，落在他們與佛像中間。宗才還沒有出手，他們就已落荒而逃。」

「他跳過他們頭頂？」

宗才聳了聳肩：「當然。當時沒有其他人在，如果有人跳過他們頭頂的話，想必就是我了。」

「你不知道老頭的功夫了得？」約翰邊說邊比出與別人對打的動作。

宗才把縫到一半的針停了下來：「哎，小喬治，約翰不過是開玩笑的罷了。當時情況危急，我不得不那樣做。我並不需要懂什麼功夫。那兩個孩子很可憐，完全失去了理智，兩眼通紅，像在流血。他們向我亮出他們的刀子，而我則向他們亮出我的力量。」

他把補好的僧袍舉了起來，向著光處端詳。「這件袍子我已經穿了三十年。」他一邊說一邊把袍子舉到我鼻尖前面：「你看我的縫衣技術如何？」

他的線縫得又細又平整，讓人嘆服。

「完美。有什麼事是你做不到的嗎？」

「沒有。每件事情都一樣。只要專心致志，就會做得好。」

「看來我也應該學一點這種專心致志。」

「你很需要。對你的生活會很有幫助。」

「老頭有跟你提過電視機的事嗎？」約翰問我。

「我組裝過一部電視機。我一個人。」宗才接話說。

我後來才知道，宗才對各式各樣的科技產品都很好奇。爲了瞭解電視的運作方式，他郵購買來一整部電視的零組件，自己組裝。結果很讓他滿意：「顏色很好，畫質很好，聲音也很好。」之後，他就用一台推車，把電視推到離他住處半公里外、位於米德山（Mead's Mountain）

山頂上的喇嘛廟。

「我把電視送了給那裡的西藏和尚。」宗才說：「他們喜歡東西。」我把這話當成一個禪宗笑話，用來凸顯宗才的苦行式禪宗傳統和相較之下稍重視物質的藏傳佛教之間的差異。

「你對那喇嘛廟有什麼看法？」我問。

宗才想了一下之後回答說：「他們有很多車子。」

對我這樣一個懷疑論者來說，宗才好得不像是眞的。他是個文藝復興式的全才：既是僧人，又是詩人、哲學家、科學家、醫生，懂得蓋房子，在必要的時候，還能施展工夫踢人屁股。不過，如果他向我傳教的話，那他給我的美好感覺將會蕩然無存。奇怪的是，雖然我一直預期他會向我傳教，但他始終沒有這麼做。

「寫作的人和僧人完全沒有兩樣。」他說：「寫詩就是你的坐禪。」

不管是宗教教條或任何形式的紀律，都會讓我覺得侷促忸怩。不過，從很久以前開始，我就對日本的禪學深感興趣。禪誕生於六世紀的中國，在十二世紀的時候由一些日本和中國的僧人傳入日本。它所強調的自發和即興，和我的信念若合符節。我覺得，那是一種無拘無束的精神，一種就像是詩的精神。

會做的事，要做到不知道自己在做什麼的地步，換言之，就是到達「忘我」的境界——這就是我信奉的箴言。坐禪——一個赤裸裸的時刻，你不是吐出眞理就是死亡的時刻。這看來就是寫作最妥貼的比喩。不過，每次我試著坐禪都無法保持平靜。它讓我反胃，所以我還是寧願寫詩。

□

在那個漫長、流連不去的秋冬的每一天，我都一再要求宗才和我合作譯詩，但他的回答總是千篇一律：「小喬治，做事不要慌慌忙忙。」要不，就是笑著說：「小喬治，我的文化是徹頭徹尾的儒家文化。再加上佛道的混合。你懂嗎？」

「懂。」我回答。雖然我一點都不懂。

之後，我就會回家去，繼續當個窮詩人。我每天都會寫一首詩。那是我的宗教，我唯一在乎的事情。我在一家租車中心兼小型汽車修理廠裡打零工。我負責的是櫃台的工作，用來當店面的舊穀倉並沒有暖氣設備；儘管如此，那仍然是個輕鬆的工作。除了需要磨磨鍊鋸，偶而磨磨萬用小刀以外，我大部分時間就是坐在櫃台後面，由著電暖爐在腳邊猛吹，在技師對著引擎喋喋不休的舒服背景聲中閱讀、寫作。

入春以後，我和宗才的友誼加深了，每天都會例行性地見上一面。每天中午下班後，我就帶著渾身的汽油味，徒步走到他山上的住處，找他吃個飯，聊一聊。他很喜歡聽我談我的工作跟引擎或鍊鋸有關的事情，而且似乎樂此不疲。喝過茶後，他會挨在椅子上，聽我唸我在早上所寫的東西。不過，他對我的輕聲細語很不以爲然。

「小喬治，你是在對自己的鬍子說話。我看你也許不太喜歡你寫的東西。」

「也許吧。」我咕嚕地說。

「站起來。大聲唸。慢慢唸。要唸得清楚。」

我討厭聽別人命令行事，也討厭大聲唸誦。我喜歡我腦子裡默唸的聲音。但我還是站了起來，按他的意思，逐字逐句清楚地唸出來。這種事，我決不會爲第二個人做。儘管內容有點淫穢，但我還是把整首詩唸給他聽。他帶著一種泰然自若的神情聽我把詩唸完。

「聽好，
有關你的馬子。」
伐木匠大塊頭華特說：
「你不要給我胡來。
第一點你給我記住，
我絶不允許
一個狗娘養的小鬼
在我家車道的盡頭和我女兒，

搞吹喇叭的勾當。」

我壓根兒不認爲宗才會明白我的詩在說些什麼，但出乎我意料之外，他聽完我的朗誦以後竟然點了點頭：

「嗯！大塊頭華特的口氣可眞強硬。跟中國人一樣。每個老爸想的都是一樣的事情。」

我在租車中心的工作，和我幾年來斷斷續續打過的零工，性質上並沒有兩樣。我的第三任太太西格莉是個女演員，爲了生活，她爲一家本地週刊寫政治新聞。她的稿費，加上我打零工的所得，就是我們賴以維生的全部收入。大部分的時間我都在閒晃，想學惠特曼❷的模樣，招引繆思的光臨。

我認識西格莉是在一九七九年夏天，當時她來到紐約州北部，爲一家本地的劇院演出。我剛好是這家劇院的編劇。從我看到她的第一眼，我的第二段婚姻就吹了。她穿著一條很短的短褲，臉上貼著一張蝴蝶圖案的貼紙。她搶眼、惹火又具鋒芒。我自此就不再反顧。我們成爲了流言蜚語的主角。有時我們睡在車上，有時睡在朋友家的地板上或分租的房間，偶爾也會睡在三流的旅社裡。西格莉常把高跟鞋掛在旅社房間牆上當裝飾。

後來西格莉開始接了一些待遇較好（儘管不見得稱心）的工作。我們搬進了曼哈頓下城的切爾西飯店，稍後又搬進了鮑厄瑞街的一個閣樓。和前任妻子離婚後，我接著與西格莉結婚。我靠著爲女明星拍大頭照，多賺了一點錢。不過，我大部分時間仍在街上閒晃、吸煙、跟流浪漢聊天，希望能寫出一首完美無瑕的俳句，但始終沒有成功。西格莉的經紀人催促她搬到洛杉磯，好在新一季的電視節目開始前爭取個角色。西格莉厭倦了音樂劇的演出，而我們所住的那個違建閣樓也在九月遭到拆除。我們決定搬到洛杉磯去，但因爲想看看卡茨基爾山（the Catskill Mountains）的楓葉變紅，所以計畫過了秋天再走。我們在胡士托的米爾溪汽車旅館租了一個房間。沒想到西格莉卻在此時懷孕了，於是我們不得不取消洛杉磯之行，另外租棟房子住了下來。

我都已經四十二歲了，才生平第一次碰到責任的問題。不管是在經濟上還是專業上，我都失敗得可以。很快，我們就花光了西格莉最後一齣演出（我還記得是麗芙・鄔曼的百老匯失敗之作，叫「我還記得媽媽」）蓄下來的錢，債台愈築愈高。不過，撇開錢的問題不說，我們生活倒是過得愉快。我們逗弄新生的小女兒，晚餐時暢飲廉價葡萄酒，等到西格莉母女都入睡了，我就會以凱魯亞克的狠勁兒，用一部老式打字機，寫作至深夜❸。我寫作的時候堅守三條禪的原則：不刪，不改，一直向前進。

這三條，也差不多是我的生活守則。「不改」的信條讓我的生活經常處於拮据之中。認識宗才的時候，我的景況正處於尋常的混亂狀態，而他似乎也意識到這一點。除了欠我那些仁慈而飽受我騷擾的朋友錢以外，我還經常無照駕駛；我的駕照在七年前因「鹵莽駕駛」罪名被吊銷了。

「處理一下你和政府機關之間的事。」宗才提醒我。

「你是個讀心者。」

「讀心者？」

「指你看得透別人的心。」

「我懂小喬治的心。」

對於別人的忠告，我通常都置之不理，不然就是一轉頭就忘得一乾二淨。但這一次我一反常態。我上了法庭，繳清了罰款，填了一大堆表格，又參加了四小時的道路講習，最後通過了考試重新領到駕照。

一星期後，我和宗才隔著他的餐桌對坐。樹葉隨著狂風亂舞著。

「你有興趣的話，我們可以來試做一些翻譯。」他說：「可以從明天開始。但要謹慎。十分謹慎。一首詩用錯一個字，就像是一個沒有頭的小嬰兒。它是不能活的。」他用食指抵在我的額上：「簡單是最重要的原則。」

「但不容易做到。」我說。

「是不容易。」

大大的不容易。畢竟，中文是一種不重主詞的語言，反觀英文，動詞和受詞的分別卻一清二楚。另外，有大量的中文字是同時兼具名詞與動詞的功能的，因此，用中文來思考的人，並不難把事物看成事件，不難把世界看成是由過程而非事物所構成的。

□

第二天，太陽無精打采地升起，一列雲從山的另一邊滾滾而來，快速帶來大片的雪花。不過，當我十點到達宗才的住處時，雪都融了，只剩山峰上零零星星的雪塊，以及往他家去的路上斑斑泥雪。他家的鐵壁爐並沒點起，而他的廚房，也比冷凍庫還要冷。他穿了一件破得像脫了毛的長大衣，而他那頂忠心耿耿的黃色針織帽，也一如往常的套在他的光頭上，帽沿下翻，蓋住雙耳。

他跟我打招呼：「眞高興看到你。坐。拿出你的紙筆來。」

他已經準備好了。我的杯子就擺在桌子上，等瓦斯爐上的水燒開了，他幫我在杯子裡加了水。

「喝茶。」他說，沒有任何其他的開場白。

「詩就像魚一樣，是可以從水裡飛到天上去的。和魚一模一樣。新鮮。生猛。」

「很棒的定義。」

「你喜歡也好，不喜歡也好，都無關宏旨。我們開始吧。你準備好了嗎？」

「準備好了。但你知道我的方法的。我偏好寬鬆的、自由的譯法。」

「那更好。詩必須像遊戲。像禪。」他在我面前晃著一根手指說：「你譯詩的時候，只要像砌金磚一樣把它砌起來就可以。即使是好作家，要是任何一個字都不願犧牲，就會誤事。想想河流。想想樹木。永遠都不要忘記我說的這番話，小喬治。」

「我不會忘記的。」

「那很好。詩就像說話。你看到我說話的樣子沒有？自然，簡單，一點都不複雜。只要有佛心、詩人的激情和禪的心靈。這樣寫出來的詩就會美。好的詩人寫出來的詩就像舞蹈，就像繪畫。這一切加起來就是文學。」

我知道「文」這個中文字除了有「文化」的意思外，還指「寫作」。

「『文』這個字也可以指詩嗎？」我問。

「完全可以。詩是屬於文學這個家族的。」

他拿出《馬氏漢英辭典》（*Mathew's Chinese-English Dictionary*），翻到「文」的條目，拿給我看。我把定義唸給他聽：「精緻。文明。文學。文化。」

「詩是世界的心臟。」他說。

「『文』也可以指文人。」

「就像你，小喬治。」

「但願我是。」

「說得好。」

□

我們一面譯詩，一面啜著中國的荔枝茶。我們的合作很克難：宗才的英文是破格的，而我的中文更只是零。所以，我們除了不斷把字典翻來翻去以外，還得加上比手畫腳、默劇表演和喋喋爭論。每當我不明白他意思的時候，他就會急得大叫大喊。我竭盡所能把詩譯得恰如其分，儘可能達到言與無言的交會點。就誠如宗才所說過的：「我們說的就是空氣。」

譯到周履靖的〈疏梅〉這首詩的時候，爲了解釋一個詞的意思，宗才用手指把兩隻眼睛撐得大大的，邊做這個動作邊喊：「不能睡覺！不能睡覺！」

「是『失眠』嗎？」我猜。

「你不懂！」他咆哮道：「你錯了，完全錯了。」

我翻開英漢字典，找到「失眠」這個字，遞給他看。他拿起一個放大鏡，盯著細小的字體看了好一會兒，才說：「是『失眠』，沒錯。」

庭院中

兩三根
優雅的
枝條
點點
花瓣
像星星般
四散開
失眠的
午夜
站在幽暗的
遊廊上
窗櫺上
月亮
移動著
影子[4]

宗才跳了起來，興高采烈地跳起一種他自己發明的舞來慶祝：「漂亮。譯得眞棒，只有你做得到，小喬治。」

我跟著他起舞。我們在廚房裡繞著圈子跳個不停。每當他喜歡我寫的東西時，我總是驚喜不已。我的翻譯是不是貼近原詩，我一點把握都沒有。它可能是一種與原詩全然不同的東西，像是從空氣裡蹦出來的新東西。

在譯詩的過程中，我發現，我就像是受到了一種魔術般、不可思議的潛移默化一樣，寫出了自己最好的作品。從宗才那口支離破碎而勉強可理解的英語中，我找到了我一直致力追尋的語言。

我們譯詩的工作持續著進行，但進度很慢，因爲他是個雲遊僧，常常外出——不是到布隆克斯（Bronx）去看他的好朋友樂土禪師，就是飛到加州、喬治亞州、佛羅里達或加拿大參加一些禪寺舉行的活動。他常常一去就是很長一段時間。你根本猜不透他爲什麼要這麼風塵僕僕地到處旅行，也根本不用揣測他什麼時候會回來。往往過了幾星期，甚至幾個月，我才會接到他打來的電話。

「小喬治，我要回來了。明天來接我吧。」他可不是問我要不要去接他：「十二點到。」

每次，我到鎭上的巴士站接到他的時候，他都是一副筋疲力竭的樣子。「我被太多人擠得透不過氣來。」他說。

我會先載他到超市採買：一袋馬鈴薯、一些麵條、一棵包心菜、幾棵花椰菜、兩條全麥麵包、他泡茶用的奶油、四個焙果（bagel）、一大塊乳酪，還有供奉給佛陀的柳橙和蘋果。他家就跟他離開的時候沒有兩樣：散發著煤渣磚和水泥的霉味、淡淡的香燭味、又甜又苦的橙味，還有痲油和花生油的堅果味。而透過透明塑膠布所照射進來的陽光，也照樣是奶油色的。

每次把他送到家，我都不會逗留太久，因爲他希望可以一個人獨處幾天，重新消失在他的隱士世界裡：一個坐禪、研究、閱讀與寫詩的世界。之後，我會重回他的餐桌，跟他喝茶、閒聊、譯些詠梅詩，招引繆思。

□

在我們一起譯詩的過程中，宗才開始斷斷續續、零零星星地談到他離開普濟寺後的逃亡過程。他從戈壁沙漠的邊緣出發，穿過正鬧著飢荒的中國，再南下到達香港。整個過程主要都是用走的。

有一天，我買了一本一九二三年版的「牛津高級地圖集」（*Oxford Advanced Atlas*）送給他，那是我在一戶要出清舊物的人家那裡買來的。裡面的中國地圖，理應和一九五九年的中國相差無幾。他一下子就被地圖吸引過去，並把地圖上下倒過來看。

「中國人畫的地圖都是倒過來的。」他說：「把北面放在底部。」

「爲什麼？」

「這樣風水才好。」

風水是中國人的方位之學。在傳統的中國羅盤裡——一種烏龜造型的羅盤——中土是位於正中間的。最佳的方位是龜殼的南坡、遠眺著鳳凰的位置。南方是中國人喜愛的方位，所以他們房子的大門都喜愛開向南方。相反的，北方則是一個爭戰不休的陰鬱之地，需要長城的保護，不被中國人青睞。所以，在中國人所繪的中國地圖裡，煦暖、陽光普照的南中國海是位於地圖的頂部的，而長城則位於地圖的底部，再下面是夷狄居住之區。依風水的觀點，中國是最完美的國家。而他們的地圖就證明了這一點。

宗才指著地圖上一塊淺褐色的地帶說：「這裡就是我的家。」

那地帶位於長城和黃河以北、戈壁沙漠的南緣。

「你可以把逃亡的路線指給我看嗎？」

「我走了超過一年。」他柔聲地說，然後微微彎腰，手指在地圖上緩慢移動，輕畫出一條從蒙古南下到香港的路線：從地圖下方人煙稀少的乾冷地帶，慢慢移向中部溫帶平原的人口稠密區，最後移到位於地圖上方的南中國海。他的手指歷經了不同的色塊：代表北方荒漠區的是淺褐色和黃色的色塊，代表山脈的是有等高線紋的雜灰色，而代表四川、湖南和南回歸線以南的肥沃三角洲的是淺藍和淺綠的色塊。

宗才胸膛起伏，呼吸急速。他輕嘆了一口氣，然後打開上衣一個用別針別著的口袋，掏出一張碎紙片來。

「這是我昨天晚上寫的。」他說：「是關於我逃亡過程的詩。」

眼淚在他眼眶裡打轉，但他強忍著不讓淚流出。他搖了搖頭說：「我答應過要告訴你我的遭遇。但很抱歉，小喬治，我做不到。我說不出來。眞奇怪。我的記憶就像風一樣捉摸不定。」

他用手把紙理平。他所寫的是一首散文詩，一段超現實與印象派風格的個人史，一個褪色的夢。他高聲把這首用好看的毛筆字寫成的詩朗誦給我聽：

離開普濟的時候，北風，哀哀北風，也與我們一同嗚咽。我們的哀愁，全寫在師父臉上。

我靈魂蹣跚地上路。山河變色，國土成謎。我的國家是個謎。

在一個飢餓和痛苦的年代，我踽踽獨行，伴著我的只有月光。它是我這個乞丐的唯一慰藉。

旅程繼續。我打西門離開了古都西安，我心靈的馬以雲爲鞍，以苦雨爲伴。天侯漸寒，雪魔來纏。該何去何從？只能上路，泰半往南。

路遠，
未來不可見。
一月。
一僧。
一孤兒。

在好枕山下，我飢餓無比。但突然間，我睡著了，夢中覺得很快樂。我被落葉所包裹，被秦始皇宮闕的陰影覆蓋。然後，一隻珍貴的白鶴把我喚醒，牠的叫聲嘹亮而清澈：喀——嚕！喀——嚕！

大巴山上有千愁。我這雙手和這一身皮膚，被切開了，深達骨頭。當時我正攀扶在一列火車車頂上，穿過三座可怕的隧道。血從我手上汩汩流出，我看見了那些如螻蟻般死去的人們。簡直是間餓鬼的監獄。

從神女峰，我可以看到流過四川省的揚子江，於是我繼續前行。之後在湖光山色的洞庭湖，我遇著了一位四處漫遊的船家，隨著他，我像蓮花一樣，隨波蕩漾，順流而下。

待我到達廣州，已經瘦骨如柴。我爬過會割人的鐵絲網，進入了香港。在那裡，鞭炮追著龍跑。

「眞的。」宗才說：「我的經歷很奇怪，你一定要明白。」

「我已經開始明白。」

三　獨眼佛

一九五九年，也就是宗才展開大逃亡的一年，中國正在鬧飢荒。一九五九年和一九六〇年發生在中國的兩次災難性歉收，造成了人類歷史上最淒慘的飢荒。這兩次歉收，種因於毛澤東所推行的大躍進政策（一九五八到一九六二）。談到毛澤東，我們西方人都習慣於把文化大革命（一九六六到一九七六）視爲他的激越和殘暴的最高表現。事實上，大躍進比文化大革命還要野蠻。

在一九五三年初，中國的工業成長迅速，但農業的生產量卻停滯不前。毛澤東把責任歸咎於農民和農村的幹部，認定那是集體農場匿藏糧食的結果，於是下令把所有糧倉打開，把所有的穀物運走。

另外，毛澤東又下令農民採行蘇聯生物學家李森科（Trofim Denisovich Lysenko）所鼓吹的一套種植方法，他不知道，一九三〇年代發生於烏克蘭和俄羅斯的大飢荒，就是李森科的僞科學一手造成的。李森科否定基因遺傳的理論，斥之爲法西斯的觀念，而相信決定植物和動物特徵的最主要力量在於環境而非基因。李森科的錯誤方法，再加上水災和旱災，最終引爆了一九五九與一九六〇年的大歉收。

讓情況更雪上加霜的是，當初毛澤東以爲，只要採行了李森科那一套，就可以創造出一個豐衣足食的天堂，所以鼓勵農民盡情吃喝。結果，僅僅二十天的時間，農民就吃掉原本可以吃六個月的白米。他們宰殺了所有牲口，大快朵頤。到了一九五九年的冬天，老弱的人開始死亡。春天還沒到，就有兩千五百萬的人陷於飢饉。

政府下令農人把他們的存糧全部交給集體農場，私藏糧食者一律處死。農村哀鴻遍野。男人爲求一飽，不惜把妻女賣爲妓女；飢餓的父母把小嬰兒放在路旁的溝穴，希望環境好一些的陌生人會發慈悲，收留小孩。一場大規模的國內大流亡於焉展開：農民們紛紛拋棄家園，想找到一個可以塡飽肚子的地方。而農村的幹部爲了控制局面，不惜使用各種恐怖手段：割鼻子、割耳朵、割舌頭、挖眼睛。農民有被射殺的，有被絞死的，有被活埋的。

□

離開普濟寺以後，宗才沿著黃河以北的氾濫平原，向南走了五小時。那是一片黃而平坦的土地，佈滿乾涸的溝渠，龜裂的地面硬得像鐵。他經過一個個荒廢的農莊，一棟棟沒有了屋頂的房子，在黎明前到達他的家鄉蘭湖村，躲在墓園區的邊緣。他計畫在墓園區待到天亮，然後潛入村子裡，見姊姊最後一面。不過，他卻碰到一個老朋友，正把食物藏匿到墓碑下。對方告訴他，軍隊就在附近，距離只有幾公里遠。

「快走，你得馬上走。」

一陣被風掀起的沙塵遮蔽了滿天的星星。宗才在他母親和兩個哥哥的墳前佇立了良久，然後再走到祖父的墳前，跪了下來。他祖父是宗才家族的族長，就是他，於一八五〇年代舉家從陝西遷到這裡，建立蘭湖村的。宗才撿了一塊白石，把自己寫的一首詩壓在父親的墳頭上：

別了，我的家人
一些浮光掠影
空留回聲與虛空
別了
快樂就像一張漂亮而
早逝的臉

之後，他就轉過身，走入了風聲呼嘯的黑夜之中。他打消了見姊姊最後一面的念頭，因爲他怕會被軍隊發現。他走到他小時候常游泳的黃河邊，遙望對岸的沙山所發出的暗光。之後，他踏入冰冷的河水，在水流的帶動下，向下游了近一英里。他在日出時攀上另一邊的河岸，身上的濕衣服熱氣騰騰。

他在沙山上的沙丘之間躲了一整天（沙山就是他當年哀悼父親的地方）。薄暮時分，他開始動身，走入了平坦而多岩石的毛烏素沙漠。他的腿強健有力，把一里又一里的路拋到了後頭。他走了一整夜，遠離大路，也刻意繞過零落散佈的村莊。有時，他在黑暗中可以隱約聽見從遠處傳來的行軍聲。眞的是行軍聲嗎？抑或只是風聲？白天，他睡在灌木叢、水溝或洞穴裡，以土覆蓋身體作爲掩護。他懂得尋找可以吃的根和草，渴了，就吮吸柳樹枝和樹皮上的水分。兩星期以後，他又看到了黃河。黃河在這裡拐了一個很大的彎，流過一座座灰色的山崖。這裡的黃河水，跟流過蘭湖村的黃河水並沒有兩樣，只是兩者的距離超過三百公里。宗才沿著大略與黃河平行的路線向南走，朝著中國的心臟地帶而去。在萬里無雲的天空下，他爬過一座又一座的光禿禿的山巒。風在峽谷裡呼嘯而起，越過山脊，把灰和白堊粉像煙一樣吹過空蕩蕩的大地。

他誰都不能信任，因爲他是人民的公敵。人們都陷於絕望：他們挖掘樹根草皮爲食，或是把曬乾的玉米穗軸和葉子搗碎，跟穀糠和磨成粉的樹皮一起煮成勉強可吃的稀粥。甚至還有吃土的。地貌一片荒涼：一路向南，都是低矮雜亂的山丘，要不就是只有灌木叢、石礫和岩石的廢地。有一天日落，從西北方湧來了大片大片的綠雲，接著下起了大得像雞蛋的冰雹。

宗才在十月下旬經過位於阿拉騰席勒鎮的成吉思汗陵寢，又穿過了榆林段的長城。出長城之後就是陝西，一個地貌要柔和許多的國度。這還是宗才有生以來第一次足踏蒙古窮鄉僻壤以外的世界。他打一個個城鎮的邊緣經過，聽見從擴音器裡傳來的宣傳口號和軍樂聲。他沿途遇到的寺廟和佛塔無不被洗劫一空，佛經被焚，佛像被搗毀，僧眾四散，逃的逃，死的死。法門寺已經荒廢，但尚幸保持完整。宗才在寺內的雪地上俯伏叩拜，不在乎會被人發現，繼而又唸起經來，不在乎會被人聽見。法門寺內那座十三層的佛塔，始建於唐朝，裡面有個密室，專爲收藏佛陀的四根指骨而興建（指骨據說是一個遊方的僧人從印度帶回來中土的）。

這時宗才想念起一個人獨處在烏拉山上的虛燈，也想到自己將無法履行一個應負的責任：在虛燈圓寂後爲他舉行葬禮。

「我當時一定有點神志不清了。」他向我解釋說：「太多牽絆了。」

到了十一月，宗才藏身在一個偏僻的農場裡，收留他的是個寡婦，女兒從軍去了，跟宗才又是同鄉。

「他家和我家是很要好的老朋友，算是世家。我們的祖父相識。她對外宣稱，我是她丈夫。」

「丈夫？」

「當然。藏匿和尚是很大的罪名。絕不可以讓任何人知道。」

「你在她家待了多久？」

「將近三個月。」

他停了下來，我耐心等著他把話說下去，但他只是凝視著窗外。這天是今年裡的第一個暖天，一隻蒼蠅在屋子裡嗡嗡飛。宗才抬起頭，盯著蒼蠅看了一會兒，然後快速伸手，不費吹灰之力就把牠抓住。他走到門外，打開手掌，讓蒼蠅飛走，再回到桌邊，默然坐下。

「三個月。」我催促他。

「她就像我妹妹一樣……個子很小，像朵花兒。我到現在還記得她頭髮的樣子。她的頭髮是這樣紮的——」說著就把一隻手放在他光頭的後面，握成拳頭狀問：「這個英文是怎樣喊的？」

「馬尾巴。」

「馬尾巴。」他喃喃自語說：「馬尾巴……」

他把頭轉過來轉過去：「我很抱歉，小喬治，但我今天覺得有點怪怪的。我的脖子很僵，是被風吹的。我心也在疼。我不想回憶往事。」

他雖然這樣說，但還是繼續回憶。

到了一月底，隨著新年的來臨，那婦人的女兒就要回家過年，宗才知道他非走不可了。

「我們都很害怕。她女兒就像個小嬰兒一樣天眞，我們知道她一定會去告密。她知道我是個和尙，所以我必須離開。」

「那婦人又怎樣？」

他沒回答我的問題。

「那婦人後來怎樣？」我再試著問一次：「她跟你一起走了嗎？」

「誰？」

「那婦人？」

「哪個婦人？」

「紮著馬尾巴的那個，讓你住在她家那個……」

「她死了。」

「軍隊幹的？」

宗才搖了搖頭：「不，她太傷心……所以自尋短見……找了棵樹上吊了……我發現她的屍體……把她葬了。」

當時，他大哭了一場，也許哭得就像失去一個愛人一樣傷心。我很好奇，在他們單獨相處的那三個月裡，他有沒有受到誘惑。他不願意再談她的事，只告訴了我她的名字叫做何珠。

□

冬深了。無數的小孩死在路邊的洞裡。宗才時時惦記他師父。他感受到肩負重責大任：不管遇到再大的恐怖，他必須撐下去，把虛燈的教誨和佛法發揚光大。他很想做到師父最後交代的話：「意志要保持堅強。」但這個要求太過分了。他身邊的食物已經吃完了，但他卻沒有去找更多食物的打算。差一點使他死去的，並不是寒冷、疲憊、飢餓或痛楚，而是悲傷和絕望——說不定是因爲失去所愛。他變得懼怕死亡、憎恨死亡。

他的指甲先是出現黃色的條痕，接著開始流血，手腕發炎，頭髮掉落，膚色轉灰。胃也開始腫脹。

「我一步一步接近死亡。」

最後，二月下旬一個嚴寒的黃昏，他不支倒地。他倒在離聖山華山不遠之處。他的意識時斷時續，兒時的記憶不斷湧上腦海：

那是八月……他們的頭上繚繞著煙。他們倆都十二歲大。家裡吩咐他和一個朋友趕羊到山上吃草。那一年氣候很乾旱，表土大量被風吹走，而作物都枯死了，化爲烏有。他們坐在用柳條編成的帳棚裡，用溪邊的黏土和一根蘆葦莖做了根煙管，裡面塞入野大麻葉，吸了起來。

「三三！三三！」那是他媽媽喚他回家吃晚飯的聲音。

夜和回憶慢慢消退。太陽升起了。他依舊處於時昏時醒的狀態。他不知道自己這樣在地上躺了多少時間。腦中最後的記憶，是被人抬到一頭驢背上，牽驢的是個穿著破舊僧袍的僧人，袍子裡爲了保暖，塞滿了稻草。

「稻草人。」宗才喊他說：「你怎麼還敢穿著僧袍？他們會殺死你的。」

「我早就死了。」稻草人回答說。

驢子一搖一擺地走在岩石地面上，步伐緩慢而穩健。

「我也是個和尚。」宗才說：「我師父是虛燈。」

一陣沈默之後，稻草人說：「我認識你。」

後來，宗才又睡著了。醒來時，冬天灰色的薄暮低垂。他整整失去了知覺一天一夜。現在他的頭腦很清醒，只是沒有氣力坐起來或說話。那個僧人走在前頭，驢子垂頭喪氣，步伐緩慢沈重地跟在後面。驢的蹄子在雪地上翻起的雪，就像團團低矮的浮雲。驢子的身體很溫暖，體味讓人舒服，讓他回想起蘭湖村的馬廄與穀倉。宗才感覺得到他們正在往上攀登：氣溫愈來愈冷，風也吹得愈來愈急。

宗才費了九牛二虎之力把頭抬起來。他只看得見前面有一團黑色的身影，那應該就是那個牽驢的僧人。

「我們要往哪裡去？」宗才喊道。

「到聖山去。」稻草人回答。

之後，宗才又失去了意識。再次醒來時，他發現自己置身一個山洞裡，挨著岩壁坐著。洞裡很溫暖。旁邊一堆火在燒著。一開始，宗才還以爲自己是回到了烏拉山上師父的山洞。不過他隨即藉著火光看到了稻草人。他的臉要比虛燈更嶙峋。他只有一隻眼睛，另一隻眼睛只剩下個眼窩，裡面凝結著血。稻草人正溫柔地對著驢子說話。

□

宗才注視著他的茶杯，彷彿想把山洞裡的景像召喚回腦海裡。之後，他抬起頭來看著對座的我，繼續把他的故事說下去：「『你醒來了嗎？』稻草人問我。『我不知道。』我說。他微微一笑，然後給了我一碗泡著麵包的茶。共給了我三碗。等我又醒過來時，他已經走了。我旁邊，留著茶和麵包。」宗才頓了一下之後說：「那個僧人是我的老師。」

「你說那個稻草人？」

「他是佛。」

「佛？」

「對，所有眞正的老師都是一樣的。他們都是佛。」

「他教了你什麼？」

「慈悲。」

宗才閉上眼睛，深深吸一口氣，再緩緩吐出來。

「還有堅強。」他停了半晌，說：「你想喝點茶嗎？」

「好。」

我摩搓雙手，保持血液循環。強風蹂躪著屋子，但宗才廚房裡的鐵壁爐仍是冷冰冰的。整個冬天，這鐵壁爐只被點燃過一次，是在一個大風雪天。宗才現在肩上披著件破舊的長雨衣，像穿了件斗蓬似的。

「很棒的外套。」我說。

「很特別的衣服。我在紐約找到的。」他喜歡別人恭維他的穿著：「有人把它丟了，我就撿來穿。不只漂亮，而且溫暖。」

廚房裡昏沈沈的，唯一的光線來自一個四十燭光的燈泡。宗才用一隻手指叩了叩電燈泡：

「眞奇怪，電力今天很弱，對眼睛不好。」

「你應該換一個亮度強一點的燈泡。」

「不關燈泡的事，是電力太弱的緣故。眞的。」

我覺得快要凍僵了，便站了起來。

「坐下！」他厲聲說：「我來泡茶。」

我嘆了口氣，坐了下來。

「這是我泡茶的方法。注意看！做每件事都是有技巧的。」

他打開水龍頭，把水壺灌滿。

「首先，拿來燒的水一定要冷的。」他說。

「這恐怕不難。」

我注意到，瓦斯的火焰有點黃黃的，而且會跑出煙來：「你的瓦斯爐口該清一清了。」

「瓦斯今天也不行。」

他全神貫注在聽水的煮沸聲：「用來泡茶的水必須是滾燙的。聲音必須非常尖銳。嗚嗚，嗚嗚嗚。」他用嘴唇和舌尖，把水燒開的聲音模仿得唯肖唯妙，又在我鼻尖前晃了晃手指說：「在中國，我們都會等水煮開九次，才拿來泡茶。」

我們在冷得半死的空氣中靜待水煮開九次。最後，當他確認水的煮沸聲正確無誤之後，拿起水壺，在兩個馬克杯裡沖下沸水，拿起來晃了晃，潑到水槽裡。接著，他在兩個杯子裡各放一小把茶葉，把熱水注滿杯子四分之三的高度，再把水壺放回火上繼續燒。他坐了下來，以手托腮，專心致志地看著杯子裡的動靜。一看到有幾片茶葉浮出水面，他就拿起杯子，微微傾側，把茶表面的一些懸浮物吹到水槽裡去，繼而把杯子放在桌子上兩片充當杯墊的錫罐蓋子上。

「快好了。」

又等了幾分鐘後，他在兩杯茶裡各加入少許奶油，接著用熱水把杯子注滿。

「我泡茶很有經驗。很有技術。」他說，邊說邊點頭，對茶的顏色深感滿意：「很好，又柔，又甜。喝吧。」

我們一起在沈默中嘖嘖嘖地喝著茶。

宗才的茶道不完全像日本的茶道，它沒有日本茶道那種講究與優雅。這是宗才的茶道，是禪，是中國式的茶道：沒有拘束、溫暖而輕鬆。

喝過茶以後，我走到屋外去小便，順便醒醒腦。我從沒用過屋裡的廁所，而就我所知，宗才自己也從未用過。空氣冷而洌。風嗚咽捲過櫟樹的枝頭，把院子裡的枯草吹得啪噠啪噠響。從廚房的窗戶，我可以看見宗才的側影。他的坐姿跟我走出屋外以前一模一樣：畢挺地坐在椅子上，兩手抱胸，一動也不動。我在積雪上尿出了一個凹洞。一面尿尿，我一面仰身觀看那正慢慢深化為靛青色的紫色天空。等我要把身體扳回來時，卻失去了平衡，踉蹌向後退了幾步，把尿尿到了褲子上。

「宗才，我得回去了。」我把頭伸到門邊跟他說。

「好。」他說：「代我向西格莉和席莉問好。」

那晚，我坐在起居室的壁爐邊沈思。空氣很溫暖。所有的老師都是佛。宗才是我的老師嗎？我終於找到了一個我能相信的人，一條我能走的路了嗎？我從來無法讓自己放下身段。我從來沒有勇氣去放棄自我，把自己交付別人的手中。會不會，就因爲我無法接受「技巧」和「傳承」這兩樣東西，就注定一世平庸？在宗才的語彙裡，「老師」的意思相當於「師父」，在我看來，這是個最神聖而又最可疑的頭銜。

我在壁爐裡放入了一些斷裂的岩櫟枝條。火馬上就燃著了，辟啪作響地綻出火光。我翻開筆記本，瞄了一眼，馬上寫下〈孤梅〉一詩的最後一段：

一隻全知的
藍眼睛
　看得見
所有的看見

四 隧道

三月下旬，宗才種在院子裡的番紅花，一夜間全開了。我們在瓜爾迪安山徑散步，經過一座木橋，下面是一座在雲杉間隆隆翻滾的小瀑布。楓樹和野櫻桃的花苞正蓄勢待發，臭菘和蕨類植物在潮溼的角落隨意舒展。

回到宗才的住處後，從透明塑膠布傾瀉進來的強烈陽光，幾乎一下子就把廚房照暖了。宗才泡好茶，我們默默地啜飲。

「再講講那條隧道。」

他攤開地圖，指向大約位於中國正中央的一列東西向山脈。他用手掌重重拍在地圖上，一股怒氣似乎在四壁迴盪。

「這裡，就在這裡，我差點被逼瘋。那眞是太恐怖了，我不想提。」

之前他就好幾次用悲哀的聲調提過，逃亡的時候，他在這條隧道裡有過極其恐怖的遭遇，只是每一次都欲言又止，沒說出細節。我默默地等著。他拿起一小塊舊報紙擤了擤鼻子，就開始講他離開華山以後的遭遇。

一路上他都是曉宿夜行。夜又長又黑又冷，但他別無選擇，白天行動太危險了。道路上充塞著南方來的囚犯和軍人，貨車、馬車和火炮絡繹不絕。睡覺時都聽得到他們移動的聲音。

他的下一個目的地是西安。西安是中國的古都，在唐朝的時候，人口將近兩百萬人；唐朝是中國詩歌、藝術、道教和佛教的黃金時代。西安也是秦朝的首都。公元前二二一年，秦始皇統一了六國，成爲了中國的第一個皇帝。秦始皇就像毛澤東一樣，是個暴君：他焚書坑儒，徵調大量的民伕從事龐大的建築工程。儒家強調的是集體責任制，也就是說，每個家庭都要爲它的成員負責。這種觀念深深烙印在中國人的心靈裡，並爲毛澤東的這一類暴君提供了一塊可以爲所欲爲的沃土。

自逃亡以來，宗才一直刻意避免路過城市，但現在，他抗拒不了西安和大雁塔的誘惑。大雁塔當初是爲了收藏玄奘從印度帶回來的佛經而建的，終其一生，玄奘一共譯了一千三百三十五卷佛經。西安是個危險的城市。到處都是汲汲於抓「反動份子」來證明自己革命忠誠的暴民，他們會對任何他們認爲可疑的人多看上兩眼。大街小巷都是乞丐，面黃肌瘦的小孩則對著畫工粗糙的的毛澤東像叩拜。在當地的醫院裡，人們還拿胎盤來吃，而蛋白質豐富的胎盤粉，也可以以高價在黑市中買到。

宗才從西安的西門離城後，就沿著一些小路前往四川省。至於在西安待了多久、去過哪裡、怎樣避人耳目，他已一概不記得。他只記得，曾經在秦始皇宮殿旁的一個洞穴裡睡覺過，也記得自己是被一隻鶴的叫聲給叫醒的。

一九六〇年的夏天，爲了避開那些殺人不眨眼的軍隊，宗才進入了大巴山。軍隊封鎖了大路，要不是持有毛澤東最近核發的國內通行證，誰都不能通過，違者一律逮捕。在大巴山裡，宗才碰到一個快要餓死的人，從他口中得知，附近會有一列向南開往香港的火車經過。那人的臉彷如一張死人面模，眼眶沾滿分泌物，兩眼卻閃著光芒。他告訴宗才，火車站有軍隊把守，無法接近，但火車會打鎮外的一座橋經過。

「在山頂上，鐵軌會拐彎，而火車因爲爬坡的緣故，速度會慢下來。那人認爲我能跳到車頂上，攀扶著火車，一路到香港。我問他：『你會跟我一起去嗎？』但他沒有回答，只是拚命把臉往土裡擠。他已經不行了，只有等死的份。」

宗才擱下他，一個人順著一條泥土路往前走。土路兩旁都是梯田，但田裡連一片草葉都看不見——全被吃光了。這路上升的很緩，路邊還有石牆。走著走著，他看到了一輛陷在泥濘裡的四輪車，裡面堆滿腫脹的屍體。屍體的小腿肉已被一條條撕起，又深又長的傷口裡佈滿蒼蠅和蛆。一具具屍體就像空皮囊一樣，沒有肝、沒有腎、沒有心臟。這些器官都被吃掉了——被其他快餓死的人吃掉了。

「我當時尖叫了起來，小喬治。」他用手指拍打桌面，傳來空洞的聲音：「我只想躺下來死掉。」

「我的上帝。」

「不要對我說上帝。也不要對我說天堂或地獄。我的宗教裡沒有地獄。」我從未看過他火氣這麼大，但他很快就恢復了自制。「慈悲才是我的宗教。但我當時一點感覺都沒有。我只是拼命跑。」他的手指在地圖上用力戳了一下：「跑，只管往前跑。」

他繼續深入大巴山，爬過一座長滿橡樹、樅樹和栗樹的樹林。霧從山頂吹下，把他籠罩在其中。他馬不停蹄又穿過了一片雲杉，來到一片溼溼的草地。

走過了山隘，他找到了一些野菜、薄荷和百里香，這些味道刺激了他的味蕾。霧愈來愈濃，而吹向山頂的風也愈來愈強。然後，雲分開了，南面視野開闊起來：他可以看見樹木滿佈的陡峭峽谷、雲霧繚繞的山峰和一個在寬闊平原上的小鎮。鐵軌從山脈拐出後，直通到小鎮邊緣，到達有斜屋頂的火車站；火車站的月台上站滿了密密麻麻的士兵。

鐵軌出小鎮之後會經過一座橋，然後重新進入山中。他沿著山坡往下爬，等看到鐵軌後，就往下穿過一片松樹林，來到離鐵軌只有咫尺之遙的斜坡邊緣。天氣很熱，他汗流不止，衣服都是汗臭味。

他坐了下來，頭枕著一堆草，背靠在一個小丘上，盡量什麼都不去想。木餾油的味道從被太陽曬得燙熱的枕木飄上來。

起初宗才並沒有注意到，原來附近還有別人——一個婦人和一個小嬰兒，躲在另一塊岩石後頭。

「她的丈夫死了，因爲私藏糧食而被殺的。」宗才說：「爲了不讓小嬰兒餓死，她非帶他逃亡不可。唉，小喬治，他們的樣子眞是可憐。小嬰兒拼命吸吮母親的奶頭，但什麼都吸不到。他很餓，卻哭不出來，因爲他已經虛弱得連哭的力氣也沒有了。」

婦人看到宗才的時候顯得很羞慚，她因爲腹瀉，褲子上都是大便。一九六〇年代，大部分中國人都有腹瀉的毛病，諷刺的是，腹瀉正是飢餓的徵候之一。小嬰兒的身上也是髒穢不堪。婦人握住宗才的手，求他救救她。她跪下吻宗才的腳。她的身體簌簌發抖，而小孩則在臂彎裡哀吟。宗才把先前在山裡採來的野菜給了那婦人。她先把野菜放到嘴巴裡嚼爛，然後吐到手上，餵小嬰兒。但小嬰兒根本無法吞嚥，把野菜咳了出來。她自己想把野菜吃了，但才一吞下，就全部吐了出來。她雙手掩面大哭。

這時，一陣尖銳的氣笛聲刺穿了空氣。地面在震動。一列火車頭拐出了山脊，車頭頂著一顆大紅星，迎著他們的方向開過來。

火車前面幾節是客車車廂，載著的是黨的幹部和軍隊，後面的全是貨車車廂。滾滾黑煙從火車頭的煙囪冒出。最前面幾節客車車廂通過以後，突然有十來個人從宗才附近的大石頭後面竄出，紛紛朝火車車頂跳下。

婦人這時也趕緊站了起來，準備跳下去。但宗才緊握著她的手說：「再等一等。」

她把小嬰孩交給宗才抱著。火車以大約八公里的時速，在他們腳下幾公尺的距離通過。貨車車廂有深綠的、有紅色的，也有褐色的，後面跟著一些更長、頂上有欄杆開口的車廂。那是載豬用的車廂，準備把豬從鄉村運到城市去的。豬隻的屎尿從車頂冒出催人欲嘔的惡臭。宗才握著婦人的手，等著，直到最後一節車廂從他們下面經過時，他才大喊一聲：「跳！」

然後，兩個人就縱身而下，重重摔在火車拱起的車頂上。小嬰兒發出了一陣尖叫，而他媽媽也一陣哭號，不過，他們的聲音隨即就被隆隆的車輪聲所淹沒。在火車即將開入隧道之前，宗才奮力把小嬰兒交到他媽媽手裡。他可以感覺到豬隻因爲火車的擺動，在畜欄內撞來撞去的震動。列車一路顛簸，搖搖晃晃開進隧道。隧道裡的煙極濃，讓宗才覺得自己隨時會被薰昏過去。當火車好不容易開出隧道，宗才看到婦人才鬆了一口氣，臉上卻忽然流露出極爲驚恐的神情：原來火車正在左傾右斜開過一條高架橋，而下面是一條極湍急的河流。

接下來是下坡路，火車的速度不斷加快。稍後，火車再度上坡，另一條隧道又出現了。宗才看見，就在前面一輛車廂頂上，有個人不經意抬起了頭，頭就在進山洞的那一瞬間被削掉了——身軀隨即掉到火車下面，捲入到車輪之中。火車進了隧道，宗才再一次陷入了黑暗中。他可以感覺到隧道頂的岩石輕輕摩擦過頸項。當火車經過一個急彎的時候，宗才讓自己盡量躺平，盡量縮起身子，並伸出一隻手，想要扶住那婦人。她雖然搆到了他的袖子，但隨即就被刮離車頂，越過他上方，掉了下去，遠遠被丟到火車後頭。

「小喬治，她的尖叫聲又長又淒厲，讓我心如刀割。就這樣，他們都死了。媽媽和小嬰兒，兩個都死了。」

火車這時顛了一下，把宗才抛出了車頂的邊緣。千鈞一髮之際，他抓住了車頂邊緣的橫杆。他身體懸掛在半空中，鐵軌在他下面飛速掠過。宗才死命地握著橫杆，而這時唯一讓他與死亡相隔一線的，是十根強有力的手指。他彷彿看到了位於烏拉山山頂上的家，看到他師父的臉，看到那一碗稻草人遞給他的茶，看到那婦人彎曲的背項，看到小嬰兒緊握的拳頭。他竭力把這些回憶抛開，讓它們隨著車輪在鐵軌上劃出的火花，一起消逝在黑暗中。此刻，他必須把全部的心思，放在十根手指上。

「我一共經過三條隧道，三條都一樣兇險，很多人都摔死了。我死命地抓著、抓著。」他的指關節摩擦桌面：「我抓得很緊很緊，緊得讓橫杆切入我的手指，深達骨頭。如果我抓得不夠緊，哎喲喲，我就會摔死掉。」

火車從隧道出來以後，迎面是另一座橋。一整列火車的車頂上，現在除了袖子上染著鮮血的宗才外，沒有第二個人。

「不過，這時我的氣力也耗盡了。我再也抓不住了。我看見下面是水，便雙腳用力一蹬，跳了下去。」

他落水的力道一定很猛。水流把他帶著走，最後把他沖上了一處糾纏著樹枝與野草的河岸邊。他就這樣在岸邊睡著，河水輕拂著他的腳，他睡得很熟，什麼夢也沒有做。醒來之後，他用水草包住傷口，裹上碎布，繼續趕路。

□

我忍不住問他，那麼多人都死了，唯獨他活著，他的求生意志是打哪來的？

「禪就像山一樣，是不會動搖的，是你無法移動分毫的。」他一定是注意到我用挖苦的眼光看他，所以他繼續說：「這就是我必須活下去的理由，小喬治。我所有的師兄都死光了。」

「你怎麼知道的？」

「我就是知道。」他點點頭說：「我是我們師兄弟中唯一還活著的，是普濟寺最後的一個僧人。」

我正想再追問他一些細節，但他舉起一隻手，好像要擋開我似的。

「我不想再談下去了。」他說：「回家去吧，小喬治。抱歉。我需要一個人靜一靜。」

五　橫屍遍野

那條河流先是向南流，再折向東。宗才沿著河走，晚上趕路，白天躲在岸邊的灌木叢裡。餓了就在淺水處找水芹和含有澱粉的塊莖來吃，或在竹林裡挖嫩竹筍果腹。睡覺的時候，河水的淙淙聲與夢境交織。

每當太陽沈到山後，宗才就會跳到水中，順流而下，游向未知。

「我懂得駕駛河流的技巧。我從小就在黃河裡游來游去。」

一天早上，當他在一個三角沙岸搜尋食物的時候，不小心踢到一具屍體。屍體的頭埋在淺水裡，河水輕輕拍打它的下半身，一沈一沒的，看起來就像是會呼吸。小魚從屍體大腿和臀部咬下一片片像得過痲瘋的屍肉，迅速吞到嘴巴裡。

自從離開普濟寺之後，宗才見過的屍體不可勝數。但這一具不同，因爲在河水的拍打下，他彷彿活了起來，是有呼吸的。宗才在屍體的旁邊坐下來，就像佛陀做過的一樣，冥想死亡。

眞的，我的身體和這具身體本質上是一樣的，

有朝一日，它也會變得和這具屍體一樣。它會變成這具屍體。

宗才走過了遍地橫屍的鄉野，也從隧道裡存活下來。看到的除了死亡，還是死亡。死亡環繞他的全身：在他僵直的軀幹裡，在凹陷的胸腔和鼓起的肚子裡，在他發黃裂開的指甲裡，在他長著厚厚一層舌苔的舌頭上。那完全是同一個身體。他既是食人者也是被食者；既是小魚也是屍體；是那些在火車廂裡嚎叫的豬隻；是綁著馬尾巴、上吊自殺的何珠；是他長眠在墓穴裡的家人。

「我不再在乎死亡。」他談到這段旅程的時候說：「死已經奈何不了我。」

我掏出帶在身上的一首詩給他看，那是辨圓禪師❶所寫的，二十年來，我一直隨身夾在皮夾裡：

活著時

當個死人，

完完全全的死人——

喜歡做什麼就做什麼，

就會萬事大吉。

「中國人寫的？」

「我想也許是日本人。」

「嗯！」每當感到不可思議，他就會發出這種聲音：「日本人也有這樣的想法？他一定心中有禪。和我的想法一模一樣。」

「你看到屍體的那條河叫什麼名字？」我問：「你在地圖上指給我看。」

「河就是河。它匯入長江。我不知道它叫什麼名字。名字並不重要。」

這個地區人口較密集，河上交通忙碌。小木船和舢舨往來穿梭，有載著沙子的、有載著石礫的，有載著馬匹的，有載著士兵的。載著士兵的船隻在河面上姿態跋扈地巡邏著，查緝偷運糧食或其他違禁品的船隻，搜索「人民敵人」和伺機索賄。

飢荒並沒有蔓延到這地區。宗才看到，一艘舢舨上載著一整車的甜椒——它們散發出來的氣味讓他頭暈目眩。另一艘舢舨上堆滿蕪菁，一棵棵都帶著莖葉。河岸上，有個年輕婦人蹲在火邊，把蕪菁切成絲，沾了粗玉米粉和鹽，丟進油裡和椒絲、蔬葉等一起炸成餡餅。

雖然已經事過三十五年，但回憶起那香氣的魔力，宗才仍然忍不住笑了起來：「當時我一點力氣都沒有，小喬治。那食物香得我不知道該如何是好。我在地上爬啊爬，就像隻乞憐的狗一樣爬著。

「『阿彌陀佛！阿彌陀佛！』」我說。

『噓—噓！』她輕聲說：『不要聲張，你是佛教徒？』她問我。

「『我是和尚。』我說。」

她把蕪菁餅給宗才吃，然後把他帶到她的漁船上。她丈夫正在用長針補著魚網。

「小喬治，他們救了我的命。他們把我藏在船上，輕柔地盪過湖鄉，送我往南方去。」

他把水壺加滿水，放到火爐上。我們默不作聲，靜聽水的加熱聲。宗才一面泡茶，一面哼唱。

電話鈴聲忽然響了起來。

他還沒有拿起話筒就問：「是誰？哈囉，哈囉。」他聚精會神地聽著，然後不發一語把話筒遞給了我。

「你來聽，小喬治。不知道他是誰。也許是個瘋子。」

原來是個保險的推銷員打來的。

「你想買壽險嗎？」

「壽險？那是什麼？」

「那是一種保障，你死了的話，他們就會付你錢。」

「我死了哪還用得著錢。」

「他沒興趣。」我說，然後就掛斷。

「我說得沒錯，果然是個瘋子。」他搖搖頭說。他把茶杯舉到嘴邊，對著滾燙的杯沿吹氣：「我寫了一首關於那條河和那些湖的詩，想聽嗎？」

「當然想。」

他兩隻手先是合在胸前然後慢慢向兩邊伸出，手心向上，一面振臂，一面吟唱他那首水鄉之旅的詩給我聽。看著他，我也彷彿看到了中國的南方：石灰岩的山崖、翠碧的河水、寬闊的瀉湖和水汪汪的稻田。漁夫撒網捕魚，雲徐徐覆蓋了山頭。霧從水面升起，跟雲交合，直到水天一色。夏去秋至。漁夫從蘆葦叢間收起魚網。肥美的鯰魚在細網裡激烈擺動，兩根長鬚伸向空中察探。再往南，就到了蠶桑之鄉。那裡也是蜜與梅酒之地；宗才淺嘗即止。

那晚，我在家裡回想宗才所經歷過的苦難。那苦難，撕去他身上一切虛假不實的東西。一陣春風從窗戶吹入我的臥室，夾帶著融雪味和寒意。宗才的聲音還在我腦中迴繞著：卡嗒卡嗒鏗鏘有力的音節，似及突如其來俯衝而下的母音。

我太太就睡在我旁邊。她的呼吸聲、我的呼吸聲，還有我對宗才那首詩的回憶，全交織在一起。我的手滑進我太太的大腿之間。我無法理解爲何有人想出家。我把臉埋在太太的頭髮裡，想起宗才伸出手臂，指向遠處的樣子。他指向什麼，我迄今還琢磨不透。

第二天早上狂風大作，天氣很冷。到了下午，風停了，大地開始回暖。通往宗才家的路上躺滿了倒下的樹。我們把詠梅詩擱在一旁，先行翻譯他爲南方的水鄉所寫的那首詩。

當我問他想爲詩取什麼詩題的時候，他說：「〈不亞李白〉或〈更勝李白〉都可以。」

那河流
從喜馬拉雅山源源而出
喃喃流過千山萬谷
流過銀河
來到這裡
匯集了力量
往前奔流
掀動起河底深處的石頭
深刻河床
是孤寂
淒涼的猿啼
鎮日繚繞
我們載浮載沈

航行過那一度是
黃帝所居的
廢墟

今日
古宮闕的尖頂上
只有蒼蠅在
　　嗡嗡飛舞

在一座拱橋下
河水沖瀉而下
清如玉
潔如雪
水氣氤氳

迷途的人啊
只知欺騙
仇恨

和受苦

我享受那
無邊無際的天空
不去想
人間的醜陋

即使遠在河流下游
沖積的三角洲上
仍然
橫屍遍野

心中
有佛
收起哀傷
幻影消滅

六　鐵絲網下

一九六一年二月，農曆新年前夕，中港邊界

凌晨三點。宗才選擇這時過邊界，鬼影幢幢，一個人影不算什麼。

「這是最佳時間。月黑風高，人們都害怕，就連士兵也會躲起來。」

搭載宗才的漁船只把他帶到廣州北邊。他們無法載他走更遠，因爲珠江上滿佈著巡邏的船隻。於是，接下來宗才改走陸路，經過氾濫的平原，到達邊界。邊界上的鐵絲網旁盡是不停掃射的探照燈。那對船家夫妻提醒他，要躲的不只是中國的士兵，還有英國的。

「我沒有證件，也沒有車票。如果英國人抓到我的話，就會把我送回中國。那我就完蛋了。」

說到這裡，他走到瓦斯爐的旁邊，蹲了下來，模仿跑過鐵軌，到達籬笆的樣子。然後，

又模仿滑下路堤的模樣給我看。「那下面髒得可怕。」他說，身體不由自主打了個哆嗦。他用力嚥了一口口水，五官皺成一團，彷彿回憶裡的景象讓他感到窒息。路堤下是一條臭氣沖天的溝渠，裡面積滿邊界守衛的糞便。他匍匐前進，在溝渠裡爬行了好一陣子。

在一處鐵絲網的下面，他找到一個先前偷渡者所挖的淺洞，爬了過去。從那裡，他找到了調車場：

「我爬上一列英國火車，倒掛在車子下方。除我自己以外，我還得幫忙另外一個人。他是個老道士，身體虛弱得弔不住。」

「倒掛在火車下面？扶住火車的哪裡？你憑什麼可以……」

他猛然打斷我的話，似乎對我的問題感到惱怒。他那時做到了，而現在則好好地在住在美國紐約的瓜爾迪安山，無恙站在我面前。這就是個足夠的證明。

他聳聳肩說：「我就是辦得到，我別無選擇。」他用他那種「我是禪宗和尚」的眼神看著我，說：「哎，小喬治，你要知道，和尚是有特殊力量的。」

他繼續把故事說下去：「我們跳下火車之後，那道士起先不省人事，但過了一下，他張開了眼睛和手，微微一笑，然後才死去。」

「接下來你又是怎樣躲過英國士兵的？」我仍然在努力想像當時的情景。

「怎樣辦到的？」他有點不屑地哼了一下：「簡單。這一次我幾乎隱形了。我消失不見了。你曉得的，我是個和尚。」

不管怎麼說，他就是神不知鬼不覺地穿過了火車站和另一道帶刺的鐵絲網，走入了一片不知名的田野中。

「我只管跑——」他說，蹲著馬步，兩根手臂一前一後擺動：「一直沒有停。」

日出後一小時，香港弧形的山丘已轉青。宗才來到一座小農莊前面，嚇到了一對正在菜園裡工作的老夫妻。

「我是個和尚。能幫幫我嗎？」他走上前說。

那男的靠過來審視他：「你怎麼來的？」

「用走的。走了一年多。從內蒙古。」

對方雙手合十，向他鞠躬。宗才知道自己安全了。

那人的妻子把宗才帶他到一棵棕櫚樹下，讓他坐在一張凳子上，然後拿來一盆又一盆的清水，給他清洗身體，再拿乾淨衣服給他換上。

「然後，她把我原來的衣服拿去燒掉。不過，在此之前，我先把藏在衣服裡的度牒拿了出來，給他們看。你想看看嗎？」

「想，很想。」

他到樓上去。我聽到他在其中一個板條箱裡翻找東西的聲音。這些板條箱，有些是他的置物櫃，有些是他的床頭桌，有些是他的書桌。「在哪兒呢？在哪兒呢？我明明放在這裡的。」他像唱歌一樣喃喃自語。「啊哈，找到了！」他大聲說，然後蹦蹦跳跳回到樓下來，得意地在頭上揮舞著一張沾了水漬的證書。

「這是我的度牒。」他說：「是我的生命。我師父給我的。」

那老婦人給宗才奉上清香的花茶，和一碗又一碗澆了油的米飯，還添滿了豆子和蔬菜。宗才吃飯的時候，她就在旁邊看著，宗才的碗一空，她就馬上給他添滿，如是者直到宗才用手把碗口蓋住為止，表示吃飽了。

老婦人掛起一張吊床讓他安睡，他一覺睡到中午，才被草屋頂上的鳥鳴聲喚醒，空氣裡瀰漫著煙薰豆腐皮、香菇和甜椒的純樸香味。那婦人正在等他起來用餐。她伸出一根手指，碰了碰他的眉頭。宗才驀地感到疼痛，原來他的眉頭上有一些他自己也忘了是什麼時候弄出來的傷口。

「我最小的兒子都比你大。」老婦人說。

一邊為宗才清潔傷口，老婦人一邊發出輕柔的嘖嘖聲。她從一個搪瓷杯子裡舀出一些藥膏，用手指輕敷在宗才的傷口上。

老婦人的丈夫從田裡回來後，他們就三個人排排坐，靜靜地吃著放在桌子中央的一大碗菜餚。才吃完，宗才又不知不覺在凳子上睡著了。

□

時間是下午。宗才搭了一輛騾車，蹲在一堆綠色的香瓜之間。他穿著一件寬鬆棉襖，口袋裡帶著一罐老婦人給他的苦杏仁藥膏。輕風煦暖而濕潤，大地翠綠蓊鬱，充滿著花香和草香。香港和蒙古之間的景色差異和空間的距離讓宗才感到戚然。他愛他的蒙古、愛它寂靜的沙漠和嚴峻的山脈。蒙古最讓他想念的，是無邊無際的地平線、藍得發紫的天空、那空曠和黃沙暴來臨前的明淨天空。他也深深懷念著那段他跟外面世界還未有任何瓜葛的日子。

黃昏時，他看到了未來。香港人正在慶祝新年。人們忙著舞龍舞獅，小孩手舞足蹈，長串的鞭炮辟啪響個不停。馬路上塞滿黃包車、三輪車和黑色禮車。他一輩子從未看過那麼多人。在維多利亞港的對岸，高樓林立，海面被幾千艘舢舨上的各色燈光照得通明——活脫脫是個浮動的城市。霓虹招牌閃爍個不停。鞭炮和煙火的聲光把大陸上的晦氣趕得遠遠的。在店裡和露天的市集裡，什麼樣的東西都可以買得到。穿著入時的人們在酒吧和餐館進進出出，醉醺醺而無牽無掛。路上有苦力，有農民，有船員，也有西裝畢挺的百萬富翁。這也是宗才生平第一次看到外國人，像是穿著三件式西服和軟帽的紳士，還有頂著一頭波浪微捲金髮的女人，足蹬細高跟鞋，搖曳生姿的裙下是一雙雙著玻璃絲襪的美腿。

「金髮女郎！」他告訴我：「我以前從未看過。」

他們一路開到九龍。騾車把他載到一棟十九世紀的英式商業大樓，位於山丘上，俯瞰整個海灣。大樓的頂樓已改建成一間禪寺。騾車伕給了宗才十塊港幣，然後把他帶到一部電梯的前面。

「這個箱子可以把你帶到禪寺去。」

他向宗才鞠了個躬，就離開了。

宗才要進入電梯的時候，一個拿著菜籃的婦女從裡面走出來。

「阿彌陀佛。」宗才跟她打招呼說。

「阿彌陀。」對方匆匆答了一句。

宗才站在電梯裡等著。他很有耐心。他聞到焚香的味道，感覺得到有洪亮的念經聲在空氣中迴響，這證明他是眞正的逃亡成功了。他跟著頂樓的師兄弟一起默默唸誦：

無無明，
亦無無明盡，
乃至無老死，
亦無老死盡。
無苦集滅道。

「我是個和尙。」他對自己說，然後又對著電梯的四壁說：「我是個和尙。」彷彿它們會爲這事實歡欣鼓舞似的。

「我是個和尙。」

一小時後，宗才仍在耐心等待著電梯移動，剛才出外買東西的那個女的都回來了。

「年輕人，你在等什麼？」

「等這箱子送我去禪寺。」

「儍孩子。」那女的笑著說，然後把鐵柵門拉上，按了按鈕。電梯開始緩緩上升，把宗才帶到他的新生活去。

講到這裡，宗才一面說一面笑，手拍著自己胸脯說：「我是個儍和尙。」

□

宗才在大樓的禪寺裡待了一年。這一年裡，他深居簡出，一面等待護照，一面增肥：「你曉得，小喬治，我是個中國人，要不被發現很容易的。」

之後，他搬到了東陽寺，是間位於山上的小禪寺，一個被梯田環繞的地方。晚上，城市的燈火在它的下方閃爍開來，把南中國海照得閃閃發亮。據宗才的描述，東陽寺是個生氣勃勃的地方，住著二十個出家人和十個俗家人，另外還有數以百計來此見習的比丘及比丘尼。

「我在東陽寺住了四年。我進了香港大學。研究梵文、哲學、針灸和繪畫。還教教書。」

「在大學裡？」

「不，在寺裡。你要知道，虛燈是很有名的禪師，而我是他碩果僅存的弟子。我其他的師兄都死了。他們希望我出任住持。但我不願意。你是知道我這個人的。我只想當個普通的和尚。我不肯當住持，他們就請我當顧問。就像美國國務卿，季辛吉。」

季辛吉是少數在宗才心目中有份量的世界領袖之一。因爲要不是季辛吉在一九七一年七月走訪了中國，以及尼克森接下來在一九七二年二月訪問了北京，宗才不可能放心得寫信給家人。他說，他寫信給家人，是想讓他們知道「我還活著」。

當時的宗才已經離開了東陽寺，搬到更深的深山去，和一個名叫道安的年輕和尚同住。道安是個法師，也是個學者，名氣日漸響亮。他在一座白色石灰石山岩的下方蓋了間小屋，隱居其中。這間小屋，可以媲美虛燈在烏拉山上的山洞，不同的是，它有漆成黃色的牆和藍框的門窗。同住的期間，宗才與道安在室外一片小梯田裡煮食，過著一種相當簡單的生活。

「道安是個很特別的朋友。」宗才說：「我們一起研究佛法，討論哲學，給學生講授禪理。其中一個學生很傑出。很有慧根。很有力量。就像你一樣，小喬治。他也跟你一樣，已經結了婚，有了小寶寶。」

「他後來怎樣了？」

「不知道。我沒有再聽到他的消息。不過我知道我們有朝一日一定會再碰面。」

跟道安同住了七年後，宗才的行腳僧本色驅使他到西方去。「我想到美國來。」他說：「一些贊助者送了我機票，我便來了。」他兩手做出拍打翅膀的動作，在廚房裡轉來轉去：「坐飛機很刺激。」

「你爲什麼會決定來紐約？」

「有人邀我來的。」

「什麼人？」

「紐約人！洛克菲勒。他人很好。給我獎學金到哥倫比亞大學進修❶。」

「進修什麼？」

「英語。還有語音學。」

那是一九七三年的事。七〇年代中，宗才住在亨利街，爲保護佛陀而奮勇抵抗那兩個癮君子。一九七八年底，他搬到胡士托，一個學生買了一塊地給他。他搭了個帳篷居住，旁邊放著蓋房子所需的所有建材。他慢慢按部就班地蓋他的房子，先蓋好一個房間，住了進去，再蓋其餘的部份。整棟房子最後在一九八七年夏天全部完成。

那年的秋天，一場突如其來的暴風雪讓我們的生命有了交會——一起淸路和一起譯詩。

七　上上籤

一九九五年三月

那是春天的第一個暖天，宗才興奮得坐立不安。經過三十五年的放逐後，他終於可以回家了。

他姊姊已經很老邁，希望臨死前能見他一面。他跟我談到想回家的念頭已經談了一年，而我也一直鼓勵他去申請簽證。最後，他終於鼓起勇氣，在我的陪同下，前往位於曼哈頓的中國領事館，戒愼恐懼地塡寫了一些表格。簽證四十八小時後就下來了。「你知道爲什麼會這樣輕而易舉嗎，小喬治？」他說：「因爲和尙是擁有特殊力量的。」他決定要在一星期內出發。他走得那麼急，我想，是因爲怕中國政府臨時變卦，取消他的簽證。

我送他到甘迺迪機場坐飛機。一個月後，又到機場去接他。

「此行愉快嗎？」

他卻出奇的低調。

「小喬治，很累。」

車子才上高速公路，他就睡著了。回到家的一路上，他都在睡覺。一個星期後我再去找他，才知道他在中國的期間，全部時間都是待在西山嘴鎮。那是內蒙古的一個邊境城鎮，也是他姊姊和外甥的住處。原來，他的簽證只准他在那個區域活動。

他打聽到了普濟寺的消息。他們師兄弟走光後，普濟寺有幾年時間被當作改造學校使用，之後又被荒廢，慢慢成爲一片斷桓殘瓦。一九六七年的時候，紅衛兵用炸藥淸除了整間寺，除了野草、幾朵向日葵、石頭碎片以外，什麼也沒有留下。

這不是什麼驚人的消息。在一九六六年文化大革命爆發之後，紅衛兵成爲革命的先鋒，年輕人被慫恿去破壞中國的所有文化遺產，所有學校都關閉了，其中包括在大躍進時倖存下來的寺廟。

虛燈也死了，在毛烏素沙漠的某處圓寂，屍體並沒有被火化，入土的時候也沒有舉行恰當的佛教儀式。有關虛燈之死的細節，相當神祕，主要是傳言，而且常常自相矛盾。

說到這裡，宗才停了下來，怔怔地望著窗外。這個盛夏是這麼葱翠，樹梢上滿富生意。宗才卻似乎視而不見。

「紅衛兵把寺裡的藏書統統撕毀，拿回家當衛生紙用。」他又陷入沈默了一會兒，才說：「人這種動物眞是很複雜，很可憐。不知道該怎麼說才好。空的山，空的回聲。可悲啊，可悲啊……你回去吧。」

那一整個夏天，他都是一副鬱鬱寡歡、拒人於千里之外的樣子。他一直抱怨天氣的炎熱和潮溼，也提不起興致譯詩。我感受到，年紀和往事把他壓得透不過氣。

到了秋天，當風從西方吹起的時候，一天我到他家去找他，卻發現他就像季節轉換一樣，變了一個人。他從一個用別針別著的口袋裡，掏出來兩張紙。兩張紙上都寫著工工整整的中國字，是兩首詩。

「昨晚我睡不著，心思飛來飛去。噗噗噗噗噗，噗噗噗噗噗。」他把嘴唇噘起，模仿馬達的聲音，又把一根手指放在鼻尖，學螺旋槳的樣子轉來轉去：「我看見了瑞巖師彥❶。」

「誰？」

「瑞巖師彥是個很老、很有名的僧人。我們有很特殊的聯繫，有相同的前世。」

我翻開我放在宗才廚房裡的《佛教與禪宗大辭典》，找到「瑞巖師彥」的條目，問他：「是這個人嗎？」

他把辭典推開，說：「一定是。」他對事實、書本以及任何笨拙的問題，一概不感興趣。

根據大辭典的記載，瑞巖師彥是一位西元九世紀的禪師。他就像宗才一樣，生在一個可悲的亂世：烽煙四起的唐朝衰世。他是巖頭全豁的弟子和繼承人，而巖頭全豁就像虛燈一樣，是被時代的變動害死的。但除此以外，有關瑞巖禪師的記載，就寥寥無幾。

宗才一根食指反覆在紙頁上敲著。

「這兩首詩是我們寫的，瑞巖禪師和我。有關生命中的悲喜、苦樂。瑞巖寫了一首，我也寫了一首。不同的心靈，卻有著相同的思想。」

「你們互相寫詩給對方？」

「嗯—嗯。」他緩慢地點頭。

「昨晚？」

「我的詩是昨晚寫的，瑞巖禪師的詩則寫於一千多年前。不過直到昨晚，我才從他口中第一次聽到這首詩。」

「你昨晚第一次聽到這首詩？」

「我剛才不是說過了嗎！」他搖了搖頭，顯然對我的魯鈍很不以爲然：「你要專心。仔細聽。不仔細聽的話，大麻煩就來了。懂嗎？」

「懂。」

「那就好，你現在開始翻譯吧。」

接下來兩天，我都在譯這兩首詩。

我把瑞巖禪師的詩翻譯如下：

昨天與今天……
是一樣的，
每個人都在說話
卻沒有人明白
而那就是那個臥病在
涅盤墓穴裡的老僧人
的悲哀。

沒有訪客
登門。
窗櫺上
窗板不見了
甚至糊紙也沒了。
冷灰積滿我的火爐。
霜雪覆蓋我的床鋪。

生與老，
病與死
誰能幫得上忙？
酸與甜
苦與辣，
就像是
第八層地獄的煎熬……
我受苦的心靈
是自由的。

宗才的應答如下：

是舊
是新
有什麼差別？
我始終如一，
一個禪的木匠。

涅盤是沒有名字的。
眞理是沒有形式的。

我的客人，就是
窗上門上的陰影。
冷爐，
霜床，
那又如何？
無不是最純粹的平靜。

在我的鏡子裡，
生、老
病、死
互相反照。
酸、甜
苦、辣
是眞正的甘露。

我的身體
瓦解成爲四相：
化爲土與火
水與風；
化爲空。
但如佛陀的慈悲
我無所不在。

「小喬治，瑞巖禪師給我他的詩是有用意的。你知道嗎？」

我搖搖頭，他卻朝著我笑。

「你知道嗎，小喬治，有時候你眞的跟一個小嬰孩沒兩樣。聽著，他的詩，談的完完全全是生與死。我的也一樣。這表示，我必須把師父的骨骸給找到，爲他舉行個葬禮。唉，小喬治，你不明白。蒙古是一片很古老的土地，雖然嚴峻，卻很美麗。在它的北邊是雄偉的烏拉山，南邊是源出於喜馬拉雅山的黃河❷，東至黃海，是個荒涼的大草原，西邊是一條寬達千里的沙河。我遺棄了師父近四十年。現在我必須找到他的骨骸火化，向他致敬。」

「你要火化他的骨骸？」

「當然，那就是我詩中的寓意。」

有這樣的事？那顯然他的詩裡含有我無法瞭解的隱喻。

「我還要舉行一個葬禮。」他繼續說：「我還要回到我的家鄉、我的破廟、我的山、我的山洞去。」他停了一下，若有所思的樣子：「你願意陪我一起去嗎？」

我願意去嗎？我一百個願意：「當然願意。什麼時候出發？」但接下來，我馬上想到，要展開這樣的旅程，有多少細節難題先得去解決。許可證、簽證、汽車、裝備這些都是得傷腦筋的事情，更別提我現在根本是個窮光蛋。我要怎樣才湊得出飛機票的錢呢？

宗才卻一點都不擔心：「你可以寫本書。優美的詩歌。就像聖經。」

我咯咯笑了起來。

「你為什麼笑呢，小喬治？」

「你要我寫一本像聖經一樣的書？」

「對，像聖經一樣！甚至比聖經還好！」他的語氣沒有一絲諷刺的意味：「你把書賣掉，我們就有足夠的旅費了。」

「聽起來蠻有道理的。」我說。

我們又談了一下。我想確切知道，在他那個難以捉摸的和尚腦袋裡，還打著些什麼主意。

他告訴我，他這次回內蒙的時候，打聽到他師父葬在離普濟寺以東兩百五十公里的毛烏素沙漠，然而打聽不到，虛燈是何時何地死的，又是怎麼死的。他計畫找到虛燈的埋骨之地，把遺骨挖出來，按照正確的佛教儀式加以火化，然後把骨灰帶到虛燈位於烏拉山頂的山洞，建一個佛骨塔，加以保存。

不過，他的計畫尚不止於此。

「我還得重建我的普濟寺。」

有很多報導指出，宗教現在在中國有復興的跡象。經過五十年的壓抑後，長期以來走入地下的宗教信仰，又開始發芽，甚至很興旺。宗才相信，重建普濟寺，將可對佛教的復興起催化的作用。不管有多難，他決心在內蒙的土壤播下這顆種子。

「你確定要這麼做嗎？你不擔心中國政府會再次把它拆掉嗎？」

「那不關我的事，小喬治。我的業是要重建我的廟。他們要把廟拆掉的話，那是他們的業。我只負責出錢，建廟的事，則交由當地人去做。」

「你哪來的錢？」

「靠賣書。沒問題的。」

「你是說你要我寫的那本書嗎？」

「沒錯。我是和尚，你是詩人，我們會是一個有力量的團隊。」

我喜愛他瘋狂的樂天主義。「我們辦得到的。」我說。

□

回到家裡，我把宗才的計畫告訴西格莉。她眉頭都沒有皺一下。

「你當然得跟他一起去。」她說。

「一定有出版社願意出我的書。」我說：「拿到預付的版稅後，我會留一部份給妳們當生活費。」

「這方面你不用操心。不管怎樣，你去就是。我會帶席莉到我爸那裡住一段時間。」

那個晚上，我反覆想著宗才對他師父的忠誠。「我必須向他致敬。」他說。在禪宗的世界裡，譜系是最神聖不過的。這種師徒之間的傳承，可上溯至佛陀對他弟子的傳法。透過為虛燈建佛骨塔，宗才將可把他師父確立為一個禪宗的聖者、一位佛。

現在，我被捲入了他的瘋狂追求中。但對我來說，這次陪他一起到中國，並不是一趟朝聖之旅。我不可能想像自己有他的虔誠。我只是知道我渴望到一個很遠很遠的地方。我希望來趟冒險。我希望可以攀入一種不同的生活裡去，回到過去，體驗死去的歷史背後那活的一面。

我們拿《易經》來占卜此行的吉凶。我把六個一分錢硬幣放在兩手間，集中心思想著詩、旅行和旅費，然後把硬幣不斷搖晃，直到發熱，才把它們撒到宗才的餐桌上。

六個硬幣都是人像的一面朝上。

宗才拍了拍掌：「哈，小喬治，你眞是個幸運兒。你得到的是第一卦，最好的一卦。」

我翻開威廉和貝恩斯（Wilhelm/Baynes）的《易經》英譯本來看。第一卦是「乾」卦：

第一卦是由六根實線所組成。實線代表的是一種最基本的力量。本卦以源源不斷的力量爲特徵，而由於它是沒有弱點的，所以它的本質就是力量和能量……一種能在時間中堅持不懈的力量……

「我會找到我的師父，而你會找到你的力量。」宗才說：「這支卦意思是，從今天起的八年之內，都會走大運。」

「我喜歡這支卦。」

「那當然。不過要注意的是，在成功一次後，人們就會開始造你的謠。」他語帶不祥地說。

解籤至此結束。

走大運，但願如此——冬天撰寫寫作大綱時，我這樣想。一個幾乎不會講英語的老和尚和一個默默無名的詩人一起去內蒙古，爲的是挖起一個禪宗隱士的骨骸，還有什麼比這更瘋狂的舉動呢？不過，既然宗才和《易經》都預言此行會讓我走運，我還有什麼好說的呢？

到了七月，我們前往紐約跟一家出版社的編輯碰面。沒想到宗才穿了一件有三十年歷史、破得不能再破的袈裟，更糟的是，他腳上穿一雙黑色功夫鞋，頭戴一頂纏滿絕緣膠帶的斗笠。他爲編輯們一一把脈，還開給他們一些草藥藥方。他說，他要重建普濟寺，而且相信，我們將要寫的這本書，將有助於中國的心靈改革。談到虛燈，他的眼淚忍不住奪眶而出。他哭的時候，房間裡一片寂靜。

我大多時候都是保持沈默，並儘可能擺出一副很能寫的樣子。宗才主導了談話，而他一口支離破碎的英語，卻吸引了在場所有人。

「喬治是你的弟子嗎？」一個編輯問到我們的關係。

「不是弟子。」他說：「是我最好的朋友。」

那是我一生中最驕傲的時刻。

經過幾家出版社的競標後，我們賣掉了版權。這一切簡直像在做夢。接下來要做的事情，就只剩下申請簽證、跟宗才家人連絡和購買此行需要的裝備。

回到家裡，宗才動手煮麵。水開後，他用手煽了煽從鍋子裡冒出來的蒸汽，然後用筷子攪動麵條：「這是我煮麵的方法，很好吃的。」

就我所知，這世界沒有哪個人像他煮麵煮這麼久。今天，他在麵裡多加了一些蔬菜、番的麵就是好吃極了。

宗才直接就著鍋子吃麵，吃得很急。吃完以後，靠著椅背，重重嘆了口氣。之後，他眼睛一亮，隔著桌子看我：「你覺得呢?你認爲我們此行會成功嗎?」

「不會有問題。」輪到我說。

「太好了!我們要出發了。」

他跳了起來，又跳舞又笑個不停，好像一直笑不過癮似的。

「昨日我還是個英俊的小伙子，今日我卻是個老和尚，準備回鄉。」

我不禁和他一起開懷大笑。

「那好。」他說：「我去泡茶。」

第二篇　尋找師父的骨骸

啊！等你踏上這條蜿蜒之路，
不是沙丘，就是結石纍纍的戈壁；
不見半個人影，也無苦水可喝。

——〈絲路之歌〉

八 帶佛陀回家

一九九六年九月

直到要出發前幾天，宗才才告訴我，他打算把一尊一公尺高的佛像，從紐約帶到內蒙古。我無法相信我的耳朵。那佛像來自斯里蘭卡，用結實的綠色大理石雕成，重量要比宗才重多了。帶著這尊佛像，不但會讓我們飽受搬運之苦，而且有可能會讓中國政府以偷渡「疾病」爲由，拒絕我們入境。「疾病」是毛澤東對宗教的稱呼，是中國政府一直以來致力鏟除的東西。帶著一尊佛像，我們可別想輕裝上路和保持低調了。

「不會有問題的。」宗才說，臉上露出個大笑容，兩隻招風耳隨之往後一縮：「我會做一個木箱來裝他。我是個好木匠。」

「我擔心的不是木工的問題，宗才。我擔心的是要怎樣帶著個一噸重的佛像進出海關，上下飛機、火車和吉普車的問題。」

這一次，覺得不可思議的人變成是他。他從椅子上跳起來，站到我正前面，揚起雙手說：「唉，小喬治，你擔心的事太多了。沒必要。我們帶得了。簡單的很。」

他向我解釋爲什麼要帶這個佛像回去。他打算在西山嘴鎮——也就是我們在內蒙古活動的基地——爲他師父建一個臨時的神龕，作爲重建普濟寺的第一步，而佛像就是這個神龕的核心。

我從口袋裡掏出一個拇指大小的銅佛像，舉到他面前說：「換個小一點的怎麼樣？」

他打斷我說：「不要偷懶。」

在一個明媚的秋天早晨，我們開車到胡士托的一家建材供應商去買木材。宗才從那些安全別針固定的層層口袋中掏出一張小小的紙片，參考上面記錄的木材尺寸。

「我有我做事的系統，小喬治。」他說。

他的所謂系統，就我所知，就是把從詩到電話號碼在內的一切東西，記錄在像餐巾紙、超級市場的發票背面或是牛皮紙裁成的便條紙上。

宗才挑了一些木材，請店家切割成他需要的大小。我們把木材抱到我汽車的行李箱，然後開回他山中的住處。回家後，他跪在一樓儲藏室的聚乙烯地板上，動手拼板子、釘釘子。

「前進吧！佛教精兵❶」他忙的時候，我在一旁哼唱。他的瘋狂總是令人動容，而他的理想主義也開始感染了我。箱子在午餐前就造好了。箱子的手工很俐落，看起來像個茶葉箱，上面有精緻的繩結當把手。我們先把佛像放入保麗龍，再裹一層泡泡膠，才放到木箱內。

「保重了。」宗才對佛像說，然後把蓋子釘上：「現在我們來做標示。」

他拿了一隻竹柄的毛筆，沾了墨，然後在箱子上寫些搬運指示，字體粗實，毛筆在宗才的手上，就像劍擊家手中的西洋劍一樣，精準而迅速。書法是中國人古典教育的一部份。宗才父親受的就是傳統教育，而宗才自己的書法在普濟寺時及後來逃到香港都沒有荒廢，而且他的字畫在香港受到珍視和收藏。雖然宗才向我表示，他的書法因爲疏於練習，已過了巔峰階段，不過依我看，他的毛筆字卻是無畏、優雅而陽剛。

「太優美了。」我指著箱子上的毛筆字對他說。

「當然。」他說，然後把毛筆遞過來給我：「輪到你用英文寫了。告訴他們搬這箱子時該注意些什麼。要寫得非常清楚。」

我拿起毛筆，猶豫了一下，然後沾上墨，寫下了幾個花體字：「易碎。此面朝上。」

「漂亮。很美的字。好書法。」

「當然。」我說，把毛筆遞還他。

「嗯！」

我們相視而笑。

他仔細把毛筆清洗乾淨，再把手洗乾淨。

「我餓了。」他說：「你餓不餓？」

午餐吃的仍是茶配麵條。

□

第二天早上，宗才坐在我家的前台階上，旁邊放著裝了佛像的箱子，等接我們去機場的車子到達。他一面等車，一面用強力膠黏功夫鞋張開的鞋底。而我正打電話跟父母道別。我母親因爲心肌梗塞，身體很衰弱，幾乎不能說話。我想她說不定會在我不在的這期間過世。「你會打電話回來嗎？」她在掛上電話之前問。但我要到哪裡去找電話呢？我女兒對我此行耿耿於懷，她在後面追著，一面追一面哭：「拜拜，爸爸，拜拜。」

「小孩就是這樣。」宗才說。

我也很難過。但我納悶，宗才自己沒有小孩，是怎麼會瞭解小孩子的。

我們把佛像箱子放在汽車的行李箱裡，但由於箱子太大，行李箱蓋無法蓋上，只能用繩子來固定住。我本來以爲，這是佛像將帶給我們一連串的麻煩的頭一個，但結果卻出人意料。宗才是對的：佛陀是一陣清風。佛像就像是乘坐著一團祥雲一樣，在搬運工手中、查票及安全檢查時，一路通行無阻，在X光偵測器的螢光幕上，佛像看起來是個灰濛濛的身影。

「耶穌基督！」X光偵測器的操作員衝口而出說。

「差不多。」宗才說。

接著，我們用手推車把箱子斜著推到行李櫃台。過磅時，櫃台人員告訴我們，我們的行李——連佛像箱子在內——並沒有超重。

「沒有超重？」我覺得不可思議。

「這就是佛的力量。」宗才說。

「再見了，佛陀。」宗才目送著箱子被輸送帶送走，送向一個不確定的未來。佛像將從紐約越過北極飛到北京，中間停靠安克拉治與上海。佛陀要回家了，回到他被驅逐了大半生的地方。

在一萬公尺的高空上，宗才在座位上睡著了，下巴抵在胸膛上。他看起來雖然蒼白而瘦小，但他對中國的共產黨政府，並未抱持任何的幻想。

「我會重建我的普濟寺。」他說過：「如果他們要把它拆掉，沒有關係。但佛卻不是他們殺得死的。」

在北京機場，佛像隨著其他行李在輸送帶上一起被運出來，我們再把他抬到手推車上。這個機場顯得老舊而不體面，但這種情形將不會維持太久，因爲就在機場的旁邊，一座雄偉的新機場正在興建中，象徵中國的新興強權地位。我們把佛像推到海關，海關人員揮揮手就讓我們通過了。人們似乎對穿著僧袍的宗才視若無睹。每個人都在忙，忙著賺錢。出機場後，我們攔了一輛計程車。司機是個理平頭的年輕人，他看著我們的佛像箱子，臉沈沈地嘀咕了一下。宗才細聲解釋了一會兒，他才願意跟我們兩個人一塊把箱子抬起，放進計程車的行李箱。箱子掉進行李箱的一剎那，後車身沈了一沈，車尾的保險桿幾乎碰著了地面。就這樣，我們上了這輛計程車，行李箱沒關地穿過大半個市區。

宗才的外甥事前爲我們安排了一家只招待中國人的飯店。空氣裡充滿煙霧、塵埃和嗡嗡聲。舊城牆和老街已被後現代的企業大樓和五星級飯店遮蔽。拆房子的大鐵球、怪手及起重機隨處可見。時髦的賓士和BMW轎車在攤販和摩托車之間穿梭；身穿帥氣西裝、手拿大哥大的男人在擁擠的大街上來去匆匆。可以預見，十年之內，北京的外觀就會變得跟東京、香港和新加坡沒有兩樣。

我們的飯店名叫「七十一號賓館」，位於東城區。東城區是一個老區，到處可見圍牆圍起的內院、窄窄的街道及露天廚房，跟高樓林立的北京市中心區判若天淵。到達飯店後，計程車司機急著走人，急忙地把我們的行李扔到行人道上。賓館沒有腳伕，我們只好自己把佛像從行李箱抬到賓館的大廳去。賓館的大廳老舊，水泥牆壁上到處是裂痕。一個圓胖的男人跟我們打招呼，他的褲子幾乎要被渾圓的屁股撐得迸裂。

「幸會幸會。」他說：「你們是我們特別的朋友、特別來賓。」他在這賓館的八樓也爲我們保留了一個「特別」的房間。

櫃台小姐拿出一本《阿彌陀經》，請宗才在上面簽名。宗才的樣子看起來有點恍惚。經過二十四小時飛行，他一定累壞了。看著他釘木箱的時候，你很容易會忘記他已經是個七十一歲的老人。我不禁擔心，他的體力足以完成接下來的旅程嗎？

櫃台小姐檢查過我們的護照，登記了資料，又收了五十元人民幣（約合七美元）的房租。宗才跟旅館方面商量好，把佛像暫存在一樓。

我們拖著腳步走向電梯的時候，宗才對我說：「她是個佛教徒。」他指的是櫃台那位小姐。蒙老天保佑——電梯是能動的。進入房間以後，我們第一件注意到的事情，就是浴室的抽水馬桶上面有一條裂縫，水不斷從裂縫漏出，骯髒的水泥地板上已積了四公分高的水。宗才受不了，當負責照管八樓女侍拿著熱水瓶進來的時候，宗才把馬桶漏水的情形向她反應。哪知道她只是點點頭，把浴室的門帶上，彷彿已經把問題給解決了似的，轉身就離開了。

床鋪很硬，粉藍的絨毯不只潮溼，而且短得蓋不住整張床墊。我們睡了一整個下午。醒來之後，我走到窗邊張望，看到對街有一個一點二公尺高的霓虹招牌，上面閃爍著紅藍兩色的中文和英文字體：「仙鄉樂園」。

「那會是什麼地方？」我指著那個霓虹招牌問宗才。

他聳聳肩說：「可能是間廟吧。你餓了嗎？」

「餓昏了。」

「我也是。」

在賓館的旁邊，有一間小小的餐廳，名字叫「好美味蒙古餐廳」。我們選了一張靠窗的桌子坐下，俯視窗外那灰塵飛揚、聞起來像煎魚的街道。交通很繁忙，汽車喇叭聲此起彼落。店裡只有我們。宗才點了一大碗馬鈴薯絲、花生燕豆腐、炒青菜、磨菇炒竹筍和現做的麵條。

女侍是個嬌小的女孩。她的絲襪快滑下來了，髮夾也沒有夾緊，頭髮散了開來。不過她倒是笑容可掬地招呼我們。

「還要再一碗嗎？」

「還要再一杯嗎？」

我都回答「要」，宗才也是。

回賓館後，宗才開始打坐，而我寫了一會東西，就睡著了，後來在睡夢中隱約看見宗才爬進我對面的床。「仙鄉樂園」的紅藍色燈光在窗簾上隱隱閃爍著。街上鬧哄哄如故，交雜著喊叫聲、沒裝消音器的引擎聲和喇叭的哀號。

明天下午六點，我們將要坐上一列北京—銀川線的火車，前往西山嘴鎮。西山嘴鎮位於北京西北一千公里遠，車程十六小時。我們唯一買得到的車票，是下下之選：三等車廂，硬鋪，睡鋪的頂層。我本來建議宗才，不如在北京多待幾天，等買到較好的位子再出發，也正好利用這個空檔，在北京四處走走。

沒想到他馬上駁回我的建議：「你想玩嗎？好，那你到日本去好了。現在就去。」

□

一個腳伕用一台大得像馬車的獨輪車，幫我們把佛像和其他行李推到月台。他一面快步推，一面不停地大聲吆喝，要人們讓路。我們在他後面緊跟著，像突擊隊似的無往不利。不曉得爲什麼，我總有一種感覺，只要他一停止吆喝，四方八面的人潮就會湧過來，把我們淹沒。長長的月台面向著一個巨大的調車場，像豎琴弦般交錯的鐵軌再過去，是浸透在酸橙色昏黃中的北京城。空氣裡瀰漫著煤塵味和鑄鐵味。火車輪子的吱嘎聲、尖銳的汽笛聲和蒸汽的絲絲聲互相混雜。宗才勾著手指指向一列火車，示意那就是我們要搭的列車，他加緊了腳步穿過月台，長袍在風中翻飛。而在前面打頭陣的，是我們的挑伕和佛陀。

我們的臥鋪充斥了腥羶味、腐臭的油脂味和臭腳味。炎熱的車廂裡，擁擠而吵鬧。全車隔成十個小房間，每個小房間裡有六個鋪位，兩邊各三層。半寸厚的床墊上鋪著薄毯。枕頭像是塡充了沙沙的碎石。

「枕頭裡裝的是蕎麥。中國人的作法。對身體有益，就像中藥一樣。」說著，宗才抓起一個枕頭，緊貼臉聞了聞，但頭隨即猛地向後一縮：「但有一點髒就是。」他皺著鼻子說。

我們的臥鋪位於頂層，是臥鋪中最糟的一種。人躺在上面，離車頂只有六十公分遠。除了播音器的疲勞轟炸外，還得忍受積聚在車頂上，煙槍吐出的一圈一圈藍煙。

因為黃昏和煙霧的關係，車廂裡的一切都很黯淡。看起來乘客比床鋪還要多。有個睡在下層臥鋪的人騰出空間來讓宗才坐。我們把佛像箱子橫放在走道的窗戶下，經過走道的旅客只能勉強通過。我把大衣鋪在上面，當坐墊坐下。至於其他的行李，則扔到我們睡的頂層臥鋪上去。

我們的室友中，有一個頭髮油膩，頂著啤酒肚，臉帶稚氣的中年人，他非常懂得火車旅行的自娛之道，火車還沒離開北京，他就已經把褲管捲起，脫下鞋襪，開始拔腳趾間的繭。有一個睡下鋪的年輕人，蜷曲在床上，啜飲著一杯聞起來像劣酒的飲料。他的嘴唇又腫又裂。一個瘦巴巴、戴眼鏡的學生坐著看書，一面看書一面吃一籃特地為這趟旅程所準備的小點心，吃得又慢又小心。一個長著山羊鬍、臉曬得像皮革的蒙古人踢了踢我腳上的登山靴，表示對這雙靴子很欣賞。我把我女兒的照片傳給大家看，然後輕拍自己心臟的部位，表示她對我的重要性。那個雙唇乾裂的小子拍了拍他那雙指關節很粗的手，然後一拳打在我肩上，讓我差點沒從箱子上摔下來，又把手上的劣酒遞給我請我喝。我望向宗才，他正在打盹。「死不了人！」我說了一句，然後把酒一口乾掉。那味道就像是消毒傷口用的酒精。我咳個不停，那小子再次咯咯咯地笑了起來。

「小喬治，安靜點。」宗才說，眼睛仍然閉著。

火車在進入郊區以後開始加速。人們紛紛從袋子裡拿出飲食來。很多人拿東西請我吃，我們比手畫腳地說笑著，又吃又喝，像在開派對一樣。

車上的燈光在十點熄滅。宗才正坐在臥鋪上，肩上披張褐色的毯子，看起來比木箱裡的佛像還要像個佛。宗才現在睡的是下層臥鋪，那個戴眼鏡的學生因爲看到宗才的僧袍與年紀，所以主動跟他交換了臥鋪。我把靴子斜立在床邊，然後爬上梯子，翻到頂層的臥鋪，把身體蜷曲在行李之間。寒意從車壁和床墊滲過來。枕頭硬得像一袋水泥，床位像具棺材。人們不停地抽菸，又從他們肺葉深處咳痰，吐到地板上。因爲我喝了太多的茶，所以不得不幾度小心翼翼爬下梯子（不小心的話就會踢到睡中層臥鋪的人的頭），套上靴子，搖晃晃地走過滿佈著新吐和乾掉的痰和垃圾的走道，到臥車最遠端一個開在地板上的糞坑去報到。整個晚上共去了三次，分別是在午夜十二點、凌晨三點和五點。

在我結束一次廁所之旅後，正要爬回臥鋪時，宗才拍了拍我的腳，指著窗外說：「呼和浩特。」

因爲是深夜，我看不太清楚這個內蒙古首府的模樣。在蒙古語裡，這城市叫做 Kukukhoto（「庫庫和屯」），意爲「藍色之城」。它是一個寺廟林立的城市，每逢節慶，就會擠滿信徒；它也是四周草原生產的羊毛、獸皮、食物和藥材的集散地。經過呼和浩特火車站的時候，只看到月台上一盞忽閃忽亮的黃燈。稍後，地平線上出現了一座巨大、黯淡的醜陋城市——就是那寺廟林立、佛教祭典盛行的藍色之城。火車安靜而穩定的行進著。佛像箱子仍然橫臥在走道上。宗才的呼吸深長而規則，睡得很熟。突然，列車搖搖晃晃頓了一下，車廂間發出鐵鍊碰撞的聲音。毛澤東曾經竭盡全力把佛法從中國掃地出門，再過不了多久，我們就可以知道他是不是成功了。宗才倖存下來，而且已經回到中國。他會受到什麼樣的對待呢？別人還會記得他嗎？有人會在乎嗎？

我爬回臥鋪，試著入睡，試了又試都睡不著，最後，乾脆放棄，我從背包裡抽出手電筒，拿出地圖，攤開在床頭上。我手撐著下巴，低頭看地圖上的內蒙古部份。它橫亙在中國的北部和東北邊緣上，大約二千五百公里寬，總面積超過一百萬平方公里，是俄國人與中國人、歐洲人與亞洲人之間的一個緩衝區。它大部分的土地都沒有人居住，是地球上最後幾塊荒涼大地之一。

這時，火車外面傳來叫喊聲，然後是一陣激烈的金屬碰撞聲。但車箱裡的乘客沒有被驚醒。我把手電筒塞到牛仔褲的後口袋，爬下臥鋪，走到車廂的最後頭，看看是什麼回事。最後一節火車廂的後門是開著的，我探頭到外面，看到在火車旁，有兩個人正在拿著像大錘的工具，正猛擊火車的底盤，聲音迴盪在空蕩蕩的月台。我下了車，踩在鐵軌間的碎石上。暗褐的天空，一顆星星也沒有。只聞到一股煙味。

過了一會兒，有個人從月台另一頭的盡頭向我大喊。我向他揮手，但隨即意識到，火車正緩緩移動，於是趕緊跳回車上去。車廂蹣跚地搖晃一會，才噗噗向西開進了黑夜中。

□

破曉時，透過蒙上點點塵土的窗戶，我第一次看到了內蒙古的樣貌：凹凸不平的土地、空茫的天空；南方是一片泛著橘色暗光的田野，北方是一系列向陽的巉巖山脈，反射著微弱的晨曦。火車開入包頭的時候，我們正坐在餐車裡，嫌惡地翻弄著一頓難以下嚥的早餐，包括稀而淡的粥、蒸饅頭和又油又硬的煎蛋。包頭是古代絲路的終點站，諸如馬可波羅之類的西方探險家，就是取道絲路，穿越亞洲內陸一些孤立王國，來到東方的；相對的，中國的僧侶則是從包頭出發，越過喀拉崑崙山和帕米爾高原，前赴印度北部去取經。此外，古代商旅也是經由絲路把絲綢運到土耳其斯坦，乃至更遙遠的羅馬和希臘去。

包頭是個夢想家浪漫情懷的城市。而我第一次讀到有關包頭的記載，是在歐文・賴提摩爾（Owen Lattimore）的探險日誌《到土耳其斯坦的沙漠之路》（*The Desert Road to Turkestan*）上，這本書是一九七〇年我在舊金山一家廉價舊貨店買來的。他對包頭的形容，會讓人寒毛直豎。一九二八年的時候，賴提摩爾曾經在包頭停留，購買駱駝，爲他穿越沙漠前往土耳其斯坦的旅行作準備。那年，虛燈剛領到他的度牒，而宗才只有三歲。

包頭是通往亞洲遙遠內陸的大門。這是一個土匪會不顧一切打劫的地方，一座被龐然的防禦土牆包圍著的空蕩小城。舉目一片蕭然：小孩在結冰的汚水池邊嬉戲，惡狗在垃圾堆翻東西，黑毛豬陰沉地低頭四處晃蕩……

從蘭州到包頭的一整段黃河河段，都充滿皮筏和船隻，它們載著的，是來自甘肅和青海湖的羊毛和獸皮。但別想坐船從包頭往西行，因爲出了包頭，上漲的水勢極爲湍急，任何大小船隻都無法逆流而上。想要西行，只能取道曲折的陸路：先是向南經過毛烏素沙漠，再折往西北的阿拉善盟；然後從那裡出發，穿過戈壁，繞過塔克拉馬干沙漠的邊緣。

宗才吃完早餐後告訴我：「這裡是我師父出生和出家的地方。」不過，我卻怎樣也無法把眼前的包頭跟虛燈或賴提摩爾聯想在一塊。因爲作爲內蒙的第一大工業城，現在的包頭，盡是骯髒的蘇維埃時代磚房和冒著黃色含硫濃煙的大煙囪。

出包頭以後，地貌變成一片內地景象。在零落分布的農莊裡，平坦屋頂上曬著一堆堆玉米梗。田地都一副地力耗盡的樣子。一層像沙的霜雪覆蓋在土上。宗才打開一扇車窗。在地平線上的遠處，有兩個人正彎著腰，拉著一輛二輪車。

望向北方，有一列山脈從平原上拔地而起，極爲陡峭。那一定就是陰山山脈——烏拉山是它的一部份。那聲發出於一千五百萬年前的轟然巨響，彷彿還在我的耳邊迴響著。當時，地球板塊的移動把印度次大陸推到了西藏南邊的邊上，而陰山山脈就是在這次板塊移動中被擠壓出來的。它比我想像中來得更褐、更禿、更尖、更巉巖，也更陰險。

宗才神情相當激動：「那些是我的山！多美。大蛇板山就在那裡。小蛇板山也在。我看到了，小喬治，我看到了！你看，小喬治，就在那兒！那是我的烏拉山。」

他手指著的，是群山中最高的一座山峰。它就像一根石頭手指一樣，直直指向天際，幾乎沒入藍天之中。「我師父的山洞就位在山峰的下方。再看看這裡。」他轉身指著走道上一扇向南的車窗說：「我的出生地蘭湖村就在那個方向。普濟寺在這個方向。我回來了，唉呀！我回來了，我真的回家了。佛陀也回家了。」

九　第一座神龕

一九九六年十月一日，內蒙古

西山嘴火車站的月台是個用土夯實而成的平台，鐵軌從兩旁通過。一個戴頂無邊小帽的老婦人，拿著一把稻草掃把在掃沙子。我們的器材裝備和佛像堆在一輛裝滿甜菜根的小推車旁邊。在鐵軌的北方，西山嘴鎮的低矮建築一直向山口（陰山東、西翼山脈間的平地）的方向蔓延。如果我往那個方向走，就會走出小鎮，進入山口，一步一步消失在黑暗的戈壁沙漠裡。

隨著一陣汽笛聲，我們所坐的北京—銀川線火車就再度開出，往西開向臨河。之後，它會折向南，繞過戈壁的邊緣，往北，再往西，沿著長城的西翼，開至長城的終點柳園。接下來，火車會穿過北山、甘肅戈壁、火焰山、吐魯番窪地（低於海平面將近一百三十公尺，是全世界地勢最低的地方），最後到達終點站烏魯木齊。烏魯木齊聚居著信奉伊斯蘭教的少數民族，如塔吉克人、維吾爾人、哈薩克人和吉爾吉斯人等。

我們到站的時間是早上十點。站在一千八百公尺高的蒙古高原上，十月的太陽很灼熱，但風乾冷而刺人。我從口袋裡掏出護唇膏。躺了一晚上的硬鋪，我和宗才都全身僵硬。我們站在連綿不斷的積雲下等著，宗才的外甥林國仁的到來。顯然，我們坐的火車是早到了，而這樣的事，多年以來恐怕還是頭一遭。所以，我們下車後沒有看到林國仁在等著，並不奇怪。

「不用擔心，他們聽得見火車汽笛聲的。」宗才說。

沒多久，一團煙霧和一陣嘶啞的引擎聲就向著我們接近。那是一輛摩托車，後面拖著一台雙輪車，它一顛一顛開過了鐵軌，停在離我們面前不到一公尺遠的地方。騎士脫下黑色的安全帽，臉上露出個誇張的大笑容。坐他身後的是個駝了背的年輕人，大概不超過十六歲，他也是張著嘴巴笑，笑得口水都噴了出來。

「這兩個小伙子看來心情很愉快。」宗才莞爾地說。

他們沒有跟我們打任何招呼，就逕自把我們的行李扔到雙輪車的上面。等他們把佛像箱子放好在行李的旁邊之後，那駝背小伙子就雙手緊緊抓住褲襠，單著腳在月台上跳來跳去，裝出一副極其痛苦的表情。他的夥伴被逗得大樂，笑得咳了起來。

「他們心情眞的很好。」宗才說。

這時，一輛破舊的綠色吉普車開到了摩托車的旁邊停住。一個男人從後座窗戶探出頭來，對那兩個快樂的年輕人大聲斥喝了幾聲。駝背的小伙子馬上爬上兩輪車，坐到堆得高高的行李上頭。而那摩托車騎士也趕緊戴上安全帽。他一發動，摩托車就呼嘯而去，尾隨著一團廢氣和沙塵。他們離開以後，吉普車裡的男人就走下車來跟宗才打招呼，臉上掛著個大大的笑容。

「這是我外甥。」宗才轉過頭對我說。

林國仁握了握我的手。他四十五歲上下，頭髮平平蓋過前額，有一小簇頭髮不聽話地豎起，鷹勾鼻和高顴骨讓他看起來像個蒙古人多於漢人。他身穿一件深藍色的雙排釦西裝，白色襯衫（釦子扣到了領口）、卡其背心、一雙穿舊了的黑色牛津鞋和漩渦紋圖案的襪子。在他磨損了的褲管口下面，露出衛生褲的褲緣。他有一個小肚子，外表像鄉下人，但神情威嚴而充滿自信。

不管我們去到哪裡，人們都像是在爲林國仁工作似的。我們此行的大部分花費，都將會透過他流出去。他的手指甲又髒又短，唯獨右手的大拇指甲例外：它最少有兩、三公分長，經過仔細修剪，跟他其他的指甲形成鮮明對比。我以前看過這樣的指甲，那是一九七〇年在西班牙的時候，對方是佛朗哥政府的一個小幹部。長指甲是一個成功、地位或小官僚的標記，代表一個人不用再用手幹粗活、不再是農民。林國仁右手拇指的指甲，一定也代表同樣的意義。他出身貧窮，來自一個骯髒、泥濘的小村莊，但憑著聰明、決心和手段，他終於晉身爲中國的新興資本家之一，在西山嘴鎮的大街上擁有一間兩層樓的摩托車店。身爲老闆，又是有錢人，他已經習慣了被人當成老大對待。而身爲一個大家庭的一家之主，他大概也是全內蒙唯一可以跟宗才平起平坐的人——但這對他並沒有任何好處，因爲他跟宗才經常意見相左，而宗才又是個我行我素的人。每當發生齟齬，宗才就會一揮手，示意林國仁住嘴，照自己的意思做事情。

宗才向我介紹吉普車的駕駛。他二十幾快三十歲，穿著一件黑色皮夾克和一雙軍靴，理個龐克頭，眼睛隱藏在一副飛行員太陽眼鏡後面，腰帶上還掛著傳呼機。

「這是剛剛。」宗才說：「他是司機，也是我們的保鏢。我家人擔心我們的安全，委託他保護我們。你曉得，家人都是這個樣子的。」

剛剛向我點點頭，用兩根手靠在額上一甩，做了個很酷的敬禮，然後微微一笑。我馬上就喜歡上他。坐上吉普車以後，宗才告訴我，剛剛已經結婚，育有一女。他的太太是南方人，卻是蒙古最好的廚師。

「剛剛是個爆破手。」宗才補充說：「他在軍隊裡工作。」

「爆破手？」

「對。砰！」

剛剛「砰」的是什麼，我並不知道。說不定他是個禪宗的爆破手，專門爆破愚昧——就像禪宗的開山祖師達摩一樣，面壁九年之後終於悟到，開悟之道在於摒棄教義、儀式和典籍。

「他的名字和爆破手的身分很相稱❶。」我說

「很乖、很特別的孩子。」

剛剛開車，宗才坐他旁邊，而我則坐在後座，被擠在林國仁和一袋五十公斤重的白米之間。我們穿過鐵軌，往鎮上開去，稍後再轉向西。而那兩個騎摩托車的小伙子，則是載著行李和佛像往正北走。

「不用擔心。」宗才說：「那兩個小伙子會看好我們的東西的。我們現在先到我外甥的家裡去。我姊姊在等著。她興奮得不得了。」

□

剛剛把吉普車驅策得風馳電掣，而每當車輪碰到了坑洞，我的頭就會往帆布車篷的篷頂撞一下。西山嘴鎮的街道到處是坑洞。這裡的交通可說是消防演習和撞車比賽❷的混合體。誰開車開得夠狠、車子的馬力夠強、按喇叭按得夠大聲，誰就是馬路上的老大。我們在川流不息的腳踏車、摩托車、驢車、貨車、牽引機和巴士之間穿梭。它們沒有一輛不是超載得超乎想像。有一輛三輪車的後面，竟然載著四張長沙發，它們巧妙地疊在一起，保持平衡。有

些三輪車載著堆得高高的綠洋蔥，有些則懸掛著還滴著血的無頭山羊。

西山嘴鎮是一個小城，人口大約一萬五千。它是一個成長中的城市，到處可見用樹枝或竹子築的鷹架和一堆堆的磚堆。這裡是中國未來的一個縮影，一個商業的嘉年華會，充滿張力和混亂。隨處都是蹲著的焊接工和揮著鐵鎚的工人。路上看得到機械工、木匠、裁縫、鞋匠、挑煤工和屠夫。一些帳棚搭成的攤子裡，傳出串烤的味道。西山嘴鎮是中國西部的邊疆市鎮，是個店家、農人、賭徒、酒鬼、風水師和遊牧民族匯聚的地方。作爲文明的最後一個前哨站，它是那些要前往北方荒漠的商旅必經之地。西山嘴鎮也是蒙古高原上的一個重要物資供應中心，南至黃河的四周居民會來這裡購買摩托車（向林國仁買）、牽引機、傢俱和電視。

沿路剛剛都沒有把車速放慢，而開出了大街、進入那些迷宮似的巷道裡繞轉的時候，車身彷佛隨時都要擦撞到牆壁。最後，到了一扇鐵門前面，他猛踩煞車。門兩旁是道高高的磚牆，牆頂嵌著碎玻璃。我們下了吉普車。路早就不見了，地上佈滿碎石。我們此時已身在西山嘴鎮的邊緣。向北望，是一個平坦的黃色高原，經過無數世紀的旱災和風吹日曬，土早已磨成爲細細的黃色粉末。在高原的最盡頭，豎立著像牆一樣的山脈。螺旋般的炊煙從家家戶戶的廚房升起。空氣中瀰漫著細沙，覆蓋著眼前可見的任何東西。強烈的陽光侵入每一個角落，把一切照得無所遁形。

大鐵門緩緩打開。站在門後面的，是個滿臉煤灰的年輕人，他向我們鞠躬，並喃喃說了些什麼。我們走過他身邊，在剛剛和林國仁的帶領下，走進一個正方形的院子。院子周邊的走道上鋪著石板。院子的中央是個花園。花園裡有一個已經傾斜的棚架，上面爬著葡萄藤，點綴著幾串晚熟的葡萄。花園裡還擺著一籃洋蔥和一籃包心菜，除此以外，能看到的就只有大片的殘株、帶刺的野草、未熟的堆肥、灰燼、瓦礫和破陶片。

房子是棟平房，背靠著院子的西牆。所有門窗都是開向院子，沒有一扇窗是面街或面向壯觀的群山的。整個西山嘴鎮都是這一類傳統的房子：有圍牆環繞，向內聚焦，把重心放在家庭之內。看來，中國人喜歡受到牆的保護，也愛鐵門帶給他們的尊嚴。

在院子的南面，是塞滿各類貨物的儲藏室，像是城裡舊貨市場的小鋪。一隻狗被鐵鍊綁在屋外廁所和豬舍之間，見到了生人，咆哮個不停。一個生銹的馬蹄鐵油桶裡裝著的，顯然是某種蒼蠅很喜歡的東西。一隻公雞在那搖搖欲墜的煤棚頂上高視闊步，而母雞在地上啄食。

「我外甥很有錢。」宗才說。

房子的大門直通廚房，一波波暖暖的食物香氣從裡面襲湧過來。我們穿過廚房的時候，兩個在裡面工作的年輕女傭向我們鼓掌，以示歡迎。林國仁的母親李姝——也就是宗才的姊姊——就住在廚房隔壁的房間裡，因爲那是整棟房子最暖的房間。自從丈夫在十五年前過世後，李姝就一直與兒子同住。她是個洋娃娃似的、很纖細的人兒，今年已經八十六歲，牙齒快掉光，褐色的臉上縱橫著深深的皺紋。本來她還跪在炕上取暖，一看到宗才，她就哭了起來。

「這是我姊姊。」宗才向我介紹：「我姊姊哭了。她以爲她等不到我回來。」

宗才和他姊姊相視而哭。但他們並沒有擁抱或觸碰。我看著自己的靴子，覺得自己像個偷窺者。

「我要把你介紹給姊姊認識。你用英語對她說哈囉，她會喜歡聽的。」

「這是我的朋友。」宗才對他姊姊說，用英語和漢語各說了一遍：「這是我的朋友小喬治。」

「哈囉，很榮幸認識妳。妳弟弟經常提起妳。」

李姝對我微笑，把一雙緊握著的手放在額頭上，優雅地向我鞠了鞠躬。

「謝謝，謝謝。」我囁嚅著，不知道該說些什麼。

李姝的聽力很差，所以有她在場的時候，每個人都盡量把話說得大聲、清楚。我們坐在紅色椅墊、白色椅背套的扶手椅上，背後是一片紅色的錦緞窗簾。擺在前面的，是一張嵌著大理石桌面的黑色矮几。女傭端出幾碗熱騰騰的煮花生和多汁的紫葡萄，放在矮几上。只要我們杯子裡淡琥珀色的茶一喝光，她們馬上就倒滿。在我的椅子旁邊，是一個印著金色竹子釉彩的櫥櫃，上頭依序擺著一個毛主席的瓷像、一個米老鼠塑像和一個相框。宗才把相框拿給我看。

「看看我。」他說：「我那時候還是個娃娃呢。」

照片中的他約莫十六、七歲，臉上連一條皺紋都沒有，兩頰就像蘋果一樣豐潤。那是一個對未來滿懷憧憬的年輕僧人，還不知道自己有朝一日將要跟師父訣別，普濟寺將會被夷爲平地，不知道他將在饑荒中困頓流離時遇上一個獨眼佛，不知道將會在一條隧道裡經歷苦難與死亡，不知道自己將要孤身亡命天涯。

宗才和李姝一面談話，一面嘆息，一面流淚。用不著宗才翻譯，我也可以瞭解他們在說什麼。

他們談話的時候，我隨意翻閱我的筆記本，無意間翻到一首很久以前我不知道從那裡抄錄下來的詩句，湊巧的是，它跟我此時此刻的感想不謀而合。

生年不滿百，
常懷千歲憂；
晝短苦夜長。❸

宗才轉過頭對我說：「小喬治，對不起。但太多傷心事了。我的外甥媳婦病了。她的血管……你們怎麼說的……血管破了。不能動，不能說話。恐怕撐不了多久。」

我們一整個下午都陪在宗才姊姊的身邊。當時我並不知道，除了這一次以外，此行我只會再見到李姝一次，那是在林國仁女兒的婚禮上。除了太太和母親以外，跟林國仁住在一塊的，還有三個兒女：兩個已經訂婚的女兒和一個青春期的兒子。另外，林國仁也爲兩個女傭提供住宿。因此，他的房子裡住滿了人，沒有多餘的房間招待我們。爲此，他爲我們安排了別的住處：他摩托車店的二樓閣樓。吃過晚飯以後，剛剛和林國仁就載我們到位於市中心的摩托車店去。

□

摩托車店的閣樓很大，即使放進了我們的行李和佛像箱子，仍然讓人覺得空空蕩蕩。它冷得像個墓穴。在閣樓的兩側，各隔出一個小房間，內有面南的窗子。我的房間裡，一應俱全，有張窄窄的硬板床、椅子、寫字桌、掛著鏡子的衣櫃、掛衣架和臉盆架。桌子上放了一個熱水瓶、兩個杯子和一盞粉紅色的鵝頸燈。我房間的旁邊就是浴室，內有一個用木桶沖水的馬桶，排泄物會直接被沖到一條磚砌的、位於廚房和包心菜圃之間的溝渠裡去。

宗才和我都累壞了。剛剛和林國仁一走，我就把燈關上，爲自己倒了一杯熱水，然後把薄薄的床墊攤開，再鋪上我的睡袋。之後，我跑過去看宗才，但他的房門已經關了，燈也熄了。他連晚安都沒跟我說就先睡了。打開行李整理東西的時候，我無意間看到鏡子：鏡中那個扭曲變形的我，正好精確地反映了我此時此刻的內心感受。床緊靠在窗邊，外面就是吵雜的街道。我坐到床上，又喝了一杯熱開水。現在才剛剛八點。我手上拿著日記本，赤條條地爬入睡袋裡趴著。我毫不思索就寫滿了十頁紙。

□

我睡得不太安穩，四點半就醒了過來。我摸黑爬下了床，倒出熱水瓶裡剩餘的熱水，吞下一些維他命丸。盥洗過後，我站在閣樓的窗戶前，向街上望去。在對街的一棟建築物裡，一顆微弱的藍色燈泡還亮著。幾輛載著煤的貨車在馬路上開過。不時也看到牽引機或鬼影般的腳踏車駛過，腳踏車琥珀及鮮紅的反光板，在夜裡像眸子一睜一睜地閃爍。

宗才已經準備好要做早課，這是他每天破曉前的例行公事，絕不例外。

「這是我的習慣。我的生活就是修行。」他這樣說過。

此行，我決定跟隨宗才的腳步修行。他不管做什麼我都照做。這是個實驗。我想學著自律，學著坐禪。在西山嘴鎮這個寬敞的閣樓裡，我們有足夠的空間進行經行❹和念佛。我們繞著三十乘四十尺見方的房間，一遍又一遍唸著「南無阿彌陀佛」。宗才的步伐很緩慢，慢得幾乎算不上是在走。對我來說，最大的痛苦就是要去配合這緩慢的步伐，因爲這步伐不管是跟我的心跳、呼吸還是腦細胞震動的節奏都不搭調。要不是我小心翼翼的話，早就把佛像箱子給碰倒了。後來，搬到他蘭湖村的家去住以後，由於空間不夠，我們停止了經行，只坐禪

——至少是他在坐。但不管是經行還是坐禪，對我來說都是折磨，因爲它們會讓我產生雜念，覺得像是一大群蒼蠅在腦子裡嗡嗡飛。而且我常常在坐禪的時候，戚然想到生命的短暫有限——我自己和我所愛的人的生命。

宗才跪在佛像箱子前面，觸地叩了個頭。

「你不必這樣做。你不是和尙。對佛陀說些話就行，什麼話都可以。然後鞠三個躬。」

「哈囉，佛陀。」

「跟著我走，慢慢來。」

說罷，他就開始依順時針方向踱步。

「只可以依這個方向走，絕不可以走相反方向。」

「爲什麼？」

「這是印度的傳統，也可能是西藏的習慣。當人們坐著祥雲涅盤的時候，祥雲會依著順時針的方向旋轉；而當他們回世間來的時候，祥雲的旋轉方向則是相反的。」

「那我們就依著涅盤的方向轉好了。」

我們這樣繞著圈子走了近一小時。宗才戴著他那頂黃色的針織帽，阻隔早晨的寒氣；一串念珠鬆鬆地掛在拇指和食指之間。我沒有念珠，所以只能空著手走——說不定也是空著腦袋。我很想擁抱「空」，但我的背漸漸僵硬、疼痛了起來。我左膝蓋的內側開始隱隱作痛。我也想起我在世界另一頭的母親，是病得這麼厲害，是害怕死亡害怕得這麼厲害。

□

天亮得很慢，蒼蠅嗞嗞地亂撲亂飛。西山嘴鎮這裡是沒有下水道的。收糞的工人戴著面罩，在家家戶戶室外廁所下方的溝渠，把糞便挖出來，倒進臭氣薰天的桶子裡，再用驢車運走。糞便在這裡可是有價之寶。人們用桶子提到田裡去施肥。我們吃的全是糞便；包心菜、馬鈴薯、紅蘿蔔和小麥，全都是靠糞便施肥而變得香甜可口的。沒有糞便，這片黃土地什麼都長不出來。蒙古是吃自己，又再生自己——不可思議，然而神奇地活著。

一個軍人在我窗子下面的行人道上巡邏，沒走幾步便叫他的手下立正。一個瘦長結實的老先生在做早操，反覆在胸前交叉揮動雙臂，一面揮一面慢慢把頭左右轉。之後，他做了五十遍蹲立的動作。做完早操，他點起一根香煙，深深吸了一口，臉上露出無比滿足的表情。他吐出來的煙圈，濃得幾乎掩住了他的頭。老先生在街旁吐著煙圈的同時，街道上一下子像變魔術似的擠滿了人，不知道是從那裡冒出來的。

六點三十分，軍樂聲從四方八面的擴音器響起。這些擴音器，雖然看不見，卻精巧的藏在全西山嘴鎮每戶人家的屋頂上。六點四十五分，一個幾乎不帶任何情緒的女聲，從擴音器裡宣佈了一些什麼事。

「她在說什麼，宗才？」

「蠢事。告訴人們該做些什麼。純粹是蠢事，跟放屁沒兩樣。」

七點的時候，在摩托車店值夜的爲我們端來裝滿新鮮熱水的熱水瓶。

「你想吃些什麼？」宗才問我。

「有什麼可以選擇的。」

「吃粥不錯。」

「那就吃粥吧。」

我們的早餐包括了一碗稀稀的豆子粥、蒸饅頭和酸燴菜。用托盤把早餐端給我們的，是一個精力充沛、豐滿勻稱的年輕女郎。她穿著緊身牛仔褲、高跟靴和五〇年代美國高中女生愛穿的那種毛茸茸的粉色安哥拉羊毛毛衣。她有一頭燙得捲捲的短髮，雙唇塗得艷紅，皮膚粉白。她說她名叫李怡，是我們的廚子。她對宗才很恭敬、禮貌，而對於我，她則視爲珍禽異獸，可以拿來跟朋友八卦的題材。當她偷偷瞧我的眼神被我逮到的時候，她咯咯笑了起來，以雙手遮臉。

李怡回來幫我們收拾碗筷的時候，有四個男的跟在她後面。他們抬著一塊三乘六英尺大小的牌匾，底塗了黑漆，上面刻著幾個鍍金的大字。他們把牌匾靠在牆上，讓宗才審視。

「這是什麼？」我問。

「替我師父造的。我幾個月前訂的。」

「上面寫著的是什麼？」

「虛燈之龕。」

宗才站在牌位前面端詳了良久，然後堆起笑容，轉過身，跟送匾額來的其中一位老先生握手，並拍了拍他的背。

「漂亮。做得很漂亮。」宗才對我說：「他是位木雕師傅，眞是位大師傅。」

那位大師傅年約七十多歲，他對宗才的稱許回報以微笑。他的三個年輕助手也高興得像小狗似的手舞足蹈。

宗才跟大師傅繼續詳談，而那三個助手搭了一個臨時性的鷹架：用兩組磚頭（每組各六塊磚）架起一塊木板，在上面放上兩張梯凳，再架上一塊木板。抬著牌匾爬上鷹架的時候，他們一面大聲嚷嚷一面抖動身體，活像馬戲團裡想引起觀眾哄堂大笑的小丑。就定位以後，其中兩個人負責扶著牌匾，另一個負責把它釘在門的上方。

老師傅小心翼翼地撬開裝佛像的木箱子時，宗才擤了擤鼻子，手拭了拭眼，開始喃喃念經，要淨化閣樓。「小心！小心！」宗才一邊喊著，我一邊幫忙把佛像抬出來。我們把佛像擺在了箱子的上頭，現在，箱子變成是佛像的祭壇了。

「佛陀，歡迎回家。」

之後是一陣長長的沈默。

「美妙極了！美妙極了！」宗才興高采烈地說：「小喬治，我們終於有了個開始。」

當天下午，林國仁來跟我們談租用吉普車、駕駛、嚮導的價錢和打通關節所需的費用，最後敲定了一個爲期三個月的約，總價是一萬美元，現金，錢先付。我們身上帶著一萬四千美元的百元和二十元紙鈔，我和宗才各一半。我一路上都是把錢藏在一條專門藏錢的皮帶裡。至於宗才把他的那一半藏在哪裡，他沒有說，我也沒有問。對於錢的事情，他一向神祕兮兮，不願多談。

「如果我們停留的時間縮短。」我問：「你會把多出來的錢退給我們嗎？」

宗才把我的話翻譯給林國仁聽，但他沒有立刻回答，只顧剔他那根長指甲，瞪著茶几上那些任何談生意的場合必見到的殘留物：花生殼、瓜子殼、半滿的茶杯、橘子皮和蘋果心。

「那恐怕有困難。」最後宗才翻譯說。

「如果我們停留的時間加長呢？」

聽到我這樣一問，林國仁抬起了頭，滿臉笑容。

「沒問題。」

「一言爲定。」我說。

我們一共握了兩次手。我進房間去拿錢，我把它們塞在幾隻襪子裡，藏在睡袋的底部。

跟林國仁一起來的還有一位魏先生。他是林家的帳房，一個饒舌的年輕人，脾氣很好，但是指甲咬得都見肉了。林國仁告訴我們，魏先生會負責「一些細節」，但就我所見，他處理的細節只有一個：數錢。他把那疊簇新的百元大鈔對折，舔了一下手指，就用快得難以想像的速度數了起來——他手指靈巧的令人大開眼界。他把錢數了兩遍。數完後，他向林國仁點點頭，又跟我們握了一次手，就離開了，去辦他該辦的事。

「我們多久可以拿到通行證。」我問宗才。

「我們需要跟政府談談。說服他們。跟他們交朋友。給他們做面子。我外甥會幫我們疏通。他知道該怎樣做。他對談生意很內行。」

「這一點我不懷疑。但多久可以拿到呢？今天？今天早上？」

宗才是個樂天派。他搖了搖頭。

「我想他們也許今天就會發了。也許明天，也許後天，誰知道。要有耐性，小喬治，耐著性子點。」

「我不太擅此道。」

「學啊！」

「我知道，我知道。」

我這個人的耐性不會比一隻跳蚤強。但我的擔心不是沒有原因的。林國仁曾經告訴我們，烏拉山地區還沒有對外國人開放，又說那裡隱藏著許多「軍事據點」，而且離虛燈的山洞不遠，就有一個雷達站。

「那會是個問題嗎？」

「有一點，他們很敏感。」

我們在美國拿到的簽證，只允許我們在不超過西山嘴鎮之外的範圍內活動，而且還規定我們必須住在飯店或汽車旅館裡。但那是不可能的，西山嘴鎮根本沒有飯店或汽車旅館。看起來，我們打算做的每一件事情都是非法的。在美國的時候，一位中國的導演朋友齊安妮就提醒過我，千萬不要小覷地方上小官僚的影響力，只要他們不高興，就可以以任何理由縮短我們的停留時限，甚至於把我們驅逐出境。

「不要告訴他們你是個作家。不要告訴他們任何事情。」她這樣忠告我。

但宗才一點也不擔心。他告訴我，我甚麼都不用管，只管休息、等通行證和吃東西就可以。說到吃東西，他肚子又餓了，想著晚餐的事情。

「小喬治，我今天晚上想吃點餑餑，你怎麼樣？」

「什麼是餑餑？」

「很特別的食物。有點像餃子。是包著餡的饅頭。我很喜歡吃。味道很棒。我的胃口又來了。」

「你是發育中的孩子。」

「對。」他笑著說：「老和尚和小孩子沒兩樣。」

午餐過後，李怡和她妹妹用碎布拖把拖地板。我們在矮桌子上坐下。我看起書來，聆聽著李白和杜甫那些醉人的詩樂，再一次和這兩位老朋友在碧山曲徑漫遊，享受無拘無束的松風。宗才一面吃蘋果，一面剔掉護照上的一根釘書針，拿掉一張釘在護照上、作爲但書的紙條。紙條上寫著：「此爲旅遊簽證。持有人不得在中國境內進行傳教的工作。」

他把小紙條揉成一團，扔到桌面上的蘋果皮之間。然後，又用一根指甲和拇指，把釘書針留在護照上的釘痕給撫平。

「我們在這裡需要自由。大大的自由。」他說：「所以我必須推他們一把。推啊推，推啊推。」

「他們不會擔心你嗎？」

宗才沒有回答，只是把一個削好皮、去了籽、切成四等份的蘋果放到我面前。

「來個蘋果怎樣？空腹吃很有益。吃吧。」法師說。

他讓我想起，小時候，每次到外婆家，她拿出烤麵條布丁❺或雞湯給我們吃的時候，都會用唱歌般柔軟聲調說：「吃吧，吃吧。」

十 低吟的蘆葦

第二天一大早，我們和林國仁一道在摩托車店的大門外，等候「最高政府領導人」的到來。天空被迷宮似的電線切割成不規則的一塊一塊。大街上的每一棟建築，看起來不是尚未完工，就是正在拆除中——在這裡，新與舊、堅固與脆弱，似乎是沒有界線的。街上人潮擁擠，每一個看到我的人都一臉愕然，看的下巴都快掉了。這裡的人從來沒有見過外國人。有一個騎腳踏車上的小伙子因爲看我看得入神，竟然一頭撞上一輛賣蘋果的攤販車。賣蘋果的小姐大叫大嚷，而小伙子則是笑嘻嘻爬了起來，扶起腳踏車，跨了上去，急急忙忙騎走，離開的時候仍不忘回頭瞪著我看。

我剛剛才吃了一個從賣蘋果小姐那裡買的蘋果。是宗才爲我挑的，他不讓我自己挑蘋果。「你不懂蘋果。」他說。我只是點頭微笑。

他給我挑的蘋果粉粉的。吃完了我把果心抛到了馬路上，然後把拿來削蘋果的瑞士刀在牛仔褲上抹乾淨。就在這時，剛剛開著一輛老舊的 BJW200202 型軍用吉普車，停在我們面前。吉普的後車窗上很不協調地掛著蕾絲窗簾。林國仁必恭必敬地拉開後車門，從車上走下來一個圓胖、紅臉的男人，光鮮的站在人行道上，粗胖的手指來回撫平灰色西裝的前襟。他的西裝翻領上，別著一個金色的小領章，上面是毛澤東的側臉像。他聞起來像是在刮鬍水裡浸泡了一遍。

「這個人是……該怎麼說呢……？」宗才用手掌拍打了前額一下：「不是市長……市長是最大的……他只是市長的助手……英文是怎樣說的？我忘了。」

「副市長。」

「對對對，就是副市長。他幫得上我們的忙。」

宗才把一隻手搭在我肩上，向副市長介紹我。

「我告訴他你是我的朋友，是作家，一位重要的作家，很有名。」

「聽起來很不錯。」我說：「告訴他我很高興來到西山嘴鎮。」

那副市長對我鄭重地微微一頷首，就把臉轉向宗才。之後，他轉過頭對我說：「早安。」

「早安。」

「他要我們跟他一道去烏梁素海。」宗才說：「那是個很大的湖。他在那裡蓋了一個渡假中心。他命令我們一起去。」

我可以感到脖子上的汗毛豎了起來。

「命令我們？」

我望向林國仁，他正在向在場的每個人敬煙。他點了點頭，嘴巴裡喃喃說：「對對對！」

「你想去嗎？」宗才問。

「我很樂意。」我說，向著林國仁和副市長微笑點頭。

「他還會給我們食物和可樂。」

「可樂？聽起來很不賴。那通行證和旅遊許可證呢？」

「很快就會下來。我想不會有問題的。」

「我準備好了。」我問：「什麼時候出發？」

「馬上。」

□

我們在八點三十分開出了西山嘴鎮，沿著一條滿佈車轍的赭色山路，向著北北西的方向前進。宗才坐前座，副市長、林國仁和我三個擠在後座，腿貼著腿，肩貼著肩。剛剛還是老樣子，穿著黑色皮夾克，戴著全罩式的太陽眼鏡，踩在油門上的腳從不肯稍微放鬆。他開車的狠勁兒，絕對與他的名字和職業相稱。幾公里之後，經過一面歌頌勞動人民的褪色標語後，道路就不見了。接下來，吉普車在溝渠、車轍和風沙間顚簸搖晃。

「小喬治。」宗才喊道：「這就是吉普車的力量，遇山過山，遇海過海。」

「就像你一樣，宗才。」我喊著回答他。

宗才呵呵笑了起來。「你說的沒錯，小喬治，和尙和吉普車沒兩樣。」

我也笑了起來，並盡量笑得比風聲還要大聲。我很開心，不爲別的，只爲能坐著黃河以北最好的爆破手所開的車，跟著一個最倔強的老和尙，在荒涼的蒙古高原上四處攪和。

「剛剛是個了不起的駕駛。」宗才吼著說。

「是個天才。」

我們在這條陰山山脈東翼和西翼之間的山隘顚簸了一個多小時。我們已經開下了蒙古高原，現在正在戈壁沙漠的邊緣上奔馳。吉普的車輪捲起了陣陣的沙子和碎石。在這之前，我們還看得見一些疏落的草地、若干破舊的小屋和正在吃草的綿羊、山羊和單峰駱駝，但現在，眼前的景色完全是一片平坦的沙漠地，地面上佈滿被移動的沙丘磨得細碎的碎石。我在書上讀到過，在晚上，你可以聽得到沙丘的移動聲。據馬可波羅形容，沙丘移動的聲音就像正在行軍的大軍。林國仁拍拍我的肩膀，向前指了指。透過結滿沙塵的擋風玻璃，一團綠影隱隱在望。

「烏梁素海！」宗才喊道。

吉普開下了一個近乎垂直的陡坡以後，我們就置身在一片碧翠的平原裡，滿目是沼澤柳樹和高高的金色燈心草。在燈心草的後面，是一個向北延伸到天際的大湖。我從未預期會在這個沙漠裡看到一個湖，更遑論這麼龐然的一個湖。我根本看不到它的盡頭。望著它的時候，我彷佛是望著宇宙的無限虛空。水天一色，湖面上只有幾戶漁家，撐著平底船，動作熟練優雅地撒網捕魚。婦女和兒童彎著腰工作，每人背上都揹著一大捆笨重的蘆葦。

我們繞著湖邊向北開，沿著從戈壁、蒙古高原南緣移出的沙丘走。大群燕子從燈心草叢裡疾飛而起，瞬間在天空上形成黑壓壓的一片，然後再四散開。剛剛在一個迴車道把吉普車停住。我走向湖邊。湖水很清澈，輕拍著我的靴緣。我雙手撐著臀部，向後仰身，深呼吸了一口又甜又溼的空氣。蘆葦像波浪似的咻咻隨風搖擺。當宗才向我走過來的時候，一隻鳥突然從水草叢中竄出，在離我的臉只有咫尺的距離疾飛而去——近得夠讓我感覺到牠震動翅膀時所引起的氣流。

「鳥飛走了，快追！」宗才說道。

他一拍雙手，一隻手向前急伸出去，邊伸，手掌邊轉向上，剛硬中帶著柔軟。這是個可愛的動作，半像跳舞，半像啞劇，富含趣味和禪機。

□

一艘小汽船繫在一條長長的、搖搖晃晃的凸堤的盡頭。它的引擎已經發動，不斷向著清澈的湖水噴發廢氣。剛剛單腳一縱，便跳到了船舵的前面。我有點納悶：這船是誰開來這裡的呢？他們現在又跑到哪裡去了呢？

「副市長的手下多的是。」宗才說。

我第一個往船上跳，在船頭上稍稍一晃就穩住了腳步。

輪到宗才上船，剛剛想扶他一把，卻被他揮手支開。

「對我來說輕而易舉。宗才可還不是個老頭子。」他說。他從舷緣踩到甲板上的動作很俐落，幾乎讓人感覺不到他上船時的重量。但林國仁和副市長可就不是這樣了。他們跳進船的時候，整條船都搖擺了起來，幾乎把我甩出了船舷。

「小喬治，不要玩了，坐好。」

我乖乖坐好。剛剛在竊笑。他一扳船舵，船就以一個大弧形駛離開碼頭。穿過一片蘆葦夾道的狹窄水面之後，我們就像箭一樣射入了開闊的湖面。剛剛把船速開到最快，船首翹起在水面上。宗才緊緊抓住頭上的毛線帽，而他的袍子則被風吹得辟啪作響。林國仁和副市長縮成一團，好幾次想點煙都沒點著。這時才剛過十一點。霧早已散了，陽光在船尾激起的浪花上跳動閃爍。

副市長所蓋的「渡假中心」位於湖的北岸（不是有點想像力的人還眞看不出來那是個渡假

中心），由一個碼頭和兩個狀似蒙古包的水泥建築所構成。在碼頭的末端，豎立著一條兩公尺高的龍和一艘用生銹鐵罐砌成的太空船。那龍是用水泥塑成的，粉紅的身體上點綴著紫色的斑點。好一個戈壁沙漠中的小迪士尼樂園。我想副市長一定是看米老鼠看太多了。

我們被帶到一張野餐桌坐下。桌上放著幾罐溫溫的可樂、幾包香煙和一大疊火柴。

「你喝吧，小喬治。我不能喝。你知道的，我不能沾糖。」

宗才聲稱糖份會讓他的血壓變高。糖可以讓血壓升高——就我所知，他是第一個提出這種理論的人。

我在喝可樂的同時，宗才、林國仁和副市長三個人在商量通行證的事情。湖水一閃一閃，而他們的談話則沒完沒了。溫暖的太陽、跳躍的水光，加上鼻音嗡嗡的北京話，慢慢把我催眠。忽然，我好像聽到宗才對我說了些什麼，繼而感覺到他在搖我的肩膀。

「小喬治。小喬治！你睡著了嗎？」

「我在做夢。」

他抓過我的手腕，幾根手指有力地搭在我的脈搏上。他閉起眼睛，頭垂下。過了一下子，他的臉部肌肉慢慢從緊繃轉爲放鬆，露出微笑，點了點頭。

「你身體很好，沒有問題。」他說：「聽好。副市長想請你幫他找些有錢的美國朋友來投資這個渡假村。」

「很貴。要非常有錢的。」副市長說。

「小喬治，說說看你的想法。」

「呃，咳，好主意。這裡很壯觀。」我向著地平線的方向高高揚起雙手：「誰看到這景色都會喜歡上這個地方。我從沒見過這麼漂亮的地方。有山脈、有沙漠、有大湖、有太陽、有低吟的蘆葦、有飛草般的小鳥、有水中的月影、有晚風。」

我把雙手張開，感覺自己欲罷不能。

「告訴副市長，我會介紹我所有有錢的朋友給他認識。」

宗才把我的話翻譯給副市長和林國仁聽。他們看來都很滿意。剛剛則開懷大笑。

「眞動人的演說。」宗才說：「我們現在可以拿到通行證了。就在午餐之後。眞的。我們明天就可以動身。」

他一臉喜洋洋的表情。

「出發！就像鳥一樣。一等我回到我的山，回到我師父的洞穴，我就要對石頭、對樹木、對天空說話。我要問他們：我的師父在哪裡？」

十一　乾杯的理由

我醒來的時候發現自己全身上下都是嘔吐物。蒼白的晨光從窗戶裡透進來。街道上聲音喧嚷。我頭痛欲裂，天旋地轉。昨天夜裡，我喝得前所未有的醉。

事情的經過是這樣的。我們等通行證等了一個星期都沒有下文，所以林國仁和宗才決定另外找門路。而昨天，我們應這地區最高法官殷聰之邀，到他家去作客，慶祝他兒子的八歲生日。這沒有什麼好稀奇的，因為我們倆現在已經是西山嘴鎮的名人，誰邀請得到我們兩個外星人——一個和尚和一個蠻夷——作客，誰就可以在別人面前炫耀。

「你必須陪他喝酒。」事前宗才交代我說：「給他面子。這是策略。懂嗎？」

我懂了，現在懂了。

離開殷法官家的時候，我醉得七葷八素。我吐到了靴子上，必須剛剛攙扶，才上得了吉普車。這是宗才分派給我的另一個策略性任務。反正一切都是為了政治：先是要我承認擁有一些子虛烏有的有錢朋友，又要我裝成一個學禪的醉鬼。我著了和尙的道兒。他慫恿我跟他一起去尋找他師父的骨骸，但現在，這件事情在我看來不只是天眞浪漫，而且是不可能、危險而瘋狂的舉動。

馬蠅在緩慢地嗡嗡飛舞。雖然只是細小的嗡嗡聲，卻夠我受的了。我呻吟著闔起雙眼，巴望可以睡著。但一點用都沒有。在那片刻，我想到一個瘋狂的主意：再喝些酒來減輕我的宿醉。但我的舌頭才接觸到殘留在口腔裡的酒液，胃就翻騰了起來。

□

殷法官家位於新砌了圍牆的雜院住宅區。他的房子就像西山嘴鎮的其他民居一樣，是一層式的磚砌建築，只是面積比較大，比較現代化。它有一個鋪了柏油的小院子，而殷法官那台一塵不染的三百五十ｃｃ紅色摩托車就停在裡面。院子裡沒有廁所、沒有豬、沒有雞，也沒有花圃。

殷太太把我們帶進客廳，她漂亮而嬌小，聲音像貓般低柔。讓我覺得訝異的是，我們竟是唯一被邀請的客人。殷法官跟我握了握手，但沒有跟宗才握。他才三十出頭，看起來像個中量級的拳擊手，結實而有力。他留了個小平頭，痲子臉，方下巴。就像副市長一樣，殷法官的翻領上也別著個毛澤東的領章。不過他穿的是跟剛剛一樣的黑色皮夾克。

「他是這裡最大的法官。」宗才對我說：「很有些權力。他的摩托車是全西山嘴鎮最大台的。」

「他會載我去兜風嗎？」

「不要開玩笑了。他幫得上我們的忙。」

我們帶了禮物：一張全新的二十元美鈔（給法官兒子的賀禮）；一個送給法官的電子錶，二十雙滑雪手套（特別爲了拜訪法官而買的）。宗才對殷法官說，那些手套是「送給人民政府的」。

小小的客廳裡東西很多。牆上掛著一些古代山水畫的複製品，還有一個日曆，日曆上的圖畫是年輕毛主席騎在白馬上的英姿。紅色的電話上面罩著白色的蕾絲巾，電視上也覆蓋著花朵圖案的絲巾。一張咖啡桌放在兩張沙發之間，脹得鼓鼓的沙發上套著紅色絲絨椅罩——幾乎客廳裡每一件傢具都是套著紅色的罩子。咖啡桌上放著一盤盤的糖果和堅果，還有果汁杯子。

我和宗才坐在其中一張沙發裡，法官和他兒子坐另一張。小孩子安靜而規矩。有著像殷法官這樣的父親，安靜規矩點是明智之舉。殷太太爲我們端來兩瓶酒，一瓶是清澈的甜米酒，一瓶是琥珀色的人參酒，裡面浸泡著一根活脫脫像人形的人參。法官爲我斟了酒。

「這是一種名酒，很特別的，喝吧。」宗才對我說：「小喬治，你一定得喝，這是中國習俗。主人請你喝酒是給你面子，你喝酒則是給主人面子。主人喝一杯，你就要喝兩杯。辦得到嗎？」

「行。」我說，然後舉起了吉卜林的酒杯。

載我到蘇伊士以東，
到一個價值顛倒之地；
一個十誡效力消失之地，
一個慾望可盡情橫流之地。❶

宗才搖著頭說：「高興一點嘛。」

殷太太為我們端來甜餅。她樣貌端莊，但絨毛般的長長瀏海和厚重的眼瞼很撩人。我喜歡聽她的聲音，輕柔得足以讓人身陷其中。我感覺她的聲音裡蘊含著幽默和一種不吝於撫慰他人的女性慷慨。

「法官，你是個幸運兒！」我向他舉杯的時候說：「敬殷太太！」有整整一分鐘，我以為他知道我心裡想的是什麼。他用毫不閃爍的眼神打量我，一點懼意都沒有。這是當然的。他年輕、強壯而氣勢十足。他清楚知道自己的責任和權力位置——而在內蒙古這一帶，他即是權力的核心。他就是法律，就是人民。在這裡，一個倉促的審判就足以定你的罪，並馬上把你拉到民眾前面槍斃。事後，你的家人還得付一塊四毛四人民幣的子彈錢。隨著夕陽西下，我的腦中開始出現了一個畫面：一個動輒判人絞刑的法官正騎著摩托車風馳電掣。儘管如此，我還是蠻喜歡殷法官的，這一點，我想一定是酒精作祟的緣故。

「敬蒙古的羅伊・賓！❷」我再次向他敬酒，一仰頭就把酒喝光。宗才在旁邊用挖苦的目光看我。

殷太太又放了另一塊甜餅到我的盤子裡。殷法官爲我斟酒，這一次斟的是人參酒。這酒之烈，一入喉就令我頭暈眼花。剛開始還好，但我得用二杯對一杯酒敬所有的人，包括法官、他太太、他兒子、他的招待、中國、中國人民、(又回到) 法官、他的毛澤東領章、鄧小平，然後又是他太太、他兒子、他的電話、他的摩托車。酒過三巡，我竟然跟蹌地模仿起西部牛仔趕牛騎馬的德行，來逗法官的兒子笑，又喚他作米老鼠，用走調的歌聲給他唱生日歌：「祝你生日快樂，祝你生日快樂，祝米老鼠生日快—樂，祝你生日快樂。」

客廳開始收縮，周邊事物變得一片模糊，急急轉動。我的目光被一個點定住了：一個金閃閃的點，上面有一張無憂無慮、像嬰兒般毫無皺紋的臉。我伸出手，向殷法官衣領上的毛澤東領章伸去。

「你戴著個好東西，兄弟。」我原以爲領章很輕，很容易拔下，沒想到它卻動也不動，似乎是因爲生氣，不肯讓我拔下來。

「敬運氣。」我說。說罷又喝了一杯。

法官靜靜打量了我一分鐘，然後放聲大笑，把第三瓶酒剩餘的酒渣全斟到我杯子裡。

「敬佛陀和這個國家。」我舉杯一乾而盡，然後頹然靠在了椅背上。

「敬我的朋友們。」

□

「宗才，我把事情搞砸了，弄得一團糟。我很抱歉。」

「昨晚你喝太多了，醉了，所以今天不舒服。不必內疚。你讓大家都很開心。他們現在把你當成家人了，每一個人都喜歡你。有了他們關照，用不了多久，通行證就會下來。」

「那最好，不然弄通行證這件事遲早會要了我的命。」

「現在你先把我開的藥先吃了，是一種特別的茶。然後喝點米湯，再好好休息。」

我坐在椅子上睡著了，一覺睡到中午。醒來，我的房間已經清理乾淨。地板被拖過，牆壁抹拭過，我的髒衣服和睡袋也拿去洗過了，現在晾在太陽下面。李怡甚至把我的靴子也洗過了。她跪在地上，正爲我套上靴子，一面套，一面發出像媽媽哄頑皮小兒子穿鞋子的聲音。

「你覺得好些沒有？」宗才問我。

「好多了，你的茶很有效。」

「當然，我開的藥一向有效。我很有經驗。」

「你對治療宿醉很有經驗？」

「我對治療各種蠢事都很有經驗。」

午飯的菜是宗才所謂「對胃特別有益」的甜豆腐和紅蘿蔔。我胃口奇佳，頭一次吃得比宗才多。飯後，林國仁來了，帶來最新的消息：我們短期內拿不到通行證。他說完就匆匆離開了。我猜，他走得那麼急，是因爲事情沒辦成而覺得沒面子的緣故。

「他們今天不想發通行證給我們。還不是時候。也許再等一個星期，我們就會拿得到。」宗才說。但他顯然也生氣了：「政府眞是愚不可及。給我們製造麻煩，什麼意思嘛！」

「宗才，我們不要再理通行證的問題了。我不想再等下去了。我們出發吧，管它什麼通行證不通行證的，我們動身就是。」

「好主意，我也是相同想法。冒一點點險沒有什麼大不了的。我也不想再等了。如果我們碰到公安，你就把頭低下來。我會很友善地跟他們說哈囉。我今晚會交代剛剛準備。明天我們到梅力更召去。人們告訴我，這間古老的喇嘛寺沒有受到破壞。眞是神奇。」

「是很神奇。」

如果梅力更召果眞還存在的話，那它就是歷經大躍進和文化大革命的蹂躪後，這一帶碩果僅存的喇嘛寺了。在離開美國之前，我曾經聽說，這裡的寺廟已被摧毀殆盡。宗才又告訴我，有傳言指出，梅力更召現在住著一個老喇嘛，曾在虛燈死前見過他。梅力更召一直是虛燈往返普濟寺和烏拉山的中途休息站。

「我師父和大喇嘛是好朋友。」宗才說：「他們一起吃飯，談玄說理。」

宗才希望可以在梅力更召找到虛燈埋骨地點的線索，他想打聽出虛燈生命的最後階段是怎樣渡過的。不過我感覺得出來，他也是想透過舊地重遊，追懷他自己的過去，他自己的生命。

「我在那兒住過很多次。」宗才說：「最後一位大喇嘛還活著的時候，全寺上上下下有幾百個僧人，一起修行。」

他把兩隻手臂張得大大。

「超過五百人。」

「場面一定很壯觀。」

「壯觀極了。巨大的號角響徹雲霄，整個世界變得又清又淨。」

十二　老喇嘛的念珠

醒來的時候，我覺得自己像是完全沒睡過。我打開手電筒，照著手錶看：四點半。四周一片冷冰冰。牆是冷的，地板也是冷的。一股凜冽的寒風從北方吹到了西山嘴鎮。我手伸到睡袋的末端，摸起還溫暖的衛生褲和襪子穿上，再爬出睡袋。洗臉盆的表面結了冰。我用手指把薄冰戳破，把頭埋在冷冽的水裡，直到不再感到昏昏沈沈爲止。我走到窗前，等待黎明和宗才起床。我每呼一口氣，都伴隨著大量霧氣。街上空無一人。一陣紅色的閃電畫過山脈上方的黑色天際，消失在夜晚最後的一批星斗後面，但沒有打雷。

宗才突然走到我身後，但我完全沒聽見他的腳步聲。

「開始吧。」他說，開始繞著房間緩緩踱步，口中不斷唸誦佛號。他一圈又一圈地走著，念念有詞，聲音從肺腑深處發出。

我跟在他後面踱步。這個早上，他的念咒聲聽起來像首輓歌，讓我不期然想起我的母親。

她快要死了，過不多久，我父親也會死。有朝一日，我、我太太，及我至愛的女兒也終將難逃一死。然後，太陽和星星也會一顆接一顆燃燒殆盡而死亡。時間、年紀、死亡的問題侵入我的思緒。而生命的憂傷常敲我心門。

生命很短暫，弟兄們。不要浪費時間。

「你在害怕死亡，小喬治？」

「不是死亡，宗才，是垂死。」

「愚蠢。小喬治，別愚蠢了。」他帶著逗趣的語氣說，頭並沒有回過來看我：「應該生活得自然和簡單，坐著就坐著，走路就走路，不要想太多。那是你一貫的毛病。」

「但我就是做不到。我的心很不平靜，到處遊蕩。」

「不必爲這個擔心，一顆不會動的心只是死的心。」

我們繼續踱步。他用這種方式來悟空已經很多很多年，我卻沒有這種自律的能力。我一直備受文字的折磨，一直想從文字那裡達到無心的境界而不可得。道家和禪宗所要求的，是一個人能夠明白自己只是一連串奇妙偶然的源頭。沒有什麼事情好知道的。無。沒有答案。也沒有問題。沒有問題，也沒有問題的答案。而我卻吹皺一池春水，在這裡跟在一個老和尚的後面走著，一直想在文字上找到一個可以解釋一切的答案，一直愚蠢地在明鏡上揚起一片灰塵與喧囂。我對自己感到厭惡。參禪有時候會讓我這樣。

「你太緊繃了，做點體操吧，我教你做一個。這個叫『騎馬』。」他一面像跑步一樣前後晃動兩臂，一面彎曲膝蓋，就像坐馬桶似的。

他的動作很流暢，但我做起來笨手笨腳。這讓我的情緒變得更糟。

「放輕鬆。做什麼事情都要放輕鬆。放柔軟。現在你給我做一百遍。」

□

體操過後，宗才就會躲到自己的房間裡去坐禪，我也是——但只有在不覺得膽怯或無聊的時候。否則，我就會鑽到溫暖的睡袋裡去，趴著寫日記。

七點正，化好妝、穿戴整齊的李怡爲我們送來熱騰騰的羊奶。宗才喝了兩杯，其中一杯是我的。

「你不想喝？」他問，一副喜出望外的表情。

「不想。」

「那好，我幫你喝。我喜歡喝。」

我倒了杯熱水來喝，又告訴他，坐禪對我來說有多麼困難。

「要摒棄這個世界太困難了。」

他點了點頭說：「你的執念太強了。不過不必擔心。如果你坐禪的時候分了心，不必勉強，儘管站起來，走一走再重新坐下。」

我點點頭，好像我明白了，好像他的忠告對我有用。但事實上，我只是想轉移話題而已。我聽夠了教訓，受夠了失敗。我只盼著可以離開這個摩托車店的閣樓，離開這個虛燈的神龕，趕快上路。

「我們什麼時候可以出發去梅力更召？」

「吃過東西就可以出發。很快就到了。」

我們匆匆吃了一頓包括醃包心菜、紅蘿蔔和辣椒夾薄餅的早餐。剛剛在門外敲門。

「一定是吉普車到了！」宗才從椅子上一躍而起。

我一把抓起我的背包、筆記本和照相機，和宗才一起跑下樓。在街上等著我們的，是一輛簇新的黃褐色吉普車，也是BJW200202型的，不過後車窗上沒有裝副市長的蕾絲窗簾。八點，我們準時出發。

□

在西山嘴鎮的公路和高速公路的交會處，堆著一座宛如地標的垃圾山。一頭豬叼著隻老鼠，在垃圾山前面快步走過。剛剛一扭方向盤，吉普車就往東開上了高速公路。高速公路和鐵路平行前進。鐵路旁的一帶只能用滿目瘡痍來形容：土地被機械撕扯得支離破碎，堆滿垃圾和生鏽的鐵桶，鐵桶裡裝了快滲出來的化學廢棄物。

太陽毫不稍歇地猛照。天空藍得不能再藍。一片黃色的氤氳在地平線的上方形成了另一道的地平線。貧瘠的大地加上枯萎的麥稈，顯得既漂亮又醜陋，充滿特殊的魅惑力。

我們到達白彥花的時候，溫度是攝氏十度出頭。在連接北京和遙遠西北省份的高速公路還沒築成以前，白彥花只不過是黃河以北的蒙古高原上另一個破落窮困農村。但現在，拜高速公路之賜，它迅速發展成爲一個骯髒的市集，掛了紅燈籠的餐廳與商店林立。這裡也是往返巴基斯坦、阿富汗斯坦、塔吉克斯坦、土庫曼斯坦、烏茲別克斯坦和哈薩克斯坦的長程貨車的休息站。那是一條遊牧民族的道路，我可以感受到它對我的磁力。

我猛拍剛剛和宗才的背。

「這裡眞棒。」我雀躍地說：「我好開心。」

「沒錯。」宗才說，有點面無表情。他又餓了，所以對眼前的浪漫景色不若我感興趣。但他隨即笑著說：「白彥花是個好地方，正好讓我們找點吃的。你知道的，小喬治，我這個人胃口一向很好——」他摩拳擦掌的說：「眞的很好。」

我們把吉普車停在一個烤馬鈴薯的攤子後面，然後下車去找用餐的地方。步行的感覺很好，可以動一動、舒展一下手腳。我好想跑一跑。市場裡，萬頭鑽動，買賣的人潮從四方八面湧入。我們最後挑了家帳棚搭起的攤子用餐。攤子裡充滿煙薰味，一堆堆的洋蔥、蒜頭、馬鈴薯和包心菜。我們在唯一的一張桌子坐下，桌旁還堆了水罐和生火用的乾柴。老闆娘是個枯瘦的老婦人，但有一頭烏黑的秀髮，身兼女侍和廚師。我們點了麵條、豆腐和紅辣椒炒蒜苗，都是最簡單的食物。但宗才沒動那盤炒蒜苗。

「和尚不能吃蒜，那是違反誡律的。太刺激了。不過蒜頭很有益，小喬治，你可以多吃。對身體很好。」

□

我們繼續東行。出白彥花七十五公里以後，我們就離開了柏油路面，在一條佈滿碎石和沙的道路上顛簸了十公里，最後到達一處廢棄的軍營。軍營的鐵門早已生鏽，圍牆牆頂上裝了倒鉤鐵絲網。我看不出任何和喇嘛廟有關的東西。

「這裡就是梅力更召，就在這軍營的後面。」宗才說，語氣有著他一貫的自信。

在院子裡，介於一大堆破裂和生銹的鐵桶之間的，是一棟一層式的磚砌營房。窗戶是破的，整棟建築看來就要崩塌、瓦解了。空氣稀薄而發亮，有鹽的味道。這時我注意到，在軍營的後牆上，透過一小片柳樹的樹枝，依稀可以看到兩座佛骨塔的尖頂。

剛剛認爲他有必要留守在吉普車旁邊。

「他需要留在這裡戒護著，以防萬一。」宗才說。

「防什麼？這裡四下無人，完全荒廢了嘛。」

「唉，小喬治，你不懂。蒙古是個很複雜的地方。」

我們在軍營的後牆壁——那也是喇嘛寺的南牆——找到了一個洞。爬過這個像兔子洞般的地洞之後，我們發現自己就站在兩座巨大的石頭佛骨塔之間。每個佛塔的四方形石頭基座上都刻著八個全身赤裸勃起的妖魔，每邊四個。這兩座佛塔是梅力更召的大廣場的入口。

大廣場的北端座落著一棟龐大的廟宇，枕靠在山壁上。它有十二公尺高，由砂岩磚砌成，雖然歷經風吹日曬、狂沙侵蝕，但基本上完好無缺。在空白的正牆上有八個大窗，都裝有簾子，而且有用泥和竹竿築成的遮陽篷。在牆壁高處的一些凹龕裡，是一些刻劃佛陀不同面貌的石頭浮雕。這些壁畫雖已受到侵蝕，但仍然充滿力道。在承托瓦屋頂的巨大横樑上，則刻有精緻的龍形裝飾。整個地方有一種失落的寶藏的氣氛。

一隻烏鴉站在龍頭上嘎嘎叫。

「蒙古人認為烏鴉是很聰明的鳥。」宗才說：「烏鴉具有法力，通曉因果。雖然是動物，卻跟神仙沒有兩樣。」

在寺廟斜頂的後面，烏拉山若隱若現，山峰像塔尖一樣直指天際，刀刃般的山脊與山脊之間相距好幾里。要爬上去，看來既困難又危險。如果說有一條好走一點的路可以通到上面去的話，也不是顯而易見。

「你還記得通往山洞的路線嗎？」我問宗才：「路在哪裡？」

「就在那裡。但準確的位置我已經不記得。要找個嚮導帶路才行。」

「你有把握爬得上去嗎？看起來很兇險。」

「我辦得到，小喬治。我非辦到不可。」

□

爲了俯瞰整間喇嘛寺的全貌，我踩著一堆倒塌的石頭堆，爬到東牆上。整個建築佔地廣大，面積大約五英畝。有無數迷宮似的拱道通向小的院子、僧舍、工作坊和小佛殿。我回望大廣場，心想它要容納五百以至一千人聚會，可說輕而易舉。

我跟在宗才後面，穿過大廣場，往主殿走去。廣場地面上的石頭，經過三個世紀的踩踏，磨得相當平滑，上面點綴著駝色的地衣和焦乾的青草。一個像以一樣高大的三腳銅香爐佇立在廣場的中央，爐身上佈滿銅綠，裡面是積聚了幾百年的冷香灰。

走上三級與柱廊同寬的石階後，我們來到主殿厚重的雙扇木門前面。門被加了鎖的鎖鍊鎖著。我們東看看，西望望。柱廊其中一邊盡頭的牆壁上有個凹龕，裡面刻著幅壁畫，畫的是一個站在瀑布下面、拄著拐杖的白鬚乞丐，天際浮著一位坦胸而貌美的菩薩，坐在蓮花雲裡。

「她是誰？」我指著畫裡的菩薩問宗才。

「小喬治，你就會注意這一類的事情。」

不知是誰用白漆在雙扇木門上漆了兩個中國字。

「這兩個字什麼意思？」

「它們的意思是和平。純淨和慈悲。」

「這裡已經空置了。沒有人住了。」

「有人來了。」他說。

經宗才這樣一說，我才看到一個人，正在穿過一扇打開的拱門，向著我們走來。那是一個精瘦結實的老人，顴骨很高，衣衫襤褸又黏滿了塵。

「好，他看到我們了。」

「阿彌陀佛，阿彌陀佛。」一到宗才前面，那老人就跪倒在地，彎腰用前額輕觸宗才的鞋尖。昨晚，宗才才把我特別買給他爬烏拉山用的登山鞋送了給他外甥，如今他穿在腳上的，仍是他常穿的功夫鞋。我抬頭看了看烏拉山，不禁擔心了起來。再低頭的時候，我看見老人正親吻宗才那雙用強力膠黏過的功夫鞋。

「阿彌陀佛。」宗才一面說一面把老人扶起。

「阿彌陀佛。阿彌陀佛。」我也跟著說。

老人的名字叫包英，是梅力更召的看守人。他答應讓我們看大殿裡的佛像，然後帶我們去見老喇嘛白爾。他轉過頭，對某個我們看不見的人大聲吩咐了什麼以後，就解下木門上的鎖鍊，推開，示意請我們進門。他走在前面，我們跟在後面。入口處一地碎石。各面牆壁上都掛著褪了色的掛毯，有猩紅色的，有藍色的，上面繡著曼陀羅❶和經文。

「這眞是個驚人的地方。」我說。

「當然。」宗才說。

包英從門邊的牆壁凹處裡拿出一只卷軸，拿到宗才面前，俐落地攤展開。紙捲裡的字跡生硬樸拙，看起來像是用蠟筆殘段寫的。宗才打開他其中一個別著別針的口袋，拿出他的眼鏡戴上。雖然頭上的黃色針織帽幾乎快蓋住眉毛，但戴上眼睛以後的他，仍然像位哲人。他手指沿著卷軸上的文字移動，口中念念有詞。

「很難閱讀。」他說：「部份是中文，部份是蒙古文。寫這東西的人教育程度也很低。」他斷斷續續爲我把卷軸上的文字翻譯出來。

據紙卷所載，梅力更召最初名爲濟元廟❷，落成於一七〇五年，也就是第五世達賴喇嘛在拉薩建造了布達拉宮的半世紀之後。

佛教是在十三世紀時由一些懂法術的西藏喇嘛傳入蒙古的。他們沿著絲路向東行，來到成吉思汗孫子忽必烈的傳說中的皇庭仙納度❸。據說，他們告訴忽必烈，只要他皈依佛教，就可以獲得涅盤，無須再經歷生老病死。忽必烈不是傻瓜，聽到有這樣的好處，當即信奉了佛教，並下令每一戶人家至少要有一位男丁出家。就這樣，數以百計富麗堂皇的喇嘛寺如雨後春筍般出現在蒙古的山脈和草原上。

另一方面，禪宗卻從來沒有在蒙古扎根過，它在蒙古的歷史相當簡略。事實上，普濟寺有可能是黃河以北唯一的一間禪寺。出國前，我曾向哈佛和哥倫比亞大學的專家請教過，但他們都不知道內蒙古有禪寺，因此對我此行會有什麼樣的發現，深感興趣。想從宗才那裡得到更多相關事實和日期的資料，有如緣木求魚，因爲誠如他自己所說的：「我對細節沒興趣。」而就我所能收集到的資料顯示，普濟寺從建寺到被摧毀，只有大約一百年的歷史。

「普濟寺有圖書館嗎？」有一次我問他。

「只有一個小小的圖書館。有少數佛經和詩集。藏書很少。」他用食指敲一敲自己的頭說：「我的圖書館在這裡，是最佳的藏書地點。」

像普濟寺這樣一間只有十三個僧人的小廟，可以說是一個佛教的新兵訓練營，修行的是「空」。在這裡，穿的是粗糙的褐色僧袍，住的是空蕩而沒有暖氣的僧房，吃的是粗茶淡飯，而除了永無休止的早午晚課外，還得爬上高山，到一個可凍死人的山洞裡，找一個赤腳的瘋子、一個偏執的聖人、一個佛、一個等著你卻不打算跟你說話的師父。

禪宗在中國政治中的份量，從來都不能跟喇嘛教在蒙古和西藏的地位相比。如今，藏傳佛教在蒙古雖然也衰落了，但它從前的盛況和殘存的影響力，仍然徘徊在空蕩蕩的梅力更召裡。一度，這裡可是個千百盞酥油燈齊明、喇叭齊奏，五百個喇嘛的誦經聲同時響起的地方。

「大佛像是在一七七三年竣工的。」他唸道：「對不起，接下來的我都看不懂。淨是些兒語。」

宗才把卷軸交還給包英。我則是滿腹疑團：這地方是怎麼逃過災劫的？

宗才幫我把問題轉問包英。

「包英說是軍隊保護了這地方。眞是些好孩子。」

宗才伸出一隻手，手掌向前，模仿士兵干涉紅衛兵進行破壞的動作。「你們必須停手。」

他板起臉，很兇地說。

「爲什麼軍隊會出面呢？」我驚訝地問：「軍隊不是和紅衛兵站在同一邊的嗎？」

「爲什麼爲什麼，你總是問爲什麼。天曉得，說不定那些軍隊是佛教徒吧。也許他們著了魔，害怕遭到幽靈報復。梅力更召還存在著，我們單單知道這一點就夠了。」

「好吧。」我舉起雙手，做出投降的動作：「我沒有別的問題了。」

包英帶著我們，穿過另一扇門，進入一個大而幽深的房間。

「這是佛的住處。」宗才說。

殿內只有從屋頂裂縫照進來的陽光。空氣中飄著塵粒。我模模糊糊看見，在佛堂的遠端，坐著一尊巨佛，有差不多十公尺高，四周搭滿竹子做的支架。佛像的頭頂幾乎碰及那支撐屋頂的杏色橫樑。四壁高達天花板的壁櫥裡，擺了上千尊發光的金色小佛像。

佛像的像身不太穩地微微向前傾，兩隻手臂已經碎裂。他是用黏土和木頭塑成的。不知是那個粗心大意的修復者，在佛像的兩肩上留下了香腸狀的黏土。當宗才在禮佛的時候，我跪在碎石滿佈的地面上往上看，想把大佛像看清楚一點，但竹棚子實在搭得太密了，讓我無法如願。於是，我爬上十公尺高的竹棚，來到一個原來應該是閣樓的地方。腐朽的地板上，覆蓋著一層七、八公分厚的粉末。閣樓和橫樑極爲接近，以致我在前進的時候，必須用爬的。

「小心點，小喬治。」宗才大聲警告我：「上面很髒，而且很危險。」

這時，一陣風穿過閣樓，像掀起爽身粉一樣，把地板上的一團團黃土向我吹拂過來。一時間，我的牙齒和舌頭上全都沾滿了沙粒。我又是打噴嚏又是咳嗽。等咳嗽平靜下來，我躺在地板上慢慢移動，腹部擦過一條條矮橫樑，來到了一個可以俯瞰佛像的有利位置。一片長方形的光線從某個破窗戶照進來，讓大佛像在我眼下一目了然。佛像雖然有損毀，卻仍然燦爛輝煌。他微微翹起的雙唇，露出一個謎樣的笑容，彷彿在說：我知道一切，而一切就是無。習慣它吧。我站了起來，俯視著他。他的臉是金色的，眼睛是藍色的。

空氣中瀰漫著塵粒。我從閣樓的地板上抓起　把那種黃土狀的東西，想看清楚它究竟是什麼。老天，原來是鳥糞和蝙蝠糞的混合物！

我馬上把手上的粉粒甩掉。

「狗屎！」

我又是吐口水又是乾嘔，心裡想著各種可怕的疾病。鴿糞傳染的病，狂犬病，可怕的蝙蝠寄生蟲。我彷彿看到一些帶有倒勾的蠕蟲，穿過我的眼睛和肛門，進入我的身體，然後像精子一樣，沿著我的脊椎往上游，要爬到我的腦子去，咬出幾個洞來。

「宗才。」我喊道：「我吃到糞了，我把糞吸進鼻子裡去了。」

「沒什麼大不了。我會拿藥給你吃。佛陀怎麼樣？」

「唉，宗才，他很漂亮。」

「當然，一定的。」他說：「下來吧，小喬治，看夠了。上面太髒了。朝聖也有個長度。我們今天沒有時間。」

「我還想再探險。」

「我也是。不過不用急，我們還會再來。今天我們有更重要的事要做。我們要去看老喇嘛，問他有關我師父的事。」

□

跟包英走出大殿的時候，我用手擦了擦臉，並儘可能把身上粉狀的大便掃乾淨。他推開一扇位於東牆的鐵門，領著我們穿過一連串愈來愈小的內院和窄窄的走道。走過重重的圍牆、一棟棟裝了簾子的屋子和一間間小佛殿之後，我們來到一間小石屋前。一縷輕煙從屋頂的煙囪繚繞而出。小石屋有兩個小窗子，門前掛了張毯子。

「這是老喇嘛的住處。他生活得很清苦。眞可憐。」

包英掀開毯子的時候，我才知道它是爲了防止風吹進木門的縫隙而設的，因爲木門的鉸鏈是用皮革做的，已經有點裂開，讓門微微傾斜，無法密合。老喇嘛坐在屋內最角落的炕上，旁邊是個沾滿灰塵的窗戶。他的上衣和褲子雖然已經褪色得厲害，但仍然可以看出，它們最初分別是黃色和茶色的。他頭戴一頂褐色的毛氈帽，因爲頭顱變小了的緣故，帽緣現在已蓋到兩耳。他一隻手肘靠在矮几上，念珠在指間緩緩移動。背後靠著捲起的毛毯和地毯。一道午後的陽光從小窗子射進來，所照之處微塵躍動，斜斜地把房間切成兩半，並照亮他的半邊臉。因爲白內障的緣故，他的眼睛像是矇著一片薄膜。看到我們的時候，他雙手緊握起來，並示意我們坐下。在他腳邊，兩張三腳凳已經爲我們準備好。

「過來，小喬治。」宗才說：「啊，眞奇妙。這是個難得的機會。白爾是一個修苦行的喇嘛，一個清純而漂亮的僧人。他在這小屋子裡已經待了快四十年了，從來沒有離開過。」

「從來沒有？」

「從來沒有。白爾總是待在這裡面，唸經和打坐。他已經九十多歲了。過的都是苦日子。

非常非常苦。」

「最艱難的那段日子他是怎麼渡過的？我是指佛教受到迫害、全國陷於飢荒那段日子。」

「他是個僧人，而這樣就夠了。他們打他，但他不在乎。如果他們把他打倒在地，他就再爬起來，還爲他們祈福。他對他們只有憐憫，對這個世界只有愛和憂心。」

宗才把他的頭埋在老喇嘛的大腿上。他的黃色針織帽翻了下來，底朝上地掉到了地板上。白爾看著他的頭，臉上露出個令人不解的笑容，又輕拍他的背。

我這時才注意到，屋裡還有個老婦人，她蜷縮在一個小碳爐前面煽火。她把火煽紅後，又餵入一些小柴枝。沒多久，火爐上面的水壺就冒出蒸汽，發出嘶嘶嘶的叫聲。

這讓我想起，禪門弟子必須學會的第一課就是燒開水。還有泡茶。老婦人用她又黑又破的指甲，從一個小小鬆鬆的茶餅上剝下了一些茶葉，然後連同一把鹽，一起加到水壺裡面去。煮出來的茶是淡琥珀色的，略帶粉紅，極其滾燙。我們先把茶杯攏在手裡取取暖，再把茶喝下去。

喝過一碗茶後，宗才和白爾手握著手，開始交談。我俯身撿起宗才掉在地上的帽子，拍了一拍，然後放在大腿上。我雙手支在膝蓋上，全神貫注地盯著老喇嘛滿臉皺紋的臉看。他不時停下來，向我點點頭，面露微笑，用四根手指向我揮揮手，彷彿在跟一個搖籃裡的小嬰兒打招呼。他的一雙眼珠雖然因爲白內障而變藍，卻透著一種任何苦難都無法動搖的眞純，不管是這個國家的患難還是人們的惡毒都無法動搖。

老婦人爲我把碗裡的茶倒滿，茶從壺嘴以熱騰騰的弧線落到我的碗裡。白爾輕聲對她說了些什麼。她緩緩站起來，不發一語走出了房間。

「老喇嘛不知道我師父遭遇到什麼事。」宗才說：「也不知道他葬在哪裡，只知道他碰上了麻煩。只知道他到了西方淨土去，成了佛。」

老婦人又回來了，手裡拿著一串念珠，神情很恭謹。她跪下來，把念珠交給宗才。她親吻了宗才雙手，然後向他叩頭。

念珠因爲年代久遠，已經發黑。宗才把念珠對著光線瞧，然後拿它按在自己的額頭和嘴唇上。他嘆了口氣。

「這是我師父的東西。」宗才說：「老喇嘛藏起來了很多年，等某個人回來拿。現在我回來了，他便交給我。眞是太美妙了。」

我還沒來得及說什麼，白爾就向我轉過身，探身靠近我，瞪著我的眼睛看。忽然，他笑了起來。他把一隻手搭在我的肩上，說了一陣子的話。他的聲音輕而粗，從他的齒洞間像吹氣一樣傳出。血塊結在他的唇上和嘴角上。他聞起來有股蠟味，混雜著沉香和腐朽的味道，甜中帶酸。

「你是他第一個見過的西方人。」宗才說：「但他說他早就認識你。」

「認識我？」

「對，他說的。他認識另一生中的你。」

「前一個轉世？什麼時候？那時的我是誰？他說了嗎？」

「哎，小喬治，你總是問些蠢問題。都是些小見識的問題。就像無。就像放屁。不要再把自己弄迷糊了。他打算把他的念珠送給你。」

「他的念珠？爲什麼？」

「你和他有很深的淵源。很深很深。」

我覺得自己很蠢。

「宗才，你告訴他……」

他猛地打斷我的話。

「不要講話。不要再問問題了。這是你的特殊造化。是你此生的大福氣。」

白爾把握著念珠的手伸向我，然後打開手掌。落到我手中的念珠暖暖的，泛著紅寶石般的幽光。宗才和老婦人喃喃說了些什麼話。我鞠躬並吻了老喇嘛的手。我聽到他的呼吸變得慢而淺，而當我抬起頭來的時候，發現他已經睡著了。

十三　普濟寺遺跡

回到西山嘴鎮以後，林國仁告訴我們，去年冬天，人們因爲聽到宗才將要回來的消息，都聚集到普濟寺的所在地去慶祝。

「有一千人那麼多，他們要爲師父祈福，也祝賀我活著回來。」宗才說：「每個都帶塊磚、石頭或小藤枝。他們蓋了一間小屋當作廟。眞是美妙。太美妙了。」

我們打算先到普濟寺看看，再回他家鄉蘭湖村住一段時間，從那裡繼續打聽他師父遺體的下落。

要出發的那個早上，我滿懷著旅行出發前的興奮。我們等著女侍把早餐端上來。宗才趿著拖鞋，在閣樓裡叭搭、叭搭地踱來踱去。

他突然停下來，轉向我，晃著一根食指說：「小喬治，到目前爲止，你還不了解我。我有一種特殊的力量。」

「什麼力量？」

「我不會什麼都說出來的。」

「有時你說話就跟沒說沒兩樣。」

「你必須知道。佛就是心，完全是心。這是沒有形相的知。」

「是一種無知之知。」

「一點都沒錯。」

「宗才，我可以問你另一個問題嗎？」

「你問吧。不管你想知道什麼，我都可以告訴你。」

「換一個燈泡，需要多少個禪師？」

「什麼意思？」他斜睨著我，摸著下巴沈思。

我們剛做完早課。蜂蠟色的曙光穿透閣樓整面窗戶。

「就是說，一個燈泡燒壞了，要換一個新的時候，需要用到幾個禪師。這是個笑話。」

「哦，我明白了……多少個禪師……是個笑話……」他點著頭，兩手抄在背後，邊踱步邊思索：「多少個禪師……燈泡……眞奇怪的問題……很難說。」

「需要兩個。」我說：「一個負責換它，一個負責不換它。」

他用手掌跟一拍前額說：「哎，好答案。好笑話。眞正的哲學。」

他沈默了半晌，然後用極嚴肅的表情看著我：「我的特殊力量就是，小喬治，我仍然是個和尙。」

□

剛剛幫我們把包包提到樓下，放到吉普車上。林國仁也從摩托車店走出來，跟我們說再見。我們不知道會在蘭湖村待多久，但這對我來說沒有差別，因爲我已經待膩了西山嘴鎭，只巴望著能趕快上路，深入眞正的鄉野。

剛剛把吉普車往東開上了高速公路，蕭瑟的地貌在我們面前滾滾展開。雖然吉普車並不舒服，但沒多久，我就打起盹來。車速變慢的時候，我才醒來。剛剛正把車開進一道鐵門，兩邊都是高牆。我們最後停在一排破屋前。

「跟我來，小喬治。」宗才說。

「這是哪裡？」

「政府的辦公室。我有一個約。」

這件事我還是第一次聽到：「什麼？你要見誰？」

「第一書記。」宗才說：「我得告訴政府官員我打算做些什麼。我要告訴他們，我計畫重建普濟寺。我還得教育教育他們，這就像教育　個呆子一樣，唉，不容易啊。我要告訴他們我回來了，佛教回來了。」

「簡直是瘋狂。」這不啻是蓄意挑釁，一個糟透了的計畫：「我們有可能會被扔出來的。」

他哼了一聲之後，就轉過身，走到一扇門前敲了敲，沒等應門聲就推開門，走了進去。我深深吸了一口氣，跟在他後面。房間聞起來像是個煙灰缸。其中一面牆壁上，靠著一張窄床，上面覆蓋著一張破舊的紅毯子。一個坐在大辦公桌後面矮小的男人示意我們坐下。這位第一書記年約四十歲出頭，全身是官僚才有的鬆軟肥肉。他的中指與食指之間夾了一根香煙，手腕娘娘腔地翹成弧形。每當他把煙送到嘴邊，嘴唇就會嘟起來。

談話持續了大約十五分鐘，氣氛似乎很僵。在毫無示警或握手的情況下，會面就結束了。宗才突然站起來說：「走吧，小喬治！」

上吉普車的時候，我回頭問宗才：「你請他批准你重建普濟寺了嗎？」

「沒有！我什麼都沒有請求他。我們需要的是自由，完全的自由。所以我們需要推他們一把。推，推，推。我只是直接告訴他，我要重建我的佛寺。我沒有求他批准。」

「他怎麼說？」

「什麼都沒說。」

「什麼都沒說？」

「他眞是個蠢才，還問我認不認識達賴喇嘛？」

「這是個政治問題。看來他是想找你麻煩。」

「我不在乎。我不在乎政治。所有的政治都不是好東西。」

「你怎樣回答他？」

「我據實告訴他。我見過達賴喇嘛一次，他是個絕妙、淸淨又可愛的和尙。」

剛剛把吉普車全速開往白彥花，宗才想在那裡買些禮物，送給他蘭湖村的親戚。我們在市集裡邊逛邊吃捲在報紙裡的烤蕃薯。九、十點的太陽熱得出奇。空氣很悶。剛剛指著在北邊山脈上空一排迅速飛來，底部發紫的雲朵。

「風沙要來了。」宗才說：「我們動作得快點。」

在肉攤子上，一些頭被砍去的山羊倒掛著，下面放著些盛羊脂和羊骨的桶子；大群的蒼蠅飛來飛去。小孩們拿著用羊腸吹成不規則的氣球，向我們揮舞。一個少女走到宗才前面，鞠了個躬，又給了他一堆柿子，作爲供奉。少女手腕上綁根繩子，繩子牽著個盲眼的小男孩。宗才各在少女和男孩的額上親了一親。

「可憐的孩子。」宗才說。

宗才把那個表面結著水珠的柿子遞給我：「這是生長在北京附近的柿子。吃的時候要這樣做。」他在柿子的表皮上咬了個洞，然後把果肉吸出來：「現在你試試看。」

我照做了，但果汁濺滿在我的鬍子上。我得用舌頭舔乾淨。

「小喬治，你眞像個小嬰孩。你必須好好學學。做什麼事情都有技巧的。」

經過討價還價後，他買了橘子、紅葡萄、棗椰和六塊茶餅：「茶對蘭湖村的人來說非常重要。一塊茶餅可以用好幾個月。你聞聞看。」他把一塊茶餅遞給我：是暗黃的褐色，茶枝和茶葉壓在一塊，用蠟底的包裝紙包裹。我把包裝紙打開，湊到鼻子前面嗅了嗅。聞起來像煙薰的味道。

□

出白彥花東行了一小時以後，我們往南下了高速公路，開過鐵軌，沿著一條拱起的堤防上方的道路駛著。下了堤防之後是一片焦乾的盆地。羊在啃食薊類植物和矮樹。既看不到田畝也看不到人家。我們把吉普車停在一個碎裂的地基上，靠在車身上吃剛剛的太太爲我們做的煎餅。極目都是單調的黃土地，地平線上的群山在風沙中彷彿左右擺動著。

然後我們背著風，對著一條溝渠小便。

「我剛在腦子裡寫了首關於此時此刻的詩。」我說：「一首關於我們尿尿的詩，只有幾個字。」

宗才一臉很感興趣的樣子：「可以唸給我聽嗎？」

於是我唸道：

下坡與背風

「好詩，好忠告。」他很嚴肅地說。

之後他指了指：「特別的植物。」他跳過溝渠，從一株枯乾的野草上扯下幾片葉子。他把葉子揉成粉狀：「這是枸杞。很好的藥材。用它的紅籽煎茶，喝了可以補氣。」

他張開手，讓粉末隨風飛散。空氣又移動了起來。風沙像起伏的波浪一樣陣陣吹來，在地面積出七、八公分厚的黃土。此時，群山已被　幅黃幕所隱沒。在我們身後，有一道窄窄的、齊眼高的沙牆，像條蛇似的在路上蜿蜒著。

「那是什麼玩意兒？」

宗才用兩隻手比出魚尾巴划水的動作：「黃沙有時候就像黃河水一樣，是會流動的。」

我走上前去，把一隻手伸到沙蛇的中央。我感覺到裡面是一陣一陣的脈動。風拉扯我的手套，緊抓我的夾克。它裡面是活的，也是冷的。它是有意志的。有恐怖的東西住在它裡面，想把我吞噬。我嚇傻了，反射動作地把手抽回，蠢蠢地往回跑。

宗才伸出手，捏了捏我的肩。

「小喬治，你自己做過實驗了。你現在知道餓鬼的力量了。」

□

「就是那裡。」宗才聲音嘶啞地說：「普濟寺到了。」

我定睛看了看，卻什麼也沒看到。

「在哪裡？我什麼都沒看見。」

宗才舉著一根手指說：「那裡。」

但接下來，他只是呆呆地站著，什麼也沒說。他看起來很困惑。他一手遮住陽光，茫然地瞪著前面的一片空無。眼前呈現的，是一片不毛的田野，北邊的視野被電線和電線桿切割成一塊一塊。田野中豎立著的，是我在內蒙唯一看到過的粗幹大樹。離大樹不遠，是一間有飛簷的小屋。田野的後方有一條水溝樣子的流水，細細流過。

「那是三湖河。」宗才說。

「比我想像中要小。」

「是很小。」

我們擇路穿過田野，發現泥土都像是撒了鹽，變得寸草不生。

「碳酸土。」宗才說：「什麼都不能長。」他的表情和聲音都流露出絕望：「我很抱歉……我很抱歉。小喬治，我太難過了。」

這裡沒有什麼可看的，也沒有什麼可膜拜的。宗才的腳步搖搖晃晃。我扶住他的手臂，但他卻把我的手甩開。走到樹下之後，他就挨在樹幹上，不時用手背去揩拭眼睛。我看到在他的肩後，有個人像幻影般出現在一個小丘上方，向著我們的方向走來。他牽著一頭驢，驢背上馱著藤條。看見我們的時候，他停了下來，脫下帽子，困惑地用手搔頭髮，繼而才如夢初醒般急步往前走，直走到宗才面前，俯伏在地。宗才蹲下來把他扶起。

「這位是王貴祿。」宗才對我說：「是我的老朋友，是個很善良的佛教徒。」

聽到這話，我心裡不禁嘀咕，不管對誰，宗才都是這樣的形容。只要你不是窮凶惡極、殺人如麻的匈奴王阿提拉，你就是個很善良的佛教徒。

王貴祿跟他說話的時候，宗才不斷把臉轉向我，似有深意地點頭。

「他曉得我師父的山洞在哪裡。但沒有人去過。路已經斷了。非常危險。但他的四弟和某個牧羊人知道路，可以爲我們帶路。王先生不能去。太遠了。對他太危險了。他太老了。」

但王貴祿看起來很硬朗，比宗才要強壯，甚至比我強壯。到底這個攀爬會有多難呢？我開始納悶。

「太老？王先生有多老？」

「接近七十歲。跟我一樣。小喬治，你擔心我？王先生也是。但我告訴他不用擔心。你也用不著擔心。我是有備而來的。我渾身都是精力，不管白晝晚上都用不完。你要知道，我是個和尚。」

王告訴宗才，一九六〇年，也就是宗才出逃後不久，共產黨的狂熱份子就燒毀了普濟寺的佛像，把廟宇改成一個改造中心。而到了一九六六年文化大革命開始的時候，紅衛兵用炸藥把普濟寺炸爲平地。他們運走了寺裡的每一樣東西，包括石頭在內。他們要用這些石頭爲幹部們蓋新房子。王貴祿說話的聲音很輕，彷彿是擔心太大聲的話，會喚醒某些惡靈。原來，那些住在用普濟寺的石頭所蓋的房子裡的人，全都遇上了厄運。他們有遭蝗災的，有遇鼠害的，有被燙傷的，也有染上惡疾的，聽起來像舊約聖經裡的景象。

「最後所有人都搬走了。」宗才告訴我：「沒有人敢留下來。」

爲了安撫餓鬼，有些人悄悄把石頭運回來，埋在地底下，並焚香，以酒食獻祭。但一點用都沒有。

普濟寺被夷爲平地以後，王貴祿曾經把一根活的小樹枝插在泥土裡，它後來就長成了現在爲我們遮蔭的這棵大樹。

「楊柳。」宗才若有所思地說，用手撫摸樹身。他指指小屋對我說：「那是個神龕，是人們聽說我要回來以後才蓋的。」

我們跟在王貴祿的後面，走到那間五乘七英尺大小，有飛簷的佛堂去。地板都是沙土，沒有另鋪石頭或水泥。一個粉紅色的塑膠大肚佛像坐在磚砌的祭台上，旁邊是個果醬罐子，裡面裝滿沙，插著香。另外還有一包火柴和一個已經縮乾發皺的蘋果。一張字跡極爲潦草的告示釘在牆上。

我指著告示問宗才：「上面寫的是什麼？」

「禁止吸菸。」

接下來是一陣長長的沈默。

「小喬治，我的耳朵在響。耳鳴得很厲害。」

「坐下來休息一分鐘。你需要躺下來嗎？」

「不，我還可以。是血壓升高的關係。因爲我太傷心了。」

他蹲了下來，以手托著腮幫子。他抬頭望望我，又從地面上抓起一把土。

「我來自這些土。」他說。

我輕輕觸摸他的肩頭。他搖搖頭，把臉轉開。

「不，我錯了。大錯特錯。」

我站在他旁邊，抑制著一股衝動，叫自己不要把他視爲一個抱殘守缺，被現實壓得微不足道的糟老頭。

「小喬治，你聽到那聲音嗎？」

「我只聽見風聲。」

「不只風聲，還有其他聲音。很多鬼在觸摸我。鬼和人其實很像。我的師父也來了。他摸我這裡。」他用手揉著自己的光頭。

站在那裡目睹這一幕，我感到一陣罪惡感向我襲來。我看到的不是宗才的人生，而是我自己的人生。我看到的是我半吊子的熱情、無休止的逃避、無窮的慾望和強烈的自我中心。如果不是普濟寺被毀的話，宗才的身邊現在一定是包圍著眾多的弟子、信徒以及一心宏揚佛法的人。但現在留給他的是什麼呢？就只有一個塑膠佛像，一間簡陋至極的神龕，還有我——一個頑劣的弟子，一個靈性上渾噩無知之徒。

一陣自憎和失望感在我心頭湧起。在我前面的，是一個把我帶進他生活的靈性導師，是唯一一個願意循循善誘開導我、並稱我為他「最好的朋友」的人。任何眞正的求道者都會不惜一切代價來交換我的位置——就像達摩祖師的大弟子在拜師時不惜把右臂砍下來，以表明自己的決心與誠意一樣。我的胃在翻騰。我想嘔吐。我不知道該說些什麼。

「我很抱歉，宗才。」

他讓我把他扶起，一起走出神龕。王貴祿回家去了，他就住在離此不遠，想把他從普濟寺的瓦礫堆中搶救回來的一個小香爐拿給我們看。我們坐在楊柳樹下，烏鴉在我們頭頂飛來飛去。等王貴祿的時候，宗才告訴我他最初是怎樣遇到他師父的。

「小喬治，現在你記下來。」他說：「下筆要快！」

這個故事，我在胡士托就聽他說過，卻很希望能在此時此地再聽他說一遍。更重要的是，我知道宗才需要把它再說一遍。宗才第一次跟虛燈說話，還不滿十六歲。話說有一天，他帶著一捆玉米，要送去給普濟寺的僧人作爲供奉。這已經不是第一次了，有某種力量一直要把他拉到普濟寺去。但他總是一個人影也看不見，因爲他們都在進行每日的功課。他一直希望可以看到虛燈一眼，但他總是不在——不是在山洞裡修行，就是赤腳在山裡雲遊，要不就是飛過了戈壁沙漠，或是在蒙古高原上盤旋。

不過今天卻不一樣。當宗才放下他帶來的玉米，正準備離開時，寺中一個叫宗祥的和尙在大門處出現，向宗才招手，要他跟他走。他推開佛殿沈重的雙扇木門，讓宗才進去，指示他在靠門邊的石頭地板上坐下。

宗才用鼻子吸了幾下氣，對我說：「殿裡的味道很香。」

虛燈坐在堂前一個高起的講臺上，兩列僧人俯伏在他前面。虛燈身材高而瘦，臉窄而長，有兩撇烏黑的八字鬍和一把優雅的山羊鬍。鷹勾鼻和高顴骨讓他看起來像個蒙古人多於漢人，像個戰士多於僧人。

「我當時緊張得不能動。人們早已稱他爲佛，說他能知過去未來，能預知自己的死期。看到他，我覺得腦中一片空白，抖個不停。」

「你還記得他當時說了些什麼？」

「當然記得，我永遠不會忘記。」

宗才閉起眼睛，唱了起來：

念念執於自我的孩子們，
你們懼怕死，
貪戀生。
再苦的修行，
對你們來說都是枉然。

對於菩薩道，
你們全無用心。
盤根錯節，
糾纏不清，
任由一個接連一個煩惱，

在你們心中興起，
永無止盡。

頑劣的孩子們啊，
你們被紅塵包覆，
註定只能居於濁世之中。
你們被囚禁在
慾望與憤怒、
愚蠢、驕傲與疑惑之中
沒有一絲脫身的機會。

離開吧！
離開這世界，
既在它之內，
復在它之外。
忽然直悟至道。
行善吧！

追隨人們的需要。
溫聲婉語，
高揚德行。
道的清輝圍繞萬物，
太陽與月亮，
無不具有佛性。

醒悟吧！
如一片鏡子，一無所偏，
絶對而不動情。
禪定，超越執念。

明白吧！
明白因與果，
明白無限的慈悲就是力量。
謹守你的誡律。
不要成爲狗類。

本性即爲佛性，
如鳥飛天上，
魚躍水中。
佛是身與心。

一如風與雲、
雷與電，
時而光燦
時而黯淡。
他自來自去，不爲時間所囿。
熱情又無動於衷。
他就在這裡。

「他講罷，我就俯伏在他腳前說：『我想成爲和尙。』
「『爲什麼？』他問。
「『我喜歡當和尙。』」
說到這裡，宗才虛弱地笑了笑，爲自己當時的天眞感到莞爾：「我是個傻孩子。太年輕了。」

「你師父怎麼說？」

「『僧人的生活太苦了，你過不來。你走吧。』」

「你怎麼辦？」

「我再接再厲。我去見師父見了五次，而前四次他都對我說：『你走吧。』」

「那第五次呢？」

「第五次，他對我說：『僧人的生活是很苦的。』」

「而我回答說：『所有生活都一樣苦。』」

「他給我取了宗才的法號，並爲我剃度。」

□

王貴祿回來了，把一個黑漆漆的小香爐交到宗才手上。這個蓮花型的香爐，就是宗才當年離開普濟寺的時候，看上最後一眼之物。宗才把香爐捧在手裡，端詳了一番，然後交給我，握住王貴祿的手，和他交談了起來。他們的說話聲很輕柔，一面談一面哭。那個小香爐很重，我摩搓它的內壁，黑色的香灰黏上我的手指。

宗才轉身對我說：「我告訴王先生，我們必須把我師父的遺體找到，火化之後，再到他的山洞去一趟，最後重建普濟寺。」

兩個老人站著，四手相握。宗才的計畫看來有點不切實際。虛燈已經死了，就像普濟寺的石頭一樣，再也無可挽回。我看著腳下那片爲鹽所覆蓋的土地。這個地方已經完蛋了。想要把它興復，有如癡人說夢。

剛剛向我們打手勢，指著山脈的方向。群山已經完全被一層黃色的陰霾遮蔽。風裡夾雜著大量砂礫，空氣裡充滿了電磁。烏鴉啞啞亂叫，翅膀拍打個不停。天空轉成了紫色，宛如一片瘀傷。一面黃色的沙牆正掃過平原，朝我們的方向而來。剛剛大喊著催我們上車。我把小香爐交還給王貴祿。

「趕快。」宗才說：「我們得走了，沙暴來了。」

王貴祿急急忙忙牽著他的驢子回家去，走出幾步後又回望我們一眼。我們跳上了吉普車。剛剛一踩油門，車子就箭也似的疾衝而去。我從後座擋風玻璃往回望，只見普濟寺的故址已經被滾滾黃塵吞沒。

十四　蘭湖村

我們在向南開出了一小時後，就被沙魔趕上了。遍地的黃沙使道路變得時起時伏，時隱時現。氣溫也變得冷多了。跟著就捲起了狂風。沙礫瘋狂地摩擦著吉普車的帆布車頂，細沙鑽入了我們發紅的眼睛和刺痛的肺葉。剛剛一手用一塊沾了油漬的碎布摀住嘴和鼻，靠另一隻手開車。宗才也拉下他的黃色針織帽蓋住臉，透過帽子的洞呼吸，而我用來遮臉的，則是一條印花大手帕。剛剛把排檔排入低檔。我感覺得到，車子的底盤不斷在沙子上刮削。

「等風過了再開吧。」在狂風怒號中，我勉強聽到宗才的說話聲。「不必擔心。」他轉向我說，臉上卻一副憂心忡忡的樣子。

「我並不擔心。」我用喊的說：「我喜歡現在這樣子。我喜歡惡劣的天氣。讓人覺得很過癮！」

宗才透過混濁的空氣斜眼看我。「恐懼和慾望是很相似的。」他回喊說。

「對，兩者都有著深深的魅惑力。」

他笑了起來，並用比風還大的聲音吼道：「都是盲人騎瞎馬。」聽起來，就像是一聲斬斷無明的獅子吼。

□

不到一小時，沙暴就過去了。天空重新放晴。我們下了車，滿身的沙子在太陽下一閃一閃。我們骯髒不堪，一面走路，沙子一面從衣服上往下滑。我盡力想抹去眼鏡上的沙子，但就連我內衣的縫隙裡都是沙沙的。我拿起水壺，仰頭喝了一大口，含在嘴巴裡漱了漱，然後連同沙子一起吐出來。我走到窪地的上方（先前我們把車停到了離道路下方約三公尺的一片淺窪地裡），想看看路面的情況如何。沒想到，原來覆蓋在路面上的沙子，已全不見了。

「全沒有了！」

「我們很走運。」宗才說：「風有時候就像掃把一樣，可以把路掃乾淨。流動沙丘經常會轉向。山一樣巨大的沙丘，也有可能會變爲平地。」

吉普車的輪軸這時卻陷入了軟沙中。剛剛踢了踢裹滿沙子的車輪，又掃去擋風玻璃和車篷上的沙子。宗才和我坐回車子上，好增加它的重量。剛剛把鑰匙一轉，引擎馬上就點著了。但我隨即看到剛剛把臉上的飛行員太陽眼鏡拿下，丟到地上，我心想，這個動作一定意味著有什麼事情不對勁。剛剛把油門猛踩到底。雖然引擎在響，而輪子也在轉，但車子沒有半點前進的跡象，感覺上它只是往下鑽。我開始擔心，如果吉普車不能脫困的話，在這個荒郊野外，夜晚來臨時我們要怎麼辦。我本想建議，不如我們下車，一面挖沙子，一面讓剛剛踩油門，這樣，車子說不定可以脫困。不過，我還沒來得及開口，就看到剛剛排入了空檔，然後猛拉手煞車。車子隨即微微打側，直直向前滑去。當它再度停下來的時候，已經擺脫了軟沙的羈絆。這時，剛剛從他的座位上轉過頭，隔著七、八公分的距離，用一雙冷硬但炯炯有神的黑眼睛看著我。

「沒什麼大不了的。」他說，用的是英語，嚇了我一跳。他的口氣裡混雜著蒜頭和金猴牌香煙的味道。

「很酷。」我說。

他聳聳肩，把頭轉回去，拉下遮陽板，急踩下離合器，排擋上路。

「眞棒。」宗才說：「我們的運氣眞好，一定是師父在保佑我們。」

剛剛單手垂掛在駕駛盤上端，把車疾風似的開過堤防上像洗衣板一樣凹凸的石子路。

「從這裡到蘭湖村要多少時間？」我問。

「幾乎是零。快得很，用不著一小時。」

結果我們開了可憐巴巴的兩小時才到。路上有些地方被水流切割成了深溝，所以我們不得不繞道到它下方的氾濫平原裡去。粉末狀的細沙從擋風玻璃上陣陣掠過。氣溫不斷下降。吉普車的暖氣雖然不斷把細塵給吹進來，但總算運轉良好，沒有讓我們凍僵。宗才累得半死，坐在前座打起了盹，頭垂在前胸上。雨刷把玻璃上的沙粒刮得嘎嘎響，把宗才從睡眠中驚醒，咳了起來。

「唉，小喬治。」他說：「我被風沙打倒了。我老了。我不再喜歡出遠門。出遠門讓我很疲累。」他又咳了幾聲，又睡著了。

抵達蘭湖村的時候，已是黃昏，那些鬼影般的防禦土牆在黑暗的天空下依稀可辨。我們在狹窄、曲折的巷子裡左彎右拐。村莊的輪廓已經被夜色溶解了。宗才在吉普車猛然停住的那一剎那醒來，他二話不說就打開車門，下了車。四周沒有半個人影。唯一的生命跡象是閃著燭光的窗戶，但在這些窗戶上面，卻看不見任何正在移動或靜止的身影。風捲過院子裡的稀疏楊柳和竹籬笆，向著河邊呼嘯而去。

一隻被綁在垃圾場的狗對著我們咆哮，拚命拉扯脖子上的鍊子。宗才沒理會牠。他對剛剛說了些什麼之後，剛剛就往附近的一棟房子走去。宗才回頭看我，他的表情，就跟他的聲音一樣輕柔和哀傷。

「眞奇怪。」他說：「不一樣了，非常不一樣。以前的房子都不見了。這個世界眞的改變了。我的父母離開了這個世界。我同輩的親戚，還有大部份的朋友，都一個接一個死了。

我再也看不到他們。我好想哭。在生與死之間的，小喬治，是誰也逃不了的苦。」

他繼續咳著，蹣跚地走到星斗紛紛湧出的夜空下。我跟在後頭。

「等一下。噓——小喬治，安靜，安靜。我媽媽正找著我呢。我感覺得出來。」

□

一個年輕的女孩子從剛剛剛才消失的方向向我們跑過來。她的手背貼在額上，口中發出幾聲嘀咕。走到我們面前後，她就一手勾著宗才，一手勾著我，把我們帶到一棟煤煙味和麻油味瀰漫的房子裡。房子裡點著蠟燭，搖曳的燭光讓我可以看清她的長相。一頭濃密的短髮在她臉旁飄動，高高顴骨透露出她蒙古人的血統。她身穿一件墨綠色格子圖案的男人西裝，袖子捲起，腰上束著件狀似馬甲的東西。一條蕾絲花邊的黑頭巾隨意帥氣地繫在她脖子上。儘管她有一雙生滿繭和塞滿泥垢的手，而腳上穿的也是一雙裹滿糞便的靴子，但她的優雅，仍不輸一位巴黎、米蘭或紐約的仕女。

「這是芳芳，我的甥孫女。」宗才說。

我伸出一隻手：「眞高興認識妳。」

看著我伸出來的手，她好一會兒不知道該怎麼辦，但隨即也伸出手，跟我輕輕握了一握。

「歡迎你來這裡。」她用帶點結巴的英語說。她的笑容可掬，有一顆門牙是斷成一半的。她隨即把注意力放在宗才身上。她爲他擦拭袍子，忙這兒忙那兒。淚光在她的眼眶裡打轉。

她把宗才扶到炕上靠煤爐的位置。這個炕，佔去了房間一半的面積。我坐到宗才對面的一張由貨車座椅改裝而成、鋪著紅色織錦的長椅上。芳芳爲我們端上茶。宗才把陶杯湊到鼻尖，用力吸了幾下。剛剛也來了，提著我的行李和睡袋，還有宗才的公事包。他把東西拿到炕上最遠的一個角落，放在幾床毯子、塞了棉花的睡墊及薄棉被旁邊，然後跟宗才說了幾句話，又用兩根手指對我輕快的敬了個禮之後，就離開了。

「剛剛的老家也在蘭湖村這裡。」宗才說：「所以他回自己家住。」

在爲煤爐添過一大塊煤，又爲我們的杯子再加了茶後，芳芳就匆匆忙忙準備晚餐去了。

「她媽媽不能招呼我們。」宗才說：「她正在住院，住在包頭一家醫院裡。她有一次從驢車上摔了下來，現在有一點麻煩。背和腎出了問題。排尿有困難。」

芳芳的父親也就是林國仁的兄弟，在醫院裡陪著太太，說不準什麼時候能回來。

「小喬治，把我的公事包拿過來。」他說。他咳得渾身痙攣。他的公事包是一個醫藥的八寶箱，裡面除了各種藥物以外，還放著他的眼鏡、他的草藥書和一疊用來寫處方的便條紙。出發來中國之前，我打了人類已知的所有預防針，但宗才拒絕接種任何疫苗。相反的，他從曼哈頓那些昏暗、香氣四溢的中藥店裡，買了大量草藥提煉的丹藥和飲劑。

他打開公事包，取出一小瓶細顆粒的褐色丸藥，用一杯燙熱的開水服下。之後，他的咳嗽——連帶我的心——平靜了下來。

我走入廚房，芳芳正在灶前忙著。這個灶，是一個與腰齊高的水泥平台，與廚房的北牆齊寬，表面鋪著象牙色光澤的白瓷磚。灶的表面有兩個圓孔，上面各擱著一只黑色的大鍋。芳芳站在兩只鍋的前面，左右手各拿一根大勺，把鍋裡滋滋響的蔬菜翻來翻去，發出鍋鏟撞擊的聲響。灶的下方開了個風口，可以隨時添加柴火，而鍋子大小正合爐灶上的缺口，柴火上升，直接加熱鍋裡的食物。灶內所產生的煙，可直接排到炕的腹部去。在廚房的其中一面牆的牆邊，還擺著三個四尺高的陶水缸。芳芳察覺到我進入了廚房，便轉過身，發出「嘖嘖」的聲音，又拿起一個勺子，作勢要打我的頭，把我趕了出去。

吃晚飯的時候，我和宗才坐在炕上靠廚房的牆壁，因爲那是整個炕最溫暖的部份。我們的晚飯包括了薑麵、洋蔥和馬鈴薯，還有醃包心菜和荷葉餅。我們使用的餐具是藍色的瓷碗和紅色的漆筷。我餓得很，把麵吃完後，我就拿起一塊餅，把醃包心菜捲在裡面，捲成墨西哥捲餅的形狀，直接拿在手上吃。

晚飯過後，芳芳在我們的空碗內注滿熱水。有一頓大餐在肚子裡，又有一碗熱水在手裡，宗才的興致變得極爲高昂。

「鄉村生活眞美好。又自然，又骯髒，一切優點盡在其中。」

我看了看錶。才九點鐘，但感覺上像凌晨三點。當芳芳拿宗才的黃色針織帽去洗的時候，他拿了一塊破布裹到頭上，然後跑到屋外的溝渠去小便。

「叫我毛巾和尚吧。」他說，昂首闊步地走出了門外。

芳芳拿進來一只洗臉盆、一塊褐色肥皂、一條毛巾和一個熱水瓶，要給我洗手腳。熱水瓶裡裝著的是已經變溫的熱水，不適合拿來泡茶或飲用。當芳芳把熱水澆過我的手腳時，看到了我蒼白瘦削的腳踝，發出嘖嘖聲表示關心。我在喘氣嗎，還是只是在輕嘆？

她吃驚地問：「太熱了嗎？」

我搖了搖頭。洗完手腳以後，我穿上靴子，跑到外面混在豬群裡小便。

□

我們三個人一起睡在炕上，宗才睡中間，我和芳芳睡兩邊。我們三人都穿了長袖衛生衣。她在炕上鋪上有大朵牡丹花圖案的毯子、薄墊和厚棉被。我把睡袋解開，放在棉被堆上面，確定能把自己包裹得緊緊的，鑽了進去。

「你聽過那個有關農夫女兒的笑話嗎？」我問宗才，自己先忍不住笑了出來。

「不要說話，小喬治。」宗才說。

他睡著了，但我睡不著。半夜三點的時候，我爬出睡袋，穿上靴子，躡手躡腳地走出了院子，再推開鐵門，走出了屋外。我身上只穿著衛生褲和大衣。溫度低得讓我的牙齒發疼。

風透進我的大衣。我走到那個宗才說他母親看著他的地點，用靴底踢著地上的土。我的母親還活著嗎？她在想念我嗎？到中國以前，我飛到亞利桑那看過她。她的胸前裝了一個脈搏計算器。她的心瓣膜有裂縫，腎在衰竭，肺裡積滿最終會把她溺斃的水。

除了風聲以外，萬籟俱靜。連垃圾場那條惡狗也已經入睡。結冰的大地泛著暗光。滿天濃密的星斗。我突然發現自己不知道身在何處，感覺完全無法動彈。

我一定在那兒站得比我想像的還久，否則芳芳不會出來找我。她從黑暗中走出來，肩上披著外套。

「你還好嗎？」她靜靜地問。

我看著她，無法言語，只是簌簌發抖。

「你太冷了。」她勾著我的手臂，把我帶回屋裡去。我的手臂，透過她的大衣，感覺到她乳房的柔軟。

芳芳躺回到炕的另一邊。宗才在睡夢中咳了一陣子。等他的咳嗽聲平靜下來以後，我聽見了芳芳輕柔的呼吸聲。

□

我們喝著早餐後的茶。我仍然沒能驅走昨天夜裡的思緒。不是關於我瀕死的母親；而是關於芳芳。我眞是個可憐蟲。我幻想偷偷走入棚屋內，從後面將她一把抱住，用舌頭探索她齒洞後面的舌頭。當我在筆記本的頁邊上胡亂畫著　些漩渦狀的圈圈時，宗才忽然問我：「小喬治，你在寫什麼？唸給我聽。」

紙頁上剛好有一首我好幾個月前寫的詩，於是，無視我心中翻滾的慾望，和人與人間應有的坦白，我把詩唸給他聽：

我聽說有個恐怖份子的頭
在廣場另一邊
一棟三層樓房的屋頂被找到。
先前
他用放在大腿上一個公事包裡的
可塑炸藥，
把一輛巴士、
二十一個人和自己，
炸得飛起。
我也記得在哪裡讀到過
一個瞬間被斬下的頭

雖不能言語，
卻能夠聽、
能夠看、能夠思考
達
三分鐘之久。
忽然，在一陣極度的炫惑與驚恐中，
我發現，
他的頭
竟變成我的頭。

「你把我下面說的話記下來。」宗才吩咐我說：「現在我們可以來談談『苦』了。你把它記下來。」

他在炕的前面踱來踱去。

「日本人曾經來中國，殺了很多中國人。他們帶來的痛苦，說都說不盡。我兩個哥哥和一個侄兒都被日本人殺死，我的侄兒還只是個小嬰兒呢。我示範給你看。」

他以表演啞劇的方式，把日本人加害他家人的情形模仿給我看。他比出用鐵絲緊纏自己脖子的動作，臉慢慢漲紅，彷彿要窒息的樣子。

「他們把鐵絲捆在這裡。」他繼續說：「把他們全綁在一起，然後放火燒他們。燒啊燒，把他們燒死。」

他停止了呼吸。

「我媽叫我快跑。士兵準備殺我媽媽的時候，我跑到沙山上去，躲了起來。他們逼她服毒。我媽媽的血變熱又變藍。先是她的舌頭，然後是她的眼睛，都變得滾燙。她死的時候一定叫得很淒厲。」

他呼了一口氣。

「是日本人。是日本士兵幹的。日本人。」他幾乎要咬牙切齒。宗才說話的聲音裡有某種我從未聽過的尖銳——也許就是恨吧。

「你覺得很難寬恕他們嗎？」

「對，很難。就像業一樣難以拋開。」

□

我把宗才和他受過的苦擱在一邊，走到院子裡，爬上一道梯子，攀到芳芳家的屋頂。望向南邊，是一條形狀像寬絲帶的河流。那是黃河，離蘭湖村大約四公里。起初，我誤把它當成一片陸地，因爲它結成冰的黃色河面與兩岸的地貌渾然一體。黃河再過去是一排向南起伏的高聳沙丘，那裡就是沙山，也就是宗才哀悼父親、逃避日本兵和大逃亡第一天所躲藏的地方。

我從我的地圖上得知，蘭湖村是建在河套以北的平原上。每一年，黃河都會氾濫改道，把兩岸低矮的黏土河岸衝垮。一九二五年的時候，也就是宗才出生的同一年，黃河在離蘭湖村不到一公里的地方決堤。當時，夢想家兼詩人毛澤東才三十二歲。

「那時常常有土匪來南湖鎮劫掠。」宗才曾經告訴我：「搶錢、搶食物、搶女人。你有什麼，他們都要拿走。我的家人非奮力抵抗不可。」他頓了一下：「人眞的是很可憐。」

往北望，是影影綽綽的陰山山脈。它的最高峰烏拉山就像一根手指尖一樣，直直指向天際。我極目搜索虛燈那個位於峰頂下方的山洞的大概位置，但唯一能看到的，只是峰頂西邊的一個白色、像教堂圓頂的建築，那是一個軍用雷達站。要爬上烏拉山，不但不合法，而且是不可能的。我再次把視線移到黃河的對岸、毛烏素沙漠的方向——宗才確信，他師父的屍骨就是被葬在沙漠的某處。我忽然爲一個吊詭感到納悶：虛燈的屍體、他的山洞，還有我們計畫要寫的書，這一切全都不像是眞的，全都像是愚人的追尋，但那偏偏又是最高尚的、唯一有價值的追尋。

這時，芳芳從屋子裡走了出來，頭髮在陽光下熠熠生輝。她走到院子的對角，到一間茅草屋頂的棚屋裡，取出一根掛著兩個木桶的扁擔，挑到肩上，然後推開鐵門，走了出去。她那雙黑皮靴的鞋跟已經磨損得很厲害，而且沾滿泥巴。中國婦女對高跟鞋似乎情有獨鍾。她們可以忍受單調乏味、毫無造型可言的上衣和褲子，但對於鞋，她們卻非穿高跟的不可，哪怕要走的是最崎嶇的路。我懷疑，對高跟鞋的這種著迷，是不是和過去纏足的風俗有關。過去的中國男人都認爲，女人的小腳和碎步是最性感的。

蘭湖村無論外觀還是氣氛都像座鬼城。雖然是早上，街道上卻空空蕩蕩的，只看到一個頭和腳都用布纏得像木乃伊的老婦人，和一個騎腳踏車的小孩子。村子裡可以看到的豬比人還要多。宗才從屋子裡走出來，在門廊的一張椅子坐下，曬太陽。

「大家都跑哪去了？」我從屋頂上問他：「所有街道都是空的。」

他聳了聳肩說：「這裡的生活是很貧窮的。很艱苦。每個人都必須工作。」

他翻開他那本破破爛爛的草藥書，讀了起來。我俯瞰整個蘭湖村。它看起來很有中世紀城鎮的味道：家家戶戶的屋頂上都曬著穀類、向日葵莖、柴枝與藤條；巷子和院子裡則堆滿乾草或麥稈。

一根根電線桿孤零零地向北延伸，越過淡棕色的田畝和堤防，往高速公路的方向邁過去。雖然有電線桿，但這裡斷電已超過了一年。

「很多人都繳不起電費。」宗才告訴過我：「而只要一個人不繳費，他們就會切掉全村的供電。」

儘管如此，幾乎每一戶人家都還樂觀地架著一根電視天線，有的架在竹竿上、有的架在木棒上，有的架在藤枝上，也有的架在金屬架子上。

我往下看。宗才正用一根彎曲有致的手指，帶韻律地反覆叩著書頁上的一張圖。

我再度抬起頭，以手遮額，四面張望。在北面，群山浮動在清新的空氣中；在南面，越過那道保護蘭湖村免受每年一度河水氾濫威脅的堤防，村民們正在田裡撿拾任何可再利用的東西。每一根枯枝、每一根莖、每一片乾草人們都不願意放過，因為蘭湖村目前正處於艱困之中。這裡的主要經濟作物是葵花籽，但葵花籽在市場上供應過剩的情形已經持續了好些年，根本賣不出去。

芳芳一搖一擺走在滿是塵土的街上，水桶跟著她腳步的節拍輕輕晃動。離她家不遠，有個廣場，廣場上有一個公共水井。她在水井前面微微屈膝，臂部輕擺了一下，把肩上的扁擔卸了下來。水桶輕輕落到地上。她彎著腰，反覆扳動幫浦的黑色鐵把手，井水先乾咳幾下，然後從龍頭噴湧出來，飛濺過圍在幫浦四周那個結冰的水坑。芳芳把一個水桶灌滿，再灌另一個。之後，她彎下身體，肩膀靠到扁擔上，然後站了起來；扁擔彎成了拱形，兩個水桶一擺一擺。

我看著她往回走。她低著頭，眼睛看著地上。那口井有多深呢？裡面的水有多乾淨呢？我看這不是個大問題，因為我們都只喝煮開過的、滾燙的開水。這裡的水，一點一滴都不會被浪費。一壺熱開水，一天下來如果沒有完全喝掉的話，剩下的就會拿來當洗手水。用過的洗手水又會被倒到另一個大一點的臉盆裡，用來當洗腳水。最後，所有的洗手洗腳水會被集中在一個木桶裡，第二天用來拖地。

我望向平原上那些飽經侵蝕的田畝、塵土漫佈的鹽灘和縱橫交錯的灌溉溝渠（有些溝渠填了半滿的沙子）。很難想像，從前有哪個時期，蘭湖村的地力是足以生產出維持起碼生計之外的作物的。現在就更不用說了。這裡的村民能種多少食物，全看能收集到多少的糞便來施肥而定。就連宗才祖父剛搬到這裡來的時候，這裡的地力，恐怕就已經接近極限了。

從我所在的制高點觀察，這裡的土地看來要更適合於放牧而非農耕。這片土地的歷史，是一頁蒙古人與中國人角力的歷史：先是蒙古人從北方南下，征服中國大片的土地，然後是中國人起而還擊，把蒙古人往北逐。中國政府透過在西疆和北疆建立的兩個所謂「自治區」，也就是內蒙古自治區和西藏自治區，建立了兩個廣大的緩衝區。宗才的漢人祖先，是向內蒙移民的悠久傳統的一員。

根據我的觀察，漢人已完全滲透內蒙古的每 個角落。在我們足跡所及的範圍內——從西山嘴鎮以至包頭以南的毛烏素沙漠邊緣的二百五十公里——蒙古族的大部份人口都是看不到的。顯然，我對蒙古的漢人的瞭解，要比對蒙古的蒙古人多得多。不管是宗才本人、蘭湖村、西山嘴鎮還是白彥花，告訴我的似乎都只是關於蒙古化的漢人的種種，而不是漢化的蒙古人的種種。我當然很樂於相信，蒙古人雖然已退居到深山和荒漠裡去，卻仍然快快樂樂過著極爲傳統的遊牧生活。

但這無疑只是幻想。我所看到的，只是這裡詩的一面；而這首內蒙古之詩，就像美國的西部之詩一樣，隱藏著剝削、種族歧視、生態破壞，與固存於殖民主義中的文化優越感——這一切，全都不著痕跡地灌輸到這片土地和這個社會，一直到最後，天經地義地被視爲蒙古的一部分，直到幾乎不被察覺出來爲止。

□

芳芳肩上挑著扁擔，從鐵門側著身子走了進來，她右手扶著擔子，木桶跟著轉了起來。卸下扁擔後，她把水桶一次一個，提到屋子裡去。宗才闔上手上的書。

共產革命以前，這個地區的居民，幾乎全是文盲。宗才的父親是個異數，他是「知識分子」。他教導他的兒子們唸書，又大聲朗誦古代的經籍讓他們耳濡目染。如果不是有這樣的父親，宗才也一定是文盲一個。不過現在情形不同了。就像每一個中國的村鎮一樣，蘭湖村也有一所人民學校。芳芳那些零零碎碎的英語，就是從那裡學來的。

起風了，風源源不斷從西方吹來。這風，每過一天都增加一點冬意。它衝擊我的風衣，透入我的牛仔褲，滲入我暖和衛生褲的縫隙裡。我爬下一顫一顫的梯子，回到有圍牆擋風的院子裡，坐在宗才剛才坐過的椅子上曬太陽。我可以聽見他正在屋裡教芳芳怎樣掃地。學習掃地是宗才的學禪課程的最初幾課之一，其重要性也許可以直追燒水和泡茶。這沒有什麼好奇怪的，因爲掃地泡茶正是禪宗所追求的如實眞心的具體表現：「餓了吃飯，睏了睡覺。」等芳芳掃地掃得讓他滿意之後，宗才就走出來和我商量，等太陽高一點、暖一點，我們一起散步到黃河邊。他想帶我到他小時候戲水和游泳的地方看看。

我們穿過光禿禿的田畝，繞過一些結了冰的水池和溝渠（都是上一次黃河氾濫時留下來的），走到黃河的邊緣。

「我小時候就游得到對岸去。」宗才回憶說：「輕而易舉。小喬治，任何河流都有它的路線，如果你不懂它的路線，就可能會要了你的命。我懂得河的路線。如果我身在海洋中的話，也會找到海洋的線。我知道水中不同的顏色意味著甚麼。就連再小的漣漪都有它的意義。我懂得風。也瞭解水。我不只懂得游泳，也懂得怎樣走過冬天結冰的河面。」

我們本來打算走過已結冰的黃河河面，到大沙山❶附近探一探，但找不到路。河面的冰結得還不夠厚。河面很寬闊，河岸低矮，上面分布著錯綜的水道、矮矮的瓦礫堆和楊柳。我在河面上一直往前走，直到足以感受到河水在冰下的流動。我想著芳芳，想著她挑著扁擔的肩膀旁邊那白嫩的頸項。那是最純粹的「陰」。我不斷往河中心走去，直至冰面開始微微裂開才止步。

風吹得愈來愈兇。我們逆著風往回走。一隻鷹向田野俯衝，攫住一頭灰色的小動物。從遠處看，蘭湖村的防禦工事，像是用閃光和塵土造出來的。一片無限寬廣的惡劣地相，滿是碳酸土，倒塌的房屋，風滾草恣意滋生，直到村邊的堤防才戛然而止。

一群鵝搖搖擺擺跑過一片浮在水面上的薄冰，跳進被下午太陽融化而成的水池去戲水整理羽毛。從一堆磚頭的後面，跳出一隻毛被拔光、全身佈滿紅色膿瘡的鵝。牠只剩下一隻翅膀，另一隻已經被咬掉了。

經過一堆瓦礫堆的時候，我們遇到一個揹著一大捆藤枝的老人。他一看到我們就雙手合十。他一隻眼睛已幾乎瞎掉，膝關節腫得像布丁。他能夠站著已經夠讓我驚訝了，更別說揹著那麼重的東西。他只剩下零零落落的牙齒，笑容卻很安詳。宗才把老人那雙佈滿老繭的手握在自己手裡。他們額頭抵著額頭，交談了一分鐘。老人的說話聲就像是從齒洞間吹出來的風聲。

「他是我兒時的朋友。」宗才告訴我：「我們常常一起玩。拿竹竿子當馬騎。他以前是個漂亮的小孩。」

□

回到家以後，芳芳很激動地對宗才說了些話。

「小喬治。」宗才說：「芳芳告訴了我一件很美妙的事情。有些音樂家要來祝賀我。祝賀我回來，祝賀我還活著。」

難道蘭湖村這裡有支樂隊不成？

「什麼樣的音樂？」我問。

「西江月。來自陝西的音樂。很美麗的音樂。」

喝過茶後，宗才去休息。我走到畜欄，坐在其中一道土磚牆上。畜欄內養著兩頭豬、五頭山羊和一匹小雌馬。在畜欄的一端，是一個用竹竿和泥築成的棚子，供牲畜遮風蔽雨之用。我在一堆新鮮的乾草上坐下，背靠著一疊被太陽照暖的粗麻布袋，試著打坐。我心無雜念地打坐了一個小時——不過也許只是睡著了。

突然，我聽到了一下拍掌聲。

「醒來。」宗才大聲說。

我跳了起來，說：「我是醒著的。」

「嗯，不壞。」他說：「有進步。」

□

晚餐四點就開飯。芳芳拿來洗菜的，是先前那個給我們洗腳用的搪瓷臉盆。我們坐在炕上的矮几前，吃了麵、包心菜和炸馬鈴薯條。飯後，芳芳給我們端上削了皮、切成塊的梨子。這些梨子是從院子裡的一棵梨樹（院子裡唯一的一棵樹）摘下的。它們個兒都很小，深褐色，硬得像石頭。

爐子上燒著火，我們手上拿著綠茶，看著天色慢慢黯淡下來。又一天過去了。我的人生還剩下多少天呢？我什麼時候玩起這個數數字的遊戲來的？還剩下多少個白晝？多少個晚上？多少個春夏秋冬？我像個小氣鬼一樣算著。既往後算，又往前算。

就算只是出於好奇好了，爲什麼我就不能永遠活著呢？

風在七點的時候呼嘯刮起。芳芳點起了一根蠟燭。她雖然已經有了倦容，但依然漂亮。我記得在那裡讀過，燭光的照射範圍不超過五十碼，換言之，站在這個距離外的人，就看不到照在芳芳家窗上的微弱燭光。我們與全世界是隔絕的。

那隻被鍊住的惡狗狂吠了起來。芳芳把頭轉向窗戶。本來正在吃包心菜吃得滋滋響的宗才這時站了起來，穿上他的長袍。

「很好。」他說：「他們來了。」

芳芳跑去開門。三個穿著褪色藍上衣和藍褲子的音樂家走了進來。他們看起來緊張兮兮的。

「這些孩子的父親我都認識，都是些親戚，兄弟。」宗才說，說完又把我介紹給他們：

「這是小喬治，是朋友。」

他們向我點了點頭。

「你們好。」我說。

「這位是王偉周先生。他是我祖父妹妹的孫子。」宗才說，然後又舉起兩根大拇指說：「王先生是個大音樂家。是最好的。他彈的是揚琴。」

王先生淡然一笑，露出兩排完好無缺的牙齒。在內蒙古，他是我看過唯一一個年過四十而牙齒仍然完整的人。他的琴繫了根繩索，斜掛在胸前。

「這一位是楊慶，還是個小伙子。」宗才噘起嘴唇作吹氣狀：「他吹的是簫。竹簫。很優美。」

這位被宗才稱爲「小伙子」的楊先生，看起來也已經六十五歲左右身高不超過一五〇公分，有一雙很纖細的手。

第三位是井瑜，他頭上的帽舌拉低到前額，帽緣蓋住了半隻耳朵。他下顎有一把被煙草染成橘色的長鬚，右手的手指彎曲得像雞爪。一串白亮的蒜頭像花環般掛在脖子上，他的甲狀腺腫很嚴重，喉結則大得像顆高爾夫球。

「井先生跟我是同輩。他爸爸是我舅舅。他玩的樂器是……」宗才比出一個引弓拉琴的動作：「英文怎麼說？」

「小提琴。」

「對，就是『小帝琴』❷。」

宗才告訴我，這將是他們三十年來第一次在別人面前演奏：「小喬治，你知道的，四人幫製造了很多麻煩。他們幾個很害怕，打算不再玩樂器了。現在，不管是蘭湖村、音樂家還是宗才，都快完蛋了。都離棺材不遠了。」

瀰漫的香煙煙霧在一根根燭談上形成了一圈圈光暈。煤爐裡的煤在燃著。過了一會兒，剛剛也過來了，帶著兩個人。其中一個是個瘦巴巴的高個子，宗才介紹他的時候，說他是「林先生，我的老朋友」。至於另一個拄著拐杖的老先生，宗才並沒有介紹他是誰，而我也不好意思問。但據我觀察他的舉止，他有可能是個啞巴。他們三個跟我們一起坐在炕上，不停地抽菸，每抽完一根，就把還燃著的煙蒂彈到地板上。

王偉周坐在由貨車座椅改裝的沙發上，把琴擱在前面的矮几上，那琴看起來像只箏。舉著兩根木頭劈成的軟槌，像敲木琴般，飛快奏了起來。井瑜坐在王偉周的旁邊，他拿著蕭，襯在一舌燭談上，慢慢轉動。

「這樣可以讓簫聲更甜美。」宗才向我解釋。

楊慶坐在一張三腳凳，馬頭琴夾在大腿之間。開始拉琴，拉得很熱烈，琴弓在他瘦骨嶙峋的手中迴環往復。

芳芳在房間與廚房之間忙進忙出，除了我以外，沒有人注意她。起初，三個音樂家各奏各的調，聽起來不協調已極，就像是貓打架。宗才終於聽不下去了，探身到我耳邊說：「太可怕了。我得給他們指揮指揮才行。」

他從炕上跪起，大喝一聲，把音樂聲打斷。他慢慢把手高舉過頭，兩隻大袖一擺一擺，唱了起來：「Sol, sol la sol, sol la sol, sol la mi sol, sol mi sol... sol la sol, sol sol mi la sol mi sol...」

三個音樂家抓住這個調子，跟了上去。馬頭琴音尖銳而緊湊，簫聲甜美而醇厚，揚琴的弦音時而錚錚，時而淙淙。宗才閉起眼睛，身體隨著音樂擺動，陷於出神狂喜之中。

「好美！」我說。

「當然！這音樂就像是從地裡湧出來的泉水。」宗才說。跟著，他站起來，隨著音樂聲引吭高歌起來。我拍打大腿爲他伴奏，又用筷子敲打在牆壁上。我的情緒高亢已極，以爲自己聽得懂中文。我頭腦裡聽到了西江月的歌詞：

馳騁過空氣
驅策過海洋
小喬治和宗才
擁抱冒險

每日——每日
向四面八方尋索
不辭隆冬
穿過黃沙暴
歷盡千般恐懼
萬般危險
但現在我們坐在一起
一起歌唱
我們——小喬治、宗才，還有
赤脚眞人

林先生這時也加入我們的行列，用破嗓子唱出些五音不全的音符。剛剛拿起我的一隻靴子，裝成彈吉他的模樣，帶鼻音地反覆哼著：「yeah-yeah-yeah。」看得芳芳哈哈大笑。茶不停地送上來，煙不停地抽，音樂聲持續至午夜。當三個音樂家放下他們的樂器時，先前一直不發一語的那個老先生——我以爲是啞巴的那個——突然站了起來，引吭高歌。他的聲音嘹亮清澈得像小孩。

他唱罷，宗才告訴我：「他唱的歌詞，跟生、死和苦有關。」

「我知道。今晚我聽得懂中文。」

「神奇，小喬治，太神奇了。」他毫不懷疑地說。

幾位來賓離開的時候，我們站在門邊相送。

「再見。謝謝。晚安。」他們走過院子的時候，邊揮手邊說。

後來，我聽到鐵門的開闔聲，他們拖著腳步，慢慢離去，走出屋中燭光可以照到的範圍，走入黑夜。回到屋裡後，我們看見芳芳正在清掃地板上的煙蒂。

「今天晚上太棒了，小喬治，我很開心。你對我這個老和尚有什麼感想？」

「不可思議。你是隻強韌的老鳥。」

我說到他的心坎上了。

「唉，你說得眞好。你瞭解我的心。」

「你的心是個雷達。」

「不，不是那樣。雷達只能接收信號，佛的心比雷達還強。佛心就像鏡子，可以照見東、西、南、北，照見天堂、人間、地獄，這一切全被它涵蓋在裡面。那是智慧。雷達根本不能相比。」

那天晚上，我興奮得難以入眠。我悄悄走出屋外，經過廣場上的幫浦，來到村子的邊緣，在墓園裡閒晃，園裡是一堆堆石礫堆成的墳冢。上弦月正在沈落，而在黃河以北的蘭湖村，天上的星星從未如此密集過。

十五　狐認得狐

在村子西邊的窪地上，有一座用石頭疊成的粗糙佛骨塔，頂端放了根枯樹枝。壁龕裡放著供品：有麵包和水，還有燒剩的香枝。一隻山羊被綁在佛骨塔旁邊，牠後腿上有一個紅漆的標記。

「這是個狐仙塔。」宗才說：「是村民蓋的。每逢生病，他們就會來這裡燒香獻祭給狐仙，然後把人民政府給的藥留在這裡一天，再拿回家服用。他們希望狐仙讓藥物更有效力。他們相信這回事。」

「你又怎樣？你相信嗎？」

「相信，但拜狐仙是件危險的事，他可以讓你恢復健康，但也可以要了你的命。」

「餓鬼、狐仙——這些不都只是迷信嗎？」

「對村民來說不是迷信。我有些事情沒有告訴你。你不懂的事情太多了。蒙古是個不同的地方。你認爲村民都是愚蠢的人，但他們其實不愚蠢。他們只是簡單、骯髒和自然罷了。你以爲他們的生活只包括生小孩、種農作物和吃飯，僅僅於此。但他們都是眞實的人，知道你所不知道的事物。他們知道有鬼。」

「哈囉，哈囉。」他像逗一個小孩那樣，把頭側向下，在山羊的鼻子前面揮動四根手指：「好可愛，小朋友。不用擔心，我不會傷害你。」他走向前撫摸山羊的額頭，口中念念有詞。

「我在念咒。」

「爲這隻山羊念？」

「對。他的生命快要結束了。他後腿上的紅色標記意味著牠即將被宰殺。喉嚨會被割斷。我告訴他不要害怕，說我的咒語會保護他的靈魂。」

「牠聽得懂嗎？」

「當然，這就是我的力量所在。我可以跟昆蟲講話，跟動物講話，甚至跟餓鬼講話。」

他瞇著眼看我，又用一隻顫抖的手遮在眼上，抵擋強烈的陽光。他看來既虛弱又頑強。他咳了幾聲以後，清了清喉嚨說：「我也可以跟狐狸說話。我很瞭解他們。他們和狗是同一族。他們是慾望過度的化身。太多性。你要千萬小心。」他的聲音很嚴厲，兩眼黑炯炯。

慾望就是我之所以爲我，我心裡想，也許甚至是唯一自始至終跟著我的東西。「啊嗚——」

我模仿狐狸的聲音叫了起來。

「我不是跟你開玩笑！」他指控似的指著我的胸膛說：「狐瘋感染了你，讓你時而愚蠢，時而瘋狂。」

瘋狂和愚蠢？他眞是一針見血。那是不是表示，自此以後，我可以把我的瘋狂和愚蠢歸咎給狐狸呢？是老狐狸害我變成那樣的。是他，讓女人隨便任何一部份——撫媚的聲音、聲調、手那麼一轉、一縷髮絲、一跨步、一個曲線（不論修長、瘦削或豐腴）、內褲露出的一角、瞬間閃過的一塊肌膚——都可以激起我的色慾。哈，我看到他了——他就蜷曲在我面前，舔著自己的鬍鬚，肚子貼在地上，尾巴一擺一擺。

點燃煙斗。

打開葡萄酒。

想像有一個美女。

叫她過來，

在我的床上跳舞。

在中國的神話系統裡，狐狸是魔鬼的坐騎或魔鬼的化身。這個夜晚的生物是女性誘惑魅力的傳統代表，那變形、情慾、感官、激發創造力的神奇魔力。宗才告訴我，當一隻狐狸活到五十歲，就可以化身爲人形；活到一百歲，就可以變爲男巫或美女——要是哪個倒楣鬼愛上她，最後一定會被徹底毀滅。

日本人有所謂的野狐禪，意指假禪，指那些自稱得道、滿口大道理撞騙，但其實什麼都不懂的人。叫我野狐男吧。

「在蒙古，有很多關於獵人娶了妻子後發現對方其實是狐狸精的傳說。」

「我也遇過同樣的問題，而且不只一次。」

宗才不理會我，繼續說下去：「狐狸有三種化身。從一到一千歲之間的狐狸是棕色的。那是一種壞的妖精，會給人製造很多麻煩。很壞很壞，會害人。經過一千年之後，他就會變成黑色。這種狐狸不會害人，卻會常常給自己找麻煩。他雖然已經認識了道，但內心仍然充滿各種慾望。一萬年之後，他就會變成白色，並得道成仙。我和我師父遇到過這樣的狐仙很多次。他是個矮個子。」說著把手放到腰間：「就這麼高。」

「是個侏儒？」我莫名其妙地感到憤怒，覺得受到傷害。也許他說的是事實，全是事實。

「相信或不相信，都隨你。小喬治，我只是告訴你，有個黑狐纏著你。你要曉得，這是很危險的。」

「一萬年？要開悟需要那麼久？」

「天曉得。也許你需要那麼久。」

「也許。天曉得。」我說：「也許你可以幫我唸些咒。」

「我常幫你唸的。」

□

中午，我們打扮整齊，準備要到西山嘴鎮參加林國仁女兒的婚宴。

「不會有什麼儀式。」宗才說：「他們只會到人民政府那裡領取結婚證書。」

「我很詫異他們竟然不邀你爲他們主持儀式。」

「她公公是個高幹。這種事很敏感。」他聳聳肩說：「你知道的，我是個和尚，而和尚必須要保持忍耐。」

宗才穿上他那件深栗色、只在特殊場合才會穿的袈裟。我把指甲上的髒東西剔乾淨，又用瑞士軍刀上的小剪刀把頭髮剪了剪：不剪的話，我的頭髮就像是被一整窩的老鼠咬過似的。

我們在黃昏時分抵達西山嘴鎮。在蘭湖村待過這段日子以後，西山嘴鎮給我們的感覺儼然是座大城市：有電燈、有喧鬧的人潮，有車水馬龍的交通。剛剛把吉普車停在「北方美味黃河飯館」前面的人行道旁邊。這餐廳現在是整個西山嘴鎮最令人眩目的地方。一個男的在餐廳門外負責放鞭炮驅邪。長串的鞭炮像機關槍一樣答答答響著，不停地彈跳抖動。負責放鞭炮那個男的又黑又瘦，下顎有一縷黑色的長鬚。他把鞭炮串高舉過頭，不斷旋轉，刺眼的光芒隨著鞭炮的連續巨響不斷閃爍。他看起來就像一隻鳥，一隻象徵好運的鳳凰。宗才用一隻手擋在臉側，彎著腰往前走，袈裟的下襬在他身後飄起，掃過滿地的鞭炮屑和五彩紙屑。

餐廳內有掛著窗簾的窗戶、瓷磚地板、竹子圖案的壁紙，還有一張大理石吧台。十五張大圓桌上坐著一百五十來人，林國仁的整個人際網絡盡在其中：家人、僱員、生意上的夥伴、政要、幹部和警察。我的酒桌兄弟——殷法官——當然也身在其中。婚宴在我們到達前幾小時就開始，大部分的賓客都已經醉醺醺。啃過的骨頭和空酒瓶散滿一地。

我嗜杯中物的名聲比我自己還要先到達婚宴的會場。我還沒有坐下，就有人把一個空酒杯遞給我，並把酒斟到快滿出來。熾辣的酒香讓我感到窒息，還沒有喝就開始冒汗。噢，糟了，我心想，又是一個要賞臉的場合。我舉起杯子，仰頭一飲而盡，然後說了些祝福一對新人的話。登時響起了喝彩聲和鼓掌聲。我還沒來得及把杯子放下，它就又被斟滿。在喝過頭兩杯以後，要喝第三杯就沒有什麼難的了。

哈囉。哈囉。

一個女的站在大堂的最遠端，傲慢而無畏地靠在吧台上。我們四目相交。我向著大廳舉杯，是向她舉杯。

「小喬治，他們想爲你奏些美國的音樂，以表示對你的敬意。」

他才說完，從掛在遠處屋角的一個擴音器，就傳來響亮的音樂聲，勉強聽得出來奏的是湊合版的「紅鼻馴鹿魯道夫」（"Rudolph the Red-Nosed Reindeer"）。

「你知道這首歌嗎？」

「知道。」我說，接著唱了起來：「紅鼻馴鹿魯道夫有個油亮亮的鼻子，如果你看過他，一定會說他的鼻子是會發光的……」

「太—棒—了。」宗才說，聲音聽起來就像卡通人物老虎唐尼：「你逗得他們好高興。」

「太—棒—了。」我回應著說，又喝下了一杯黃湯。接下來是一整輪的握手與拍背。

主人為我們安排的一張專門的桌子，設在開向大堂的一個房間裡。這個尊榮之所要踏上兩級台階才到得了，讓我們有如君臨所有的賓客。女侍為我們端來涼拌辣黃瓜和豆芽。桌上還有十幾盤各種蔬菜、溫啤酒、煮花生和橘子。

暖身過後，我又跟新郎一起喝了三杯慶祝新婚。新娘穿了一身紅色蕾絲禮服，看來容光煥發。紅是喜慶、吉祥的顏色。她又幫忙我斟了一杯。

「說些祝酒的話，小喬治，我會幫你翻譯。」

「祝你們頭胎就生個男的。」

宗才把我的話翻譯出來，登時歡聲雷動。我得分了。每一個人都很高興。有個人推了我一把，我手一晃，杯裡的酒全濺到了手上。新娘為我把杯子重新斟滿。

「說得好。」宗才說：「大家都喜歡聽。」

我再次舉起杯，說：「L'chaim。」然後把酒喝光。「那是『敬生命』的意思。」我告訴宗才：「一句猶太人常說的祝酒語。」

「你的同胞和我的同胞想法很像。猶太人和中國人擁有相似的心靈。」

酒杯又被添滿。一直拘謹的新郎這時也跟我乾起杯來，還要拉新娘一起喝。她低著頭，滿臉通紅。

一定是這些人寬厚的心胸、他們對生命的執著讓我想要對生命致敬——對酒與食物致敬，對大堂另一頭那個瞅著我的女人致敬。在座的這些人，就像我的家人一樣，就像東歐的猶太人一樣，都經歷過一場大屠殺。在一九五九年至一九六九年之間，他們全都有親人被毒打、被折磨或被送到集中營。中國的僧人就像猶太教教士一樣，不是受到放逐就是遭到殺害。他們的書籍、廟宇和文化藝術品飽受摧殘。儘管遭受過這樣的苦難和經歷過這樣血腥的歷史，他們還是挺了過來。而現在，他們仍在唱歌，在跳舞，在擁抱生命。

「敬生命。」我說，又乾掉了一杯酒。

這時，大堂對面那女人放開她原本抱在胸前的雙手，叉在腰上，又把一腿交錯到另一腿前面，一截裹了衛生褲的大腿隨之從裙子的高叉處露了出來。

我想起我祖父，一個有著極大激情和缺點的人。他就像我一樣，是一頭被欲望糾纏的黑色德國狼犬。

我父親的父親，
我的祖父，他愛他的食慾、
他的消化能力。
他愛在麵包上塗上厚厚的雞油，
疊上厚厚的生洋蔥片、
撒上粗鹽；
他愛純威士忌
愛說那句猶太佬傳統的祝酒語：
L'chaim，
敬生命，
愛在它的結尾處加上重音
並打一個滿足的響嗝。
他愛粗肥的黑雪茄，
愛唱歌跳舞結婚生孩子
愛任何體型、任何年齡的女人。
他愛他自己，
溺愛他的兒子和上帝。

八十八歲那一年，他輕嘆出最後一聲L'chaim
打了最後一個滿足的響嗝
才快樂地溘然而逝。
敬生命。敬生命。

這是我的宗教。這才是我的信仰所在——我醉醺醺地想著——而不是坐在我旁邊那個苦行僧的獨身主義、佛裡佛氣和他那一套形上學。我再次舉杯，酒從杯裡濺了出來，沾溼我的袖子。「敬值得敬的事。」我大聲喊道：「敬四季，敬烹飪，敬妻子與嬰兒們，敬詩，敬一切會授精的東西，敬活到老醉到老。」

宗才斜著頭，用「小喬治你又犯瘋了」的眼神看了我一下，然後把我的話翻譯給大家聽，而結果——理所當然的——又是滿堂彩。

我炙手可熱。
每粒我吐出的種子，
都發芽吐蕊。

我脫下眼鏡，吮吸指縫間的酒。坐在大堂另一頭的那個女的此時開始走向我，而我知道，將沒有任何事情攔阻得了她。她有一雙修長的腿，一頭黑得發藍的髮高高盤起，用兩根紅色的筷子固定住。她一直走到我面前，然後以極具挑逗性的慢動作，剝開一顆糖果的包裝紙，把糖果夾在拇指與食指之間。之後，她當著新郎新娘的面，當著宗才的面，毫不羞怯地把糖果送到我的嘴裡。她的指尖擦過我的嘴唇。我用牙齒把糖果咬住。她遲疑了一下以後，就快速轉過身，風也似的離開了。

等等！別走。

我把糖果含在嘴巴裡，慢慢吮吸，不去咬它。我希望能盡量延長它停留在嘴巴裡的時間。它慢慢地、濃郁地融化的同時，我伸手到口袋，去摸老喇嘛送我的念珠。它暖暖的、圓圓的，表面因爲沾了老喇嘛皮膚上的油而光滑。我懷疑我割捨得下這個世界。

我轉過臉去看宗才。

「她是隻狐狸。」他說。

「對對對，我知道！」我先是有點忿忿，繼而卻不由自主露出個大笑容，說：「我有一雙可以認出狐狸的眼睛。」

「狐狸都有一雙那樣的眼睛。」宗才說，緩緩搖了搖頭：「狐狸認得狐狸。」

女侍者在我肩膀上拍了拍。我轉過身去的時候，她指著自己說：「我是個學生。」

「太棒了。你唸的是什麼？」

「英語。」

「妳講得很好。」

「很差。」她漲紅著臉說。

我那時穿了一件黑色高領毛衣、連帽的夾克和背心，以及我最乾淨的一條牛仔褲，腳上的登山鞋已磨損得厲害，鞋底黏滿雜草。

「你是傳教士嗎？」

「不不不，我不是。」

「你來這裡做什麼，做生意嗎？什麼樣的生意？」

「我來這裡接受成聖的訓練。」

她一臉聽懂的表情。

「好生意。」她說。

十六　五體投地

我們在林國仁摩托車店的閣樓睡了一晚。第二天回蘭湖村的路上，宗才不時把耳朵靠在儀表板上，聽裡面發出的聲音。

「車子今天有點怪怪的。」

「我聽起來倒還很好。」

他搖搖頭說：「小喬治，你不曉得，我什麼機器都懂，連電腦和磁碟也不例外。」

我忍不住笑了出來。

我們在中午回到蘭湖村。宗才想看看引擎。剛剛從來不跟宗才爭辯什麼，他二話不說就在芳芳家的鐵門前掀開吉普車的引擎蓋，站在一旁，面帶恭敬的表情，看著宗才在引擎蓋下面探頭探腦：「我懂得吉普的心臟。」

在胡士托的時候，宗才曾告訴我，他想買一輛牽引機，以便上下山，到鎮上去買東西。

「宗才，那你得參加考試，拿張駕照……」

我還沒說完，他就在我面前一揮手，打斷我的話：「那算了。」

他在引擎蓋下戳戳這裡，戳戳那裡，喃喃自語。我把背包掛到肩膀上，再背起相機，走上骯髒的小徑，往屋子走去。門是開著的。

芳芳就在裡面，一如我所願。

「嗨，又看到妳了。」我說，伸手去碰她的手——但只碰了指尖一下。

她正在泡茶。我把背包放在炕上。正當我準備把相機的皮帶釦解下，舒舒服服躺下來觀看芳芳幹活的時候，宗才就走進來了。他走得很快，兩道眉毛挑得高高。他顯得很緊繃，臉是漲紅的。

「我修理好了！」他說。

「真的？哪裡有毛病？」

「唉，小喬治，你不會明白的。爲什麼你在這裡晃著呢？你在想些什麼？我們必須啓程了。馬上。貫元邀我們到他家去，他是我的表親。」他用手背在面前揮來揮去，樣子就像是在趕蚊子或是驅散惡夢：「他是個可憐的孩子。一身的麻煩。我剛剛才知道的。」

到貫元家的路很短。中午時的蘭湖村空無一人。路上有很多雞，但至於人，我則只看到一個女的，從頭到腳都裹著爛泥巴。一看到我們，她就躲到牆後。

貫元家位於蘭湖村外緣一條羊腸小街的盡頭，是一座泥土和樹枝搭成的雜院，屋後就是堤防。院子裡有一頭羊、一個空的豬欄和一個小煤堆——當然也少不了一袋袋乏人問津的葵花籽。一匹馬被繫在一間單簷棚屋裡面，在牠那蒼蠅亂飛的側腹後面，蹲著個小孩。她把臉擠向一個角落，陰影幾乎把她的臉完全遮住。

「那是李露露。他們的女兒。」宗才說：「她怕看到陌生人，只願跟動物待在一起。很可憐。」

在宗才還沒來得及解釋那是什麼回事以前，屋門就打開了，李貫元和他太太站在門前，揮手招呼我們進去坐。他們是一對樣子笨拙的年輕夫妻，滿臉倦容又皮黃骨瘦。李太太穿著一件起毛球的紅色毛線衣，下半身是一條尺碼太大的男裝灰色羊毛褲，用繩子綁在腰上，腳上是一雙破舊的紅色帆布運動鞋。李貫元有一把八字鬍和稀疏的山羊鬍，身穿破舊的軍服。

房子沒有其他房間或廚房，有一半面積是炕。屋內有一個窗戶、一個煤爐、兩個水缸和一個單爐的磚灶。一鍋食物正在灶上蒸著。炕的對牆有一個架子，上面放著這家人在這個世界上的全部家當：六、七個碗、雜七雜八的繩子、鐵絲和工具。在一個矮衣櫃上放著一面有裂痕的鏡子和一只相框，裡面是一張小嬰兒的照片——是個臉頰胖嘟嘟的小可愛。

看得出來，黏土地板才剛掃過和沖洗過。一張黃色的矮几放置在炕上。這房子非常小，如果我坐在炕緣上伸出大腿的話，腳趾就可以碰到對面的牆壁。

「來吃東西，小喬治，多吃一點。」宗才說：「不要計較好不好吃。你吃，可以讓他們高興，讓他們有面子。」

我們坐在炕上吃食。我效法宗才的模樣，吃了幾碗油油的馬鈴薯和包心菜湯，以及幾個蒸饅頭。這是件嚴肅的事情。我們靜靜地吃著。一直吃到肚子快撐得想吐，我才停箸。

用過午餐後，我們一面喝茶，宗才一面告訴我有關李露露的事情。宗才說話的時候，李貫元和他太太都低頭看著自己的鞋子，而芳芳則吃驚得用手掩嘴。

「那時露露還只是個小嬰孩，不會說話。那時候正好也是冬天。每一個人都必須工作。她爸爸媽媽在屋頂上曬種子。所以只有祖母在屋裡陪著小嬰兒。但她的聽力不好，而且又老又累……很想睡。所以，她就用繩子把小嬰孩……英文是怎麼說的？就像對待狗的那樣？」

「拴住。小女孩的祖母用繩子把她拴住嗎？」

「對，就是那樣。我眞的覺得很遺憾。照顧小孩的時候是不應該睡覺的，因爲他哭的話，你就聽不見。……那很糟……我眞得覺得很遺憾。」

李貫元仍保持沈默，但他太太哀慟地跪倒在地上，發出一聲長長的哀吟。

「小孩子……你知道小孩子的個性的。他們愛玩。她拿蠟燭來玩……窗簾燒了起來……蓋過她的臉，讓她的臉燒得完全像……」宗才因爲想不出適當的形容詞而停頓了下來。

「但她沒有哭。她安安靜靜的，只是坐著。父母回到家，發現了她。但她還是坐著，沒有哭。」宗才說。

「也許我們幫得上忙。」我想都沒有想就衝口而出：「美國的醫生對這方面很有經驗，也許我們可以爲她帶來一個奇蹟。」

「那可是一件不折不扣的菩薩功德。可以救回她的命。否則用不了多久，也許兩年，也許三年，她就會死掉。」宗才拉了拉自己喉嚨上的鬆皮說：「像她祖母一樣上吊尋死。因爲覺得太丟人了，受的苦也太多了。」

「我必須幫她拍張照片。」

李露露戴著一頂不合頭的假髮，看起來年齡和我女兒差不多。她又小又弱，臉就像張恐怖面具。兩隻耳朵和鼻子的大部分都燒掉了。她的皮膚斑斑駁駁，一片紅一片紫，像捲起來的玻璃紙一樣，皺皺亮亮。眼瞼向外翻，腫成爲猩紅色。耳朵不見了，只剩下一些由肉融化而成的小瘤。上唇薄而扭曲，像個固定的笑容。下唇則沒有受傷，豐滿而可愛。當我拿起相機要照她時，她哭了起來——但只有一隻眼睛流出眼淚。

「謝謝你，爺爺。」她在我放下照相機的時候說。之後，她就把臉埋在雙手裡，轉過身，跑了出去。

李貫元的呼吸很急速。他親吻我的雙手，又跪下來，吻我的腳。我很惶恐。

「宗才。」我求他幫我解圍。

李貫元哭了。芳芳也哭。宗才也哭。一陣罪惡感湧上我的心頭。我爲他們做了什麼呢？我許下過的諾言還不夠多嗎——對宗才的、對家人的、對朋友的、對出版商的。這些諾言有可能都是無法實現的，既然如此，我又何苦再對一個無辜的、受苦的小女孩許另一個難以實現的諾言呢？

「宗才。」我囁嚅著說：「告訴他們，這也許需要一段很長時間，而且不能保證……」

「他們會等的，小喬治。不用擔心。」

□

接下來幾天，我們都過得紛擾、麻木。我們每天都是起床、吃飯，然後坐上剛剛的吉普車，徒勞無功地開車去一些窮鄉僻壤，打聽虛燈屍體的下落，然後在薄暮回到蘭湖村——筋疲力竭又垂頭喪氣。而宗才的咳嗽一直持續。

終於，我們有了第一個突破。有一天，在山區附近一個小鎮，有人告訴宗才，有一個老藥婆不只擁有一張虛燈的照片，還知道虛燈被埋在哪裡。消息就這麼多。既沒有姓名，也沒有地址或其他的線索，只聽來這樣的故事：

「那些村民告訴我，十一、十二年前，在她還是小女孩、大約像你女兒一樣大的時候，小喬治，她得了重病，陷於死亡的邊緣。她的生活充滿淚水，她的生命像陰影一樣漸漸流逝。

直到有一天，她遇到我師父。我師父把他的念珠和他的佛心給了她，並祝福她長命百歲。之後，她的病沒有了，卻成爲了大夫。她不會讀書，不會寫字，但當她捻著我師父的念珠時，就有能力和狐仙交談，寫出精彩的藥方。她甚至可以讓人起死回生。」

「你眞的相信她可以讓人起死回生？」

宗才聳聳肩說：「這裡跟一千年前一樣，是靠雞啼來報時的。」他來回踱步，眼睛望著地面：「相信也好，不相信也好，這並不重要。她可能做得到，也可能做不到。」

第二天早上，一等山脈的輪廓開始分明，我們就出發去找那個藥婆。怎麼找？「我們這裡問問，那裡問問。慢慢找就會找到。」這就是宗才的辦法。

不管我們去到哪裡，宗才都受到人們的矚目。人們紛紛從屋子裡走出來觸摸他，向他彎腰鞠躬。他們有的給他錢，有的給他食物。但宗才什麼都不收，只管給他們說安慰的話、建議以及祝福。他們緊緊圍住宗才，向他訴說他們所遇到的種種不幸：水災、旱災、意外、病痛、老年疾病和子女早夭等。他們也會傾吐自己生活裡的一些私密細節——丈夫是酒鬼、妻子與人通姦、被丈夫毆打、小偷搶劫、被詛咒的……等等。聽多了這樣的事情之後，讓宗才覺得心煩。

「我不打算把這些轉述給你聽，小喬治，我不想說些不好的事情。」

很多天之後，在蘭湖村以西六十公里之處，我們越過了一條乾涸的河床。風從北方吹來，這風，每過一天都要冷一點。在河對岸的柳樹叢裡，聚著一群髒兮兮的綿羊，牠們皺著鼻子、低著頭，嚼食地上的草。在羊群中間，站著一個膚色像黏土的瘦削男人。他披著張羊皮，蹲坐在一個小圓丘的背風面，旁邊擱著一輛腳踏車，腳踏車的籃子裡放著一個山羊頭。

我們的突然出現並沒有引起他什麼反應。他的表情一直是懶洋洋的，直到看到宗才下車，他才抽搐了一下，蹣跚地站了起來。他走到宗才面前，抓住宗才的手，輕聲說了些話，一面說話，兩條腿一面在地上踏著。對，他認識藥婆。

「藥婆的名字叫蘇英。」宗才興奮地把那人的話翻譯給我聽：「現在我要問他她住在哪裡。」

那男的用手指向南面，說了幾個字。之後，他就跨上腳踏車，向宗才揮動骨嶙嶙的手，慢慢遠去。

我們向南前進，沿著一條小徑，穿過一個氾濫平原。一小時後，我們行經一片跟吉普車一樣高的向日葵花田，枯萎的葵花垂頭喪氣，而莖則像蛇一般款擺。這時，我們遇上一個用鞭子趕驢的人。他的臉鬆垮垮的，身上穿著補丁多得驚人的衣服。他回答了剛剛一長串的問題，不斷點頭說「對對對」，又揮手示意我們往前走。

大約中午時分，我們繞過幾道頹圮的土牆（看來是一處古代要塞的遺跡），來到一間低矮的磚屋前面。空氣中瀰漫著濃濃的煙味，味道像是著了火的馬桶。宗才喊了喊，又搖了搖通向天井的鐵柵門，然後靜下來等待。院子裡沒有狗在看守。在久經踐踏的泥土天井中央，有一個掛在三腳架下面的桶子。另外還可以看到一籃剛洗過的小顆馬鈴薯，在太陽下顯得瑩潤晶瑩。地上有一圈黑色的石頭，看得出來那裡曾經生過一堆火。看見始終沒有人出來，宗才又大聲喊了一遍。突然間，一個凸肚胖頰的婦人從屋子裡衝了出來，把鐵門打開。她穿著一件黑色的男裝大衣，頭上裹著條棕紅相間的頭巾，腳上是一雙紅色的菱形花紋短襪。一看到宗才，她就猛喘大氣，撲倒在地，吻他的鞋。

「她就是藥婆。」宗才把她扶起後對我說：「她知道我要來，她夢見過我。」

「她夢見你要來？」

「對，她夢見過。」

藥婆把我們帶進一個塵兮兮的大房間，天花板上釘滿壓扁了的錫罐子。除一個炕和一張矮几以外，屋內別無傢具。她在矮几的兩頭各放一個枕頭，拍拍枕頭，示意我們坐下。她在煤爐裡加了煤，然後走出屋外。

「我們先喝點茶。」宗才說。

幾分鐘後，藥婆回來，手上端著個托盤，上面放著兩個用來當茶杯的果醬罐子和一個藍色熱水瓶。她輕輕一旋手腕，就把罐子裡剩的茶潑到了煤爐上，茶瞬間蒸發，揮發出一股微微的海水味。然後，她把傳統的蒙古鹽茶倒入果醬罐子裡，交給我們。罐子裡的茶對我來說嫌太燙了，但宗才卻一口氣就把茶喝完，而當他在啜第二杯的時候，我還在對著罐沿吹氣。

「她沒有我師父的照片。」宗才說：「她曾經有過一張，但現在沒有了。不過她倒是有我師父的畫像。」

藥婆站了起來，走到房間遠端的牆邊，拉開一張薄紗似的棕色簾子，露出一個凹室。那是一個神龕。一個板條箱子被當成了祭案使用，上面放著個銅製的龍腳香爐，另外還有一盒火柴、一朵褪了色的紅紙花、一根插在罐頭空罐子裡的蠟燭和一小幅毛澤東像。祭案後面的牆壁上貼著一塊瓦楞紙板，虛燈的畫像就用大頭釘釘在上面。畫中的虛燈勉勉強強像個人形。

「畫是她丈夫畫的。他很多年前過世了。」宗才說：「畫得不好，一點都不像。」

「像個外星人？」我說。

「什麼意思？」（譯按：宗才不懂外星人 extraterrestrial 這個字）

「像個來自火星的人。」

「有點像火星人，但更像是月球人。」

我再仔細看了看：「對，一點都沒錯，像月球人。」

「我師父的照片被她丈夫燒了。他怕照片會被紅衛兵發現，所以把它燒了。但沒有用，他們還是把他殺了。」

他舉起一隻手，凌空做了個迅速往下斬的動作。

「四人幫。他們殺了很多人。」

他閉起眼睛，用手摩擦前額。

藥婆前往廚房，回來的時候端著一碗葵花籽。

「她知道我師父是什麼時候死的。」宗才說。

藥婆這時站在壁龕邊，手上捻著虛燈給她的那串念珠。她抬起下巴，兩眼往上一弔，開始用平板的聲音快速地說話。宗才把她的話翻譯如下：

「我今天得回家了。」虛燈說。

「但師父，這裡不就是你的家嗎！」她說。

出自藥婆口中的聲音此時轉為咆哮：「這裡不是我的家，我的家在淨土。」

說完這話，藥婆就大哭起來，但又突然停了下來，變得安靜。她的臉容和聲音也改變了。

「不要難過。不要擔心。安靜下來。」虛燈說：「你去告訴大家，僧人有朝一日一定會回到中國來。沒有人可以把佛教滅絕。」

「之後，我的師父就走了。她從此沒有再看過他。」

「那是什麼時候？」

「一九六七年的秋天。」

虛燈走到沙漠去，坐在終年不斷的風中，任由生命離他而去。

「他就坐在那裡等死。」宗才閉起眼睛，長長吐出一口氣之後，就不再呼吸。不管從那方面看，他都像個死人。

「那是很古老的時刻了。」他過了好一會兒才終於開口說話：「這個時刻是我的根。」

□

宗才回來的消息傳遍了整個蒙古高原。他到的不管是什麼地方，也不管有多偏遠，人們都會等著他的幫忙。有的希望他能幫忙治病，也有的希望獲得靈性上的指引，而他總是不吝滿足他們。每個地方的人都知道他在打聽「赤腳眞人」的消息——黃河以北的人都是這樣稱呼虛燈的。

「用不了多久，我們一定可以找到知道我師父遺體下落的人。」宗才非常有信心。

在一個小得連名字也沒有的村子裡，一個老先生向我們揮動拐杖，示意我們停下來。

「他說有個女孩需要我的幫助。」宗才說。

那位老先生把我們帶到一間破陋的屋子。有個骯髒小孩蹲在門旁，一道猙獰的疤痕從他的臉一直延伸到脖子。他舉起兩手的時候，我們赫然看見他十根手指都全只剩下一個指節。宗才拍拍他的肩，推開門，走進幽暗的房子裡。所有窗戶都用帆布遮蓋住。室內散發著汗味和尿味。

那個有麻煩的女孩站著，由兩個女的扶著，我猜是他的祖母和母親。她看起來將近二十歲了，頭髮糾結成一束一束的，像是老鼠尾巴，眼睛只看得到眼白。唾液一滴滴從她下巴滴下來。她不斷抖動、抽搐和嘔吐，像是被洶湧的惡夢和糞便給攫住。一看到宗才，她就緊張地尿了褲子，還開始尖叫。

宗才按住她的肩，她安靜了下來。他對我揮揮手說：「小喬治，你先走開。我要用我的力量爲她治療。這個女孩很可憐，我需要幫助她。你出去吧。」

我把相機掛在脖子上，先後在村子的西邊和北邊逛了逛。在離村子幾公里外的一個水已不流動的水池旁邊，我遠遠看見一個男人和小孩——他們看起來就像梵谷畫筆下的農民——正在用長方形的泥鏟，把泥巴切割成煤渣磚大小的一塊塊。我爲他們照相時，他們動也不動。接著，我無緣無故地跑了起來，跑得就像背後有惡魔追趕一樣快。我一直跑一直跑——感覺肺部像是在燃燒，直到一棟屋頂已不見了的泥屋前面才停住。我走入屋中，爬到炕上坐下，往面西的窗戶張望，試著想像生活在這裡會是什麼樣的感覺。但我什麼都感應不到。沒有鬼魂來向我訴說他們的故事。我脫下大衣，捲成一團當作枕頭，躺了下來，雙手墊在頭後面，怔怔地望著萬里無雲的藍天。我不知道自己睡了多久，只知道醒來的時間是四點半。我打開筆記本，記下了一首我夢中想到的徘句：

這個下午的睡夢中
我在褲襠裡拉了
兩尾可愛的金魚

我穿過薄暮回到村子去。剛剛站在屋外抽煙。看到我的時候，他微笑著說：「搞定了。」

「搞定了？」我問，用手指著門。

「對。」他點頭回答。

進屋子之後，我發現氣氛和先前大異其趣。一壺熱水在火爐上噗噗作響。蓋著窗子的帆布被拉開了。那個瘋女孩緊靠在宗才身旁，靜靜地握著他的手，脖子上多了根驅邪的紅絲繩。

宗才顯得很得意：「現在你看到我這個和尚的力量了。哲學就是我的力量。心既可以生出餓鬼，也可以生出佛。心既可帶來瘋狂，也能帶來快樂。一切都是唯心所作。」

「對，但你剛才做了些什麼？你是怎樣治好她的？」

「我只是施展了我的力量。我什麼都沒做，只是跟餓鬼談了談。」

「只是談了談？眞是不可思議。」

「不是不可思議，是眞的。」

「不管怎麼說，你都是對木椿進行了一次大改良。」

「木椿是什麼東西？」

「那是插在地裡的竿子。」

「我改良了什麼竿子？」

「那是個笑話，宗才。一個黑色笑話。從前歐洲中世紀的教會把被認定是女巫的人，也就是被餓鬼、妖魔附身的人，綁在木椿上，活活燒死。」

「原來如此。」

「你說了些什麼？」

宗才看來有些困惑：「對誰？」

「對那些餓死鬼啊？你是怎樣把他們打發走的？」

他用力一拍雙掌，大聲斥喝道：

「走開！」

□

另一天。另一個村子。仍然沒有虛燈遺骨的下落。

那些等在院子裡的人們一看到宗才，馬上下跪，叩頭，嘴巴裡念念有詞。宗才一一把他們扶起，溫和地訓斥了些話。他們羞怯地站著，有些瞪著自己的腳看，有些緊抓著宗才的袍子。

「禮數太過頭並不是好事。」宗才對我說：「我希望他們不要那樣。尊敬也應該有一個限度。」

院子裡有個還在學步的小小孩，穿著紅棉襖和針織帽。我們看見他在地上小完便後，又玩起他堆起來的泥巴塊。

宗才彎下身去親吻他的小額頭，然後說：

「太髒了，不要這樣。」

屋子裡聚著大約十二個婦人和女孩。最老弱的一群坐在炕上，其他的站著，擠到了廚房的門口。有一個流著鼻涕的小女孩躲在她媽媽的身後，一臉古靈精怪的模樣。一個蹲在火爐前面、腳上穿了紅白相間球鞋的小男孩對我淺淺一笑，然後在柴爐裡又餵入了一根柴枝。

「那小女孩是個黑孩子。」宗才說。

「黑孩子？」

「黑不是指黑色，而是『祕密』的意思。她是家裡的第二胎。你是知道中國的，只准生一個小孩。」

「政府如果知道這事情會怎麼樣？」

「那就得罰款。但這家人付不出來。」

宗才兩腳單盤坐在坑上，圍在他四周的這些人，全是病患。

「我非得幫助他們不可，別無選擇。這裡有太多太多貧窮病了。很多都很嚴重。有頭痛的，有暈眩的，有高血壓的，有風溼的，有感染的，有咳嗽的，有胃痛的。我動作一定要快。連喝茶的時間都得省下來。」

他擤了擤鼻子。

「他們還需要性靈上的幫助。他們對佛教如飢似渴，從來沒有忘記過佛教。他們認爲我師父成佛去了，一直把他當成佛來禮拜。」

他爲病人把脈，翻看他們的眼瞼，檢查他們舌苔，聽他們陳述病情。

「發燒。」「臉色變紫。」「骨頭痛。」「頭劇疼。」「水腫。」「視力模糊。」「手臂麻。」「精神不集中。」

他翻閱他的草藥書，按照其中的指示，爲病人寫下藥方。他用來寫藥方的紙是薄得像衛生紙的航空信用的洋葱紙，每寫完一張，他都會仔細的對摺三次。病人拿著摺成小正方形的藥方，活像拿到什麼聖物似的，分別放在額上和唇上輕輕一吻。

下午有個拄著拐杖的女人，一瘸一拐地走來。她的左腳從膝到踝都腫成紫色，上面有些斑斑駁駁的傷口，都流膿發臭了。

「她痛得很厲害。腫處硬得像木頭，像石頭。受到感染的結果。但我治療得了。」

「你確定嗎？依我看，她的腳已經壞死了。她有可能會死掉。」

「還死不了。」

「應該叫剛剛把她載到醫院去。她需要抗生素治療。我看她的腳恐怕要截肢了。」

宗才不以爲然地「哼」了一聲，用一根手指在我胸前指指點點：「不能切掉！切切切，你們西方人盡幹這種事。沒有必要。我治療過很多類似的症狀。比這嚴重的我都治過。」

他從公事包裡取出一瓶他在來中國以前自製的藥膏。那是用凡士林和磨成粉的草藥、獸角、花朵、菇類、樹葉和樹皮混合而成的，不管顏色或濃度都像車軸滑油。

「聞聞看。嗯—嗯，眞香！但藥性很強，很有效。它可以把汚染物從傷口裡給吸出來。第二天從皮膚洞子裡跑出來的黑汁會更多。對了，皮膚洞子的英文怎麼說？」

「pore，毛孔。」

「對，毛孔。吃了這藥，毒水就會從毛孔裡滲出來。」

宗才揑著自己的鼻子，身體縮了起來。

「黑水會很臭。她要是每天塗這種藥，那毒水就會不斷滲出來。沒多久就會好轉。但要完全痊癒，還需要很長很長的時間。你現在相信我是個有本領的大夫了吧？」他一面說一面反覆用中指指著自己胸膛。

「你相信我了吧？黑水出來了。」

「我會試著去相信。」

「佛家的觀點是，什麼事情都是可以改變的。」他說。

但不包括壞疽——我本來想說這句話的。算了吧，這不是我管得了的事。每個人都很快樂，對宗才充滿信心。我算老幾呢？我對醫藥一竅不通，又有什麼資格提出異議呢？那女的在丈夫的攙扶下，下了炕，快樂地緊握著宗才給她的藥膏離開。她的痛苦看來已經解除，臉上一片安詳，深信自己很快就可以痊癒。

當天最後一批病人在三點的時候抵達。「他們是從西邊村子來的。」宗才告訴我：「離這裡很遠。對他們來說很遠。」

來這裡求助以前，他們的淚水早已哭乾。

「他們哭。」宗才說：「是因爲他們兒子死了。被雷劈死的。今年夏天發生的事情。他們只有一個兒子，所以非常傷心。」

當宗才跟他們談話的時候，他們再次哭了起來，然而沒多久即破涕爲笑。他們吻宗才的手，吻他的袍緣，又吻他的鞋。宗才好不容易才讓他們停下來。

「究竟怎麼回事？」當他們終於離開後，我問宗才。

「他們兒子死後，整個身體發光。有好幾小時，一直發出強光。所有人都看見了。」

一道橙色的光芒從西面的窗戶斜斜照射到宗才的手上。他的聲音很輕柔，四周的人都在點頭和竊竊私語，顯然他們都知道這件事情。

「更奇怪的是，在他死後兩天，屍體還是暖的。還是柔軟的。」

宗才邊說邊捲起一根袖子，把手臂伸直，又捏又戳前臂柔軟的肌肉。

「就像我的肌肉一樣。每個人都很害怕，不敢談論這件事，連輕聲談都不敢。但更奇怪的事情還在後頭：小孩的棺木在運到墳場的途中突然燒了起來。每個人都嚇壞了，拔腿就跑。但當火熄滅以後，人們卻發現小孩和棺材都好端端的，毫無燒過的痕跡。小孩的父母因此飽受煎熬。他們以爲他們兒子一定是被鬼附身了。媽媽睡不著吃不下，整天只是哭泣。我告訴他們：不必難過，不必傷心，因爲你們的小孩上輩子是個窮僧人，一個很特別的僧人。他轉世不只一次了，而是很多很多次。聽了這個奇妙的好消息，他們就不再哭泣，快快樂樂離開了。」

說到這裡，他臉上露出可掬的笑容。

「我告訴他們，達賴喇嘛也是這個樣子。他能夠憶起六、七十個前世的事情。」

「眞的？」

「眞的。他可以知道很多很多年前的事。完全記得前幾輩子的事。他是個道行很高深的和尙。他絕不是什麼騙子。如果不是因爲共產黨的話，他現在還是住在西藏呢！他又有什麼必要騙人呢？」

「宗才，你又怎樣？你可以回憶起你的前世嗎？」

「不記得。我只是個很普通、很平凡的僧人。但我不介意。我不記得前世的事了。」

「少來了。完全都不記得？甚至一點點都不記得？」

「我記得一點點。」他低聲輕笑。

「是什麼事？」

「我不能說。」

「拜託，告訴我一件事情就好。」

「我想我前輩子也是個和尚。過得很快樂。你會去找出我前世的身分嗎？」

「會，我會的，宗才，我敬愛你。」

「這就夠特別了。」

最後一道日光這時也褪去了。一整天下來，他都忙著給人建議、開藥方、念咒、觸診，沒有休息片刻。他又笑又哭，又安慰病人。現在，他看起來蒼白而憔悴，皺紋變得更深了。整個人像是縮小了一號。他咳得都抽搐了起來，他把帽沿往下蓋住額頭。我很想伸手去扶著他的手和手肘，把他扶回車上去。

「我累了。有點不舒服。我老了，而且有一顆牙齒有問題。」他說著，臉上露出一個最甜的笑容。我看見，他的牙齦正在溢血。

十七 蘭湖之鬼

我拿著我的第二杯茶走出院子。清晨的太陽蒼白而沒有暖意。宗才的臉色灰白，但仍然一如往常坐在凳子上，縫縫補補。他今天補的是他那條肉桂色苦力褲的褲襠。這褲子，就像那跟它配成一套的無領夾克一樣，補丁處處，還用安全別針固定。褲管是剪短過的，只到小腿肚的高度，穿的時候，宗才會用一條黃色絲帶把褲管綁在脛骨的四周。他綁這條穗帶，爲的是把褲管下面的襪子給固定住，要不然他也不會這麼講究；但不曉得爲什麼，不管他把穗帶綁得再緊，總還是會有一隻襪子往下滑。他的穿著活像個襤褸的僧人、我行我素的隱士。不過，一旦換上僧袍，他就馬上變了個人：重新成爲一個佛教大師，一個優雅而嚴峻的醫生及聖哲，一個生人與死人之間的仲介者。

這天早上，他穿一件黑色的羊毛背心，那是我們從美國買來的服裝裝備中他唯一還沒送人的東西。至於我爲他買的大衣、登山靴、化纖衛生褲和燈芯絨襪子（都是一個七十歲老人登山所不可少的裝備），他一到西山嘴鎮沒多久就全送了人。有一次，我從閣樓浴室出來，看見一個老婦人正要離開，腋下夾著他的大衣。沒多久，除了他原來的破舊衣服以外，他什麼也沒剩下。被他送走的其他東西還有腕錶、腰包、滑雪手套和他當初聲稱少不了的照相機。他之所以留下羊毛背心沒送人，據他表示，是因爲這背心「很適合穿來坐禪」。當他開始要把我的東西也送人的時候——把我的相機送給一個老農夫——我就跟他約法三章，劃清界線。

針線在他手上像是會跳舞似的。針尖沒入薄薄的纖維，瞬間又以穩健的節奏重新穿出。他一面縫衣服，一面跟我說話。

「小喬治，我的文化是以儒家爲基本的……另外雜以道家和佛家。是一個很謙遜的文化。」

「我見過孔子一次。」我說。

「眞的？」

「眞的。在摩洛哥的馬拉喀什（編按：位於摩洛哥中部的內陸城市）。」

「是非洲。」他點點頭說。

「時間是一九七一年。」

我並沒有告訴他，我當時正在復建。我在西撒哈拉沙漠出了車禍，尿血尿了兩三個星期。我靠一種由鴉片和印度大麻混合而成的麻藥自我治療，所以終日恍恍惚惚的。那一天，我坐在丹吉爾飯店的涼廊上，裹著一件柏柏人（編按：北非撒哈拉沙漠的游牧民族）式的風帽斗篷，啜飲著甜薄荷茶。位於我下方的廣場裡擠滿了人，有駱駝商人，有變戲法的，有算命的，有代書，也有乞丐。

「我在夢裡看到他。」

「你說孔子？」

「我當時在坐禪。」

「坐禪？」

「我看到他對我說話。」

「孔子對小喬治說話？那可是怪事。」

「對，眞的很怪。他對我說：『我知道鳥憑翅可以飛行，魚憑鰭可以游泳，野獸憑四足可以奔跑。因爲有腳，所以有陷阱；因爲有鰭，所以有網罟；因爲有翅膀，所以有箭鏃。但誰又知道，龍是怎樣憑著風和雲而飛到天上的呢？』」

宗才把頭側到一邊，瞇起一隻眼睛，想了一下，然後笑了起來，說：「好一個小喬治式的故事。」

「你是我的龍。」

「你說的沒錯。」

他手上的針忽然停住。接著，他往拳頭裡乾咳了一陣，臉色變紅，而褲子從大腿處滑落到地上去。他把褲子撿起來，用拇指和食指揑住鼻子，大聲擤了兩道鼻涕到泥土上。一隻小雞快步走過來，頭一伸一縮，把鼻涕叼了走。

我走進屋子，爲他倒了另一杯熱水，再走回院子去。

「小喬治。」他說，眼睛瞪著腳下的泥土看：「我師父的山洞位於很遠的地方。如果我能活著回來，我就非常高興了。」

「宗才，也許我們應該取消這個攀爬的計畫。」

「你要怎麼做是你的事。你去也好，不去也好，都沒關係。我必須去。我別無選擇。我有責任。我有我的用意。易也好，難也好，我都要到我老師的山洞去。我要向著東南西北方說話。不過你知道的，我老了。七十一歲了。我看起來強壯得像棵大樹，但誰知道，大樹什麼時候會倒下來。」

「我只是在爲你擔心罷了。你去，我就一定去。」

「不用擔心。我告訴過你不只一次了。我是不會停下來的。永遠不會。長命並不是挺重要的。即使能活到兩百歲、三百歲，又怎麼樣呢？有時長命和短命是沒有分別的。」

我應該勸阻他嗎？以什麼樣的身分？朋友？還是他從未有過的兒子？他爲了達到這個任務所展現的意志，完全超乎我的理解。他用責任這個字眼來形容他的使命。但在我看來，責任和使命都是醜陋的字眼。容易讓人想到徵召入伍、信仰虔誠及沉重的義務。何者比較重要？

是讓他平平安安的活下去還是幫助他到達山洞？

宗才繼續靜靜地縫他的衣服。

稍後，宗才一個兒時的朋友林玉球來訪。宗才告訴我，當年他從普濟寺逃亡，在蘭湖村的墓地上碰到的人就是林玉球。

「告訴我軍隊就在附近，叫我快跑的人就是林先生。」

林玉球骨瘦如柴而粗手笨腳。他那雙大手和凸起來的腕關節，看起來應該是屬於一個大他一號的人所有的。當他看到宗才的時候，神情變得比較輕鬆。他們交談時，宗才不時會輕拍他的雙手。

「小喬治，我不是告訴過你，我是個很有本領的大夫？現在你可以親眼看一看了。我要幫我的老朋友林先生治療治療。」

「他看來很健康。」

「不。他很可憐。他夢見一些仁慈的人給他食物。他和他們一起把食物吃光，又喝了茶。喝了很多杯。之後，他拿出一把斧頭，砍啊砍，把他們統統砍死。」

「他夢見自己是個斧頭殺人狂？」

「對，他還夢見自己不斷把黏土往上扔，有黑色的，有紅色的。長時間下來，這樣的惡夢是會要人命的。」

我們談話的時候，林先生兩眼低垂，望著地上。

「我幫得上一點忙。讓他不再哭泣，不再做惡夢。」

宗才坐到炕上，雙腿盤起，看來生氣勃勃。林玉球坐在他下首一張椅子，雙眼閉得緊緊，不時發出細細的呻吟聲。一隻蒼蠅嗡嗡嗡地在他的頭上轉圈。他雙手放在大腿上，緊緊互握著，兩根拇指反覆交錯、分開。我看到，一個核桃大小的腫瘤，出現在他頸背，慢慢腫大、變紅。

這個腫瘤要裂開來嗎？那個附身在殺人狂林先生身上的妖魔要從腫瘤裡蹦出來嗎？我看得入迷了。宗才到底是個和尚還是個薩滿教的巫醫？還是兩者兼而有之？他在《易經》的術數世界、禪宗的理性主義和鬼魂附體、占卜、詛咒等古代迷信之間來去自如，彷彿對它們之間的矛盾從不感到困擾。

芳芳躡著腳走進來，手上拿著一盤我開始愛上了的中國梨子，全都仔細削了皮也切成一塊塊的。宗才張開一隻眼睛說：「吃吧，小喬治。」

我用瑞士軍刀的刀尖挑起一片梨子，放入嘴巴裡。甜甜的汁液在我嘴巴裡噴濺開來。果肉的纖維很多，咬起來時所發出的嘎嘎聲，聽起來比林先生的啜泣聲還要大。他的頭埋在雙手裡，腫瘤悸動著。

□

我們稍後才知道，在蘭湖村裡碰到惡靈作祟的人，絕不只林先生一個。村民派了三位肥胖的「大嬸」作爲代表，來向宗才求助。她們頭戴白色的無邊女帽，身穿灰色的羊毛褲、毛線衣和油油的羊皮背心；背心上的鈕子一直扣到領口。

「她們都是寡婦，家人全死光了。」宗才告訴我：「丈夫、小孩、所有親人，全沒有了。」她們一起擠在與炕相對的窗戶下方的長沙發上，以極盡恭敬的神情，向宗才縷述村民們的遭遇。宗才低著頭聆聽。她們一面說著，一面用揉成一團的碎布拭淚。我雖然聽不懂她們說的話，但她們的情緒狀態卻是一清二楚的。

「不幸在這裡像苦澀的野草一樣蔓延開。」宗才告訴我。

蘭湖村厄運連連。單是宗才的家族就禍事不斷：他有一個表兄弟死於肺氣腫，身體像胎兒一樣蜷曲起來；一個剛結婚的外甥女婚後才發現丈夫是個酒鬼、小偷兼毆妻者；林國仁的太太因中風而癱瘓；芳芳母親從一輛兩輪車上摔了下來。今年夏天黃河才氾濫了一次。除了葵花籽以外，這裡什麼都不能種；但葵花籽的價格崩盤了。還鬧過鼠災，土壤也愈來愈稀薄。

有一個風水師來這裡看過。他是個住在沙漠裡的蒙古人，身穿羊皮大衣，戴著太陽眼鏡，靠摩托車代步。他在墓地旁邊搭帳篷住了三天。他用十二塊石頭卜出這裡的墓地受到孤魂野鬼的詛咒。所謂的孤魂野鬼，是指那些因爲凶死而靈魂不得安寧的魂魄。他們在地獄的邊緣徘徊，不肯向前走。他們晚上用悲悽的呻吟聲來騷擾活人，有如一隊數以百計的恐怖大軍。

「他們有很多很多，都是來自墓地。」宗才說。

「你聽得見他們的聲音嗎？」

「我可以跟他們交談。他們的肉身無法化成骨頭，也無法化成灰，只會變黑，就像埃及的屍體。」

「你是說木乃伊？你在晚上的時候跟木乃伊說過話？」

「對，就是木乃伊。」

這時，我聽到牆外的某處傳出一聲呼喊。我往外看，卻什麼都沒看見。接著，呼喊聲再度響起。

「我現在也聽見他們的聲音了。」

「別傻了，小喬治。」宗才莞爾說：「你聽到的只是小孩子玩耍的聲音。鬼就像風一樣，是你捕捉不到的。」

「你幫得上他們的忙嗎？」

「我需要作個法，跟他們談談，讓他們的心寧靜下來。讓他們暫時不鬧一陣子。我還要把我昨晚在夢中聽到的那首詩唸給他們聽。」

「那墓地以後就不會再鬧鬼？」

「不，只有一點用。墳場的土壤已經中毒了，必須遷葬。明年春天就可以辦這件事，之後一切就會改觀。屍體也可以化成灰。」

□

墳場位於村子以西半公里，南邊緊貼著堤防。每個墳都是由一墩沙石堆成。我跟在宗才後面。「這三個就是我媽媽和兩個哥哥的墳。」他彎下腰，在他們墳前各擺上一塊我們中午吃剩的糕餅。然後，他拿出一把臨出門時芳芳給他的香。宗才點火的時候，我拉開大衣的衣襟，爲他擋風。但風太強了，他點了又點，就是點不著。

「算了。」他把沒有點燃的香在每個墳頭上各插上一根，然後閉起眼睛，嘴巴裡唸唸有詞。

接著，他走到父親和祖父的墳前，把方才的動作重覆了一遍。結束後，他咬著拇指，啜泣了起來——爲他失去的家人哭，爲他所失去的世界哭。他終於願意讓他的哀傷自由宣洩了。

我望向他父親那個簡陋的墳堆，卻什麼也感應不到。既感應不到轉世的靈魂，也感應不到餓鬼。它裡面埋的，是另一個骨頭拒絕化成灰的詩人。

黃雲滾滾馳過群山。一輛孤零零的腳踏車在堤防上方慢慢騎過，襯著天空，黑色輪廓浮現。風不斷刺著我的臉頰，讓我不得不把眼睛瞇成一條細縫。風也吹得宗才僧袍的下襬在小腿間左右亂擺；他的兩隻襪都滑了下來，足踝是裸著的。他把芳芳堅持要他穿上的綠色軍大衣的釦子通通扣上，又把帽子拉下遮蓋住耳朵。我站在稍遠之處看他作法，爲了保暖，又不斷揮動雙臂，想加速血液循環，卻徒勞無功。宗才依順時針方向繞著墳場邊緣行走，一面走一面念經，藉此淨化屍骨，安慰生者與死者。

回到芳芳家後，宗才已經疲累不堪，飽受不斷乾咳的折騰。他用水送服下一小瓶藥丸之後，就委頓地癱在炕上，睡了一整個下午。芳芳爲他點著了煤爐。我利用這段時間寫東西，爲靴子上油。宗才醒過來後，臉色好轉不少，胃口也大開。芳芳特別爲我們做了用蓮藕湯煮的新鮮麵條、有煙薰味的蘑菇、奶油洋菇、和紫色的心形辣椒；辣椒只有針箍大小，卻辣得燙舌頭。

晚上，我把帶在口袋裡的黃銅小佛像拿出來，放在一個小櫃子的上頭。宗才表示嘉許地鼓了鼓掌。

「太棒了！幹得好。晚安，佛陀。」

藉著燭光，我們坐在煤爐邊。宗才要我把他昨晚在夢中所寫的一首詩譯成英文。我特別注意到，在譯詩的過程中，芳芳一直默默地注視著我們。把詩譯好以後，我感到很快樂。風掃過屋頂。宗才蜷曲在炕上，準備睡覺。他的咳嗽已經平靜了。我坐在煤爐邊，把詩反覆修改。

「你可以唸給我聽嗎？」芳芳問。我唸了：唸了一遍又一遍，直到我感覺音節聽起來都對勁了，用字也準確無誤爲止：

哎呀，白色的頭骨，
哀愁的旅伴，
你是誰？
誰知道你的名字？
你離鄉背井多久？
你失蹤以後，
家人可曾
把淚哭成血，
斑斑滴在墳頭？
現在，在這個陰沉的地方，
在這個邊緣世界，
你生活著——
一抹淡影，

一個跛足的魂魄。
水在流，風在吼。
憂傷而可憐的靈魂，
這是我要對你說的：
安息吧，
渴的時候，就暢飲
露和霧和雨吧，
餓的時候，就享用
風和沙和泥吧。

芳芳閉著眼睛，我一面唸，她一面搖頭晃腦。
「好悲哀。」聽我唸完以後她說。
「對。」
然後我們默然良久，在燭光中互相望著對方。
「還加煤嗎？」她問。
我搖了搖頭，被她的體貼所感動。
「現在要睡了嗎？」

「好。」

她用口水沾溼手指，把燭焰捻熄。我們口吐著溫暖氣息，窸窸窣窣地各自爬到宗才的兩邊躺下——他已經熟睡了。風呼嘯著翻捲過村子。房子裡漆黑得像個墓穴。閉上眼睛以後，我看見了那座插向黑色天際的烏拉山，也看見鬼魂一一從墳墓裡幽幽升起，探身向前，大口大口地吸食著風。過了好久好久我才睡著。

十八　洞穴的預兆

我在黑暗中醒來。風已經停了。我放在小櫃子上頭的銅佛像泛著紅色的幽光。甜膩刺鼻的沉香仍燒著，薰煙繚繞。除此以外是一片黑暗。

「我開始要產生幻覺了。」我對著黑暗說。

「你是在做夢罷了。」宗才說。我不知道他的聲音是從哪裡來的。「睡吧。」他說。

早上起床後，我覺得有點心浮氣躁。在蘭湖村逗留太多天了，漫無目的在鄉野中四處找一具屍體——在我看來，找到的機會愈來愈渺茫了。

「你會法術嗎？」吃早飯的時候我問宗才。

「只有那些心智像小嬰兒的人會對法術有興趣。很簡單，眞的。」

「你會不會嘛？」

「不會。你呢？」

我對他這種避重就輕的答話方式已經受夠了，很想對著他大吼一聲。他一直強調佛教具有理性的科學基礎。他會告訴你，道就是徹頭徹尾的空，禪是不講法術這一套的；然而，他卻相信有狐仙這回事，而如果你家族的墓園受到了詛咒，需要找人破解的話，那找他準沒錯。他是個驅魔人，是個信仰治療師，是個魔法師。

我轉身要走開時，宗才提議我們去一探烏拉山上的一個山洞。他告訴我，他年輕時在這個山洞裡藏了一件聖物——一個西藏喇嘛的脛骨。

「那個喇嘛懂得法術。」宗才說：「他可以在水面上行走。」

「就像耶穌一樣？」

「對，他是另一個耶穌。」

「我們什麼時候出發？」

「現在。我已經交代過剛剛了。我們要去找毛毛。她丈夫會當我們的嚮導。他知道山洞的所在，登山時我會騎驢。」

「你打算騎驢？」

「當然，我騎得很好。小喬治，你怎樣？你想騎驢嗎？」

「不，我用走的就好。用走的比較保險。」

他聽了大笑，但笑聲隨即轉為咳聲。一咳，就咳出了一團粉紅色帶泡沫的痰。然後他喝了一些熱水，吞服了四顆綠色的藥丸。剛剛一敲門，我們就出發了。

□

毛毛家一個人都沒有。

「他們很快就會回來。」宗才說。他靠在農宅外牆上蹲著，面向太陽，背著風。剛剛一如往常地靠在吉普車上抽煙。烏拉山在農莊後頭拔地而起，尖銳而滿佈鋸齒狀的山脊。群山在銳利的日光中浮動，逼眞得如夢似幻，讓我心蕩神搖。我忍不住大喊了起來，奔跑了起來，直跑到一個斷崖邊才停住。我站著，喘著，看著一群野馬精疲力竭地奔跑了半英里，鬃毛長而飄逸。

「剛才我師父對你說話。」回到毛毛的農莊去時，宗才對我說：「他想讓你快樂點。這對你的生命有益。」

「我看見一群野馬。」

「當然。野馬純潔而自由自在，就像禪僧，就像神仙。」

毛毛回來了，一大捆柴枝揹在背上。她是個圓胖的中年女人，有一張紅通通的臉。走在她後頭的丈夫則是瘦瘦的，夫妻倆一胖一瘦，形成有趣對比。他牽著兩頭驢，每頭的背上都馱著柴枝。他們走近的時候，一隻喜鵲從屋簷下而飛起。

「啊，太棒了！」宗才說：「好兆頭。這隻鳥告訴我們，我們將會達成目的。」

「我猜是表示我們將找到喇嘛的脛骨。」

「天曉得。」他聳聳肩說。

在屋子裡坐下以後，毛毛爲我們端來燙熱的鹽茶和粗米。一面喝茶，宗才一面描述山洞的大概位置。

「對，對。」毛毛的丈夫點頭表示宗才說得沒有錯。

毛毛爲我們斟上更多的茶。

宗才抓起一把粗米，放入茶裡攪拌。我們的茶都是熱騰騰的。毛毛的丈夫在爐子旁邊積的灰塵上用手指畫出一幅地圖。

「毛毛的丈夫知道洞穴的確切位置。他會帶我們去。不太遠。不太高。對我來說很容易。我會騎驢子上去。」

□

我們把剛剛留在下面，開始沿著一條牧羊人使用的小徑，走進一個狹窄的深谷。小徑位於一條急流的上方，路面到處都是羊糞。毛毛的丈夫和我用走的，宗才則坐在驢背上。他沒用鞍座，坐姿活像個天生的騎手。他的興致很高昂，輕柔地同時對我和驢子說話。

「眞是可愛的動物。眞是乖巧。對了，我認得這個地方。我記起來了，小喬治。」

空氣中漂浮著杜松的味道。峽谷裡沒有風，太陽曬得兇猛，陽光反射在兩旁的陡峭紅色山壁上。這裡活脫脫是阿帕契族之鄉❶。

峽谷的盡頭是個小小的坳口，長著一片由楊樹和松樹組成的矮樹林，一叢叢的山柳樹，由於長期被風吹拂，所以枝椏都歪向一邊，樹葉疏疏落落。有些山羊在樹下吃草，當我們走近的時候，牠們就飛快走開。在溪流的分叉處，我們轉入左邊的岔路，再一次走在陡峭的坡路上。宗才不斷砸舌，催促驢子邁步。溪流以很陡的角度往下奔流，又急又淸澈，閃動著粼粼的水光。我們爬上一個小丘以後，溪流就不見了，一片顏色像綠松玉般的冰牆出現在我們面前，把路完全阻斷。

宗才下驢跟毛毛的丈夫交談了一下：「他說這層冰一定是昨晚或今天早上才形成的。昨天白天還沒有看到。他們帶羊下山的時候曾經經過這裡，完全是空的。但現在卻變成這個樣子。這對我們來說是個大麻煩。」

但最近並沒有下過雨。只有在山峰上面，看得到一些像粉狀的積雪。

「不可能是那樣。」

「一定可能。你自己看嘛。就在那裡。」

「但才一天的時間，怎麼會下那麼多，那麼快……宗才，那一定是冰川。但那又是打哪來的呢？」

「喜馬拉雅山（編按：喜馬拉雅山距內蒙相當遠，但原文在這裡確實說的是喜馬拉雅山）。跟黃沙暴一樣，來勢洶洶。」

我們站著打量那片晶瑩發綠的漏斗狀冰牆，只見它一直延伸到山肩上。毛毛的丈夫把驢子繫在一根樹椿上面，然後坐下來，吃一個像蘋果那樣大的洋蔥。驢子的頭垂得低低的。

宗才仰著頭東張西望。突然，他伸出一隻手，一根手指彎曲得像鳥嘴。

「看！」他說：「就在那裡！」

我依著宗才所指的方向，往冰瀑上方那些雜亂的岩石望去。然後我也看見了：三十公尺的上方，有一個小小的洞口，半掩在陰影中。然後我的視線順著洞口往下移。我看見在積雪的東沿，有一條很陡的小徑，勉強可以通到洞口。不過那是相當危險的一條路。

「嗯，看來我們只好到此爲止了。」

宗才轉過身來看著我。我認識他這麼久以來，從未看到過他用那麼冷硬的眼神看我。

「不。」他說：「你爬上去。你不是想看那塊脛骨嗎？你去把它找出來。集中你的精神。」

「我不懂，宗才。那看來相當危險。也許他辦得到。」我指著毛毛的丈夫說。

「不要說了！」宗才說：「快去！」

毛毛的丈夫這時正在蹲著抽煙，他透過煙霧瞅著我看。我深呼吸了一口氣，仔細打量那個斜坡，只覺得它暗藏著兇險。我是怎麼會被捲進這種對遺骨和聖物的狂熱之中的呢？說到底，這山洞跟我有什麼相干的？

但我還是硬著頭皮嘗試行動了起來。我沿著冰雪的邊緣往上爬，剛開始的時候我的動作是慢吞吞的，但隨著信心漸漸增強，速度也稍稍加快。山壁很光滑，可供手抓或腳踩的地方並不多。幸而有一些根部深入岩縫的矮樹可供攀附。我攀住它們扭曲的樹幹，把自己往上拉。

太陽升得很高，直接曬在冰上，在冰表上形成一道薄膜般的清澈水流。我伸手過去摸了一摸，感覺冰面光滑得像絲，而且幾乎是熱的。我往下望，看到宗才正兩手叉腰，瞪著我看，一點爲我害怕的表情都沒有。

我轉過身繼續往上爬，但右腳突然滑了一滑。我開始往下墜，兩隻腳完全離了地。千鈞一髮之際，我抓住了一顆小樹，把身體穩定了下來。我只覺得下面的世界在旋轉。

我仰頭可以看見山洞口。它離我只有七、八公尺遠，但我已嚇得手腳痳木。

「我的膝蓋沒力了。」我向下喊道：「脫臼了。撐不下去了。」

我用一種不怎麼體面的方式慢慢爬下——大部分時間都是靠用屁股往下滑。抵達地面的時候，我甚至不敢正視宗才的眼神。

「宗才，我很抱歉。我冷僵了……怕瘋了……沒辦法……」

他打斷我的話：「不要說了。光靠說話是辦不成什麼的。」

□

回到毛毛家以後，我們沒有留下來喝茶。剛剛在等著。一小時後，當我們路過鐵軌的時候，看見一輛扭曲變形的腳踏車倒在地上，前輪還在緩緩轉動。幾碼之外有一個男的趴在地上，手和腳以奇怪的角度屈曲。除了那些靜靜跑過來圍觀的人以外，路是空的。很明顯的，他已經死了。

十九　其淸如泥

芳芳爲我們端來了晚餐——薄餅、綠茶、一碗燒包心菜、馬鈴薯和淋了胡麻油的薑絲。白天在冰瀑上的慘敗讓我精疲力竭。我很想向宗才道歉——爲我在山上的失敗、爲我逼問他有關法術的事、爲其他數不清而我也說不上來的踰越舉止道歉。但我說不出口。我們默默地吃著飯。晚餐過後，宗才打坐了一個小時，就到溝渠小便去。回來的時候，他板著臉對我說：「明天我們回我外甥那裡去。空著胃回去。」說完就爬上炕去睡覺，沒有說第二句話，一沾枕就睡著。

他的咳嗽加劇了。他需要好好休息，洗個熱水澡。不過，我卻有一種感覺：宗才之所以想要離開，是因爲他愈來愈挑剔了，愈來愈無法忍受光著他的和尙屁股蹲在臭水溝上面大便的滋味。跟芳芳的房子相比，摩托車店的閣樓簡直像大飯店的套房。

我們第二天過了中午才跟芳芳道別，因爲宗才休息了一整個早上。回西山嘴鎭的四小時顛簸車程讓他的咳嗽益發嚴重。他坐在摩托車店的閣樓裡，不斷把痰咳出來。四周一個人也沒有，而桌上熱水瓶裡的水則只有微溫。

「這水根本不能喝嘛。」宗才說：「必須是要燙熱的才行。」他的聲音近乎咆哮：「這裡的工人怎麼搞的？都是懶骨頭。和尚可不能像那樣。和尚和責任是同義詞。」

我很納悶，他怎能期望別人知道我們回來？難不成他們懂法術？

我走到北窗前往外望去，看到廚屋的煙囪上冒著一縷輕煙。我穿上靴子，拿著兩個熱水瓶下樓去。沒有人在廚屋裡。我拔開門閂，走了進去。在林國仁和員工平常用餐的兩張桌子旁邊，有一個煤爐，上面放著個在噗噗響的大水壺。我的眼鏡被水蒸汽蒸得霧濛濛。我把兩個熱水瓶的水倒到一個陶罐裡。正當我要把熱水灌入熱水瓶的時候，李怡跑了進來，把我趕了出去。

她把新鮮的熱開水送到閣樓上來時，樣子有點惶恐和懊惱。宗才倒了兩杯熱開水，服下了一小瓶藥丸。之後李怡給我們送來了晚餐：粥、醃包心菜和薄餅，另外還有一碗蘋果跟小小的苦橙。我們默默地把飯吃完。

□

第二天早上五點，宗才重新恢復了經行。我掙扎著爬起床，跌跌撞撞跟在他後面。他的步伐比以前要更慢，而且每走八步，就會停下來八拍。我覺得無聊而痛苦。好一段日子沒有經行，我早已忘了自己有多痛恨這種修煉。

宗才看起來有點生氣，臉上肌肉緊繃。突然間他轉過身對我說：「我需要專心，你離我遠一點，前面一點或後面一點。」

他不想有被我如影隨形跟著的感覺。他吩咐我，從現在起，我在經行的時候要離他十步遠。

我照他的話去做，但過了一下子，我在不知不覺中又加快了步伐，最後差點兒從後面撞上了他。

「夠了。」他說：「你走得太接近了。」

□

我走回我房間的時候，窗外飄著細雪，垃圾翻飛。塑膠袋子被風吹得漲鼓鼓，滿街亂飛，乍看很像漲熟的外星水果。有淺藍色的、有黃色的、有橘色的、有粉紅色的，構成一場色彩紛呈的風暴。

「洗手。洗乾淨。多洗幾次。一次是不夠的。」

我一下子才意會過來，宗才是在跟我講話。

「洗手？」

「對，我不是告訴過你，多修行可以讓你成佛。就算今天做不好，但說不定明天可以改善。沒有什麼是不能改變的。這就是佛教的觀念。成佛就意味著慈悲。它會讓你擁有特殊的感覺、特殊的眼、特殊的心。」

他轉過身去繼續經行，但一下子又轉回來。

「你去洗手吧。再洗一次。」

「我會洗，我會洗。」

「這裡很骯髒的。」他說。

□

宗才兩個手肘支在桌子上，兩手托腮。他臉色灰白。他的茶杯冒著蒸汽。我們剛吃過早餐。

「你還記得你打坐以後說過什麼嗎？」他問我。

我已經完全想不起來：「不記得。」

「你眞的忘了？」

「應該是吧。」

「你的心不夠清淨。你必須把心淨一淨，讓它變得像一面鏡子。那對你是最有好處的。」

我捋著鬍子，喃喃地說：「我明白。」我說這話只是想讓他閉嘴。

「啊，說得好聽！」他霍地站了起來，我還以爲，他是要摑我一記耳光。

「說得好聽。但根本全無意義。因爲你根本沒有禪心。禪是什麼？」我沒有回答，他也沒有等我回答。

「你根本完全不懂什麼叫做禪。你對禪的認識都是從書本上得來的。你只知道形式。你明白嗎？你徒具形式。你只是在複製。只是在玩。」

我爲自己倒了另一杯熱水。由於喝得太大口，我把喉嚨給燙著了。我很想叫他滾開。

他坐了下來，聲音變得低沈。我聽不太清楚他在說些什麼：「……有助於……打坐有助於禪，它本身也是禪。我移動身體爬起床，那是『起床禪』。我吃飯，那是『吃飯禪』。走路，坐下，睡覺，說話，這通通都是禪。這是什麼意思？那正是問題所在。」

我咕嚕著說：「你說什麼就是什麼。」

「那表示，我從不會失去我的心。禪就是清靜心。你常保持這樣的心，就可以看得見東、看得見西、看得見天、看得見地。每一件事情都會變得清靜。每一件事情都會變得一清二楚，你甚至在陰影中也看得見。那就是禪。沒有東西是可以移動得了禪心分毫的。懂嗎？」

「清靜得像爛泥巴。」

他微笑了，這好像還是幾天來的頭一遭：「好答案，小喬治。你的禪心在說話了。你眞的懂了。拜託，你一定要繼續學習。」

二十 墳

虛燈的墳，是由粗石和碎玻璃堆成的一個矮墩。

「眞可憐。」

宗才跪著，親吻墳堆上那些冷冰冰的石頭，又把臉頰靠在上面。我忘記了呼吸。

「我沒有帶香來。什麼都沒有帶來。」

他用手把墳前一塊沒有石礫的地面掃了一掃，然後在那兒放了一塊餅，開始喃喃唸起了《心經》：

觀自在菩薩……度一切苦厄……

色不異空，空不異色，色即是空，空即是色……

無眼耳鼻舌身意……

無無明，亦無無明盡，乃至無老死，亦無老死盡。無苦集滅道。

冷風把我的牙齒吹得發疼。宗才把剛剛給他的大衣蓋在了頭上和肩上。他站了起來，慢慢在墳堆周圍繞行。

□

當天早上出發時，我原以爲，我們不過又是在做白工。前一個晚上，林國仁到閣樓來喝茶。他一面剔著他的長指甲，一面告訴我們，從他數不清的人際網絡裡，他打聽到虛燈的侄孫陳升住在老包頭。就這麼多。我們既沒有陳升的住址或工作地點，也不曉得他是不是知道虛燈葬在哪裡。

「我們去就是。」宗才說：「碰到每個人都問上一問，那很快就可以找到他。」

我們從西山嘴鎮出發，走在往東的高速公路上。宗才的情緒很高昂：「前往老包頭，老—包—頭，嗚啦啦啦啦……」沿途他都這樣哼唱著。

天氣好得出奇。風輕而柔和，簡直像是微風。

包頭外圍的交通很壅塞，公車、摩托車、攤販車和驢車擠作一團。我們最先看到的是大煙囪，噴發著綠色和橙色的漏斗狀廢氣。一個龐大的工廠區在遠處隱約可見。空氣裡瀰漫著硫磺和煤煙的味道。這是工業時代最糟的寫照，是一幅地獄的景觀圖，是波希畫筆下的狄更斯小說場景❶。路邊停著連綿幾英里的貨車，它們載著的煤塊都要滿溢到車外了。路上只要是會動的，都排放著碳氫化合物。透過高高的金屬籬笆，我們可以看到工廠裡一座座小山似的煙煤，貨車此起彼落地倒車，傾倒煤塊。有一些手黑臉黑的人爬到煤堆上，吆喝著。沿路都有一些揹著大籃子的拾煤者在奔跑，撿拾從貨車上掉下來的煤塊。整個世界都覆蓋了一層灰和煤屑。卡車呼嘯而過，地面跟著震個不停。在混濁的空氣中，太陽變成了小小的圓球，蒼白得像白晝的月亮。

「看看，小喬治。」宗才說：「中國多富有！」

經過工廠區以後，接下來出現的，是蒙著一層煤煙的摩天大樓、灰色的人民英雄雕像和水泥公寓。開過一座橫越黃河的橋樑之後，我們就進入了包頭的老城區。老包頭是個乏善可陳的地方，一大片斷垣殘壁，到處都是一層或兩層的磚砌和水泥建築。斗大的紅色黃色標語蟹行於光禿禿的磚牆上，街上的人潮和攤販從一面牆擠到另一面牆。

「要找到陳升，恐怕得施展出你所有的法術才行。」我說。

「你認為我需要用到法術？根本不需要。對我來說輕鬆容易就可以查到消息。有人知道一定會跟我說的。」

他說完咳了起來，而且咳個不停。包頭的汚濁空氣開始對他起作用了。剛剛按著宗才的指示，在街上兜來兜去。

「這邊……那邊……剛剛眞是個好駕駛……開到那邊……我怎麼知道路？我只是用猜的。我可是個很棒的領隊。」

他果然是。因爲不到一個小時，他就從幾個蹲在門邊打撲克的人那裡打聽到消息。他們給他指了指一個在賣香煙和火柴的攤販。

「太棒了！太—棒—了！」宗才的氣色很糟，卻雀躍得像個小孩：「我告訴過你的，小喬治，現在你相信了吧。又簡單又快。他們告訴我，陳升剛剛才在那個攤販那裡買了煙。」

他指著我們前面的一棟建築物的大門說：「陳升就在這裡面工作。」

我們爬上樓梯，到陳升小小的辦公室去。他坐在一張光禿禿的辦公桌後面。他是黨的僱員，目前工作是農業委員會書記。他以睇視的眼神看著我們。我有一種奇怪的感覺：他知道我們想找什麼。從我們身上，他嗅到了好處。

我們帶陳升到一家餐館用午餐。餐館的門外擺著兩個大水族箱，水色綠而混濁，裡面的魚一動不動，半浮半沈。我和宗才坐一張桌子，陳升和剛剛坐另一張，因爲他們要吃肉。

「他知道我師父葬在哪裡。」宗才一面嘖嘖嘖地吃麵一面說：「就在他家附近。吃過午飯後他會帶我們去。」

我們走回停車的地方時，天氣變了。刮起了大風，夾帶著陣陣的細雪、沙子和垃圾。一張看起來像擦過大便的報紙撲在吉普車的擋風玻璃上。

宗才失控地咳了起來。一絲帶血的唾液沾在他的嘴角處。

「風把我打倒了。」他說：「剛剛很擔心我。他覺得我很衰弱，病了。他建議我們等一等再出發。」

「有道理。」我說：「很好的建議。」

「不，再大的風，再冷，再多的困難我也不在乎。我要去找我的師父。」

他用拳頭敲打自己的胸膛。

「我這裡面有火在燒。」

□

陳升和我一起坐在後座。吉普車先是向南，然後折向東，開出了包頭，朝毛烏素沙漠的北緣馳去。陳升和我坐在後座。他靠我靠得很近，先是用腿碰了碰我的腿，繼而又摸了摸我的牛仔褲。他的拇指和食指圈成一個圈，另三隻手指豎起，作出讚賞的手勢說：「很棒，很棒。」他張著一口黃牙齒。我不知道「很棒」是指我的大腿還是牛仔褲。他的身體又油又軟，讓人覺得噁心。我很想叫他把他的臭手放得離我遠一點。

最後，在一條泥土路上開了半小時，我們就到達一個小小的農村。那就是陳升的住處，村子裡有十幾棟分散得很開的房子。墳場位於村子東邊的幾公里開外，那是一片髒兮兮的黏土地，叢生著低矮的灌木，邊緣有一排高壓電線桿，一直向西延伸而去。墳場是塊荒廢的田，裡面佈滿垃圾和一個個墳堆。山羊在嚼食稀疏的枯野草，一隻豬在用鼻子拱土覓食。在墳場的一角，有一個男的正蹲著拉屎。虛燈的墳墓除了石頭堆、碎玻璃、塵埃跟陣陣風沙以外，別無所有。

我舔去髭鬚上的雪。宗才開始念誦《心經》。陳升挨在吉普車車身，煙一根接一根地抽。對於要怎樣把虛燈的屍骨從封凍的土地裡挖出來，還有怎樣才能在這麼大的風中點火把屍骨火化，我都不敢多想。

「可以了。」宗才說：「我們到陳升的屋子去吧。」

我們挺著風，向位於墳場西端的一棟磚屋走去。一個小女孩給我們端來幾杯熱水，又把煤爐給生了起來。之後，她從一個放滿各式各樣紗線的箱子裡，拿出一個信封來。陳升把信封交給宗才。

「是我師父的照片。眞是太美妙了！」宗才說。我側身到他的肩膀，以便看清楚一點。那是一張黑白照，已經泛黃皺裂，現在用小條的膠帶給補了起來。

宗才拿著照片的手在發抖。我聽得見他急速的呼吸聲。

「這是我師父。你拿去看看。」

我把照片仔細看了看。虛燈站在一家像是窮苦的農人之間，眼睛毫不閃爍地看著鏡頭。他的年紀大約四十多歲，穿著一襲黑色長袍和一頂粗羊毛帽，除了兩撇八字鬍，還有一把山羊鬍，顴骨高聳，鼻子窄而挺。

「像個羅馬人。」宗才說。

更像個蒙古戰士，我心想。雖然照片已經皺裂發黃，但我仍然可以感受到虛燈所散發出來的力量——像個精神戰士、苦行者、大法師和聖人。

「對不起，小喬治，我得跟他談談。這對我的生命很重要。」說罷就轉過身去，和陳升談了起來。

他們談的，我猜，就是要怎樣把屍體挖起來的事情。他們的談話起初顯得很熱絡，隨後卻變得針鋒相對。陳升的嗓音慢慢升高，並揮舞著雙手，宗才則兩隻手抱在頭頂上。當我看到陳升動怒，就把照片悄悄夾到我的護照裡，再把護照放入背心口袋。

陳升走出了房間以後，宗才把頭轉向我，一副七竅生煙的模樣。

「愚蠢。愚蠢之極。這個人說他不會把他叔祖的遺骨交給任何人。我很難過，非常非常難過。這個人一點智慧都沒有。不過不用擔心。我曾餵他一點蜜糖。」

「太讓我驚奇了，你竟然會想到用錢解決問題。」

宗才把一根手指掂在嘴唇上說：「你知道，蜜糖是很甜的。我會很溫柔地告訴他：『我要爲你的叔祖蓋一座佛骨塔。你只要給我他一兩片頭骨就可以，不然一隻手也行。』此外我還會給他一點點錢。這一定中他的意。他喜歡錢。只要給他一些甜頭就行。不過得慢慢來。他現在很敏感，想要拒絕我的建議，所以怒沖沖地走開了。但我有我的辦法。我會跟他慢慢談，輕鬆地談。」

「也給他些『輕鬆的錢』❷。」我說。

宗才點點頭，然後像撫摸一隻貓那樣撫摸自己前臂。

「就像這樣，就像這樣。要很輕柔地安撫他。慢慢的，慢慢的。然後他就會答應我的要求。」

「你要給他多少錢？」

「只是一點點，不用擔心。」

「你想拿到多少骨頭？幾片？一隻手？」

「那是最好。不過即使是一小片骨頭就夠了。」

「怎樣拿？什麼時候拿？是現在嗎？」

「不是現在，天氣太冷了，時候不對。一定得過了新年再說。也許是春天，也許是夏天。之後，我就會集合我師父的家人，一起進行火化儀式。這是個傳統。中國家庭的傳統。」

「你信得過他嗎？」

「他沒問題。他也想要為叔祖蓋個佛骨塔。再說，我也會給他錢。」

「我們要在這裡火化你師父嗎？」

他聳聳肩：「當然就在這裡。」

在蒙古，要找到足夠火化一隻狗的木頭恐怕都有困難。再說，我們又要怎樣把公安給擺平呢？要知道，宗才可是個和尚，而他要幹的事，又是沒有獲得許可的。我在腦海裡想像，當中國的公安發現一個衣衫襤褸的和尚跟一個邋遢的老外在墳場裡圍著一堆火葬柴堆跳舞，會有多錯愕。我搖搖頭，笑了出來。

「怎麼個燒法？」我問他。

「簡單得很，小喬治。」他說，似乎對我的幼稚問題感到莞爾：「太簡單了。用煤來燒啊。」

「那可要用很多煤。」

「當然很多。要多得很的呢。」說著，他站了起來，踮著腳尖，把手高舉過頭。他是要比給我看，要火化他師父的話，要多少的煤才夠：「然後我就可以開始燒。燒啊燒。燒完我就會篩，篩啊篩。」他的兩隻手上下震動，做出篩骨灰的動作：「之後我就不再需要任何的骨頭了。手或頭都不需要。因為從他的骨灰中，我將會找到他的濃縮物，他的鑽石。你知道嗎，小喬治，那就是他的精和血。在火裡，他的能量會被燒成鑽石——漂亮的鑽石。有黑色的，有黃色的，有白色的，就像天空，就像星星。它們就是我師父的精魂、他力量的核心所在、他佛性的中心點。」

他把手掌攤給我看，彷彿是要讓我欣賞他握在手裡的舍利子。

「這個在英語裡是怎樣喊的？」他問：「就是所有眞人都會有的，必然會有的。」

「他的精華。」

「精華。好詞兒。沒錯，就是精華。等到春天或夏天，我們就可以動手燒。然後把他的精華帶回去普濟寺，蓋佛骨塔，保存在裡面。」

「那我們現在要做些什麼呢？」

「我們去爬山。爬到我師父的山洞去。我們現在可以去了。我終於找到師父了，我好快樂。我有我的使命。我要去跟山洞四周的岩石、樹木及天空打招呼。我們必須現在就去。等下一次就太遲了。我太老了，再等就永遠不可能上去。」

二十一 一個錯誤的開始

我們回到摩托車店閣樓的時間是凌晨兩點。宗才計畫第二天休息一整天，爲攀爬烏拉山儲備體力。他已經精疲力竭，而且微微發燒，一上床就睡著了。我來回踱步。那是我個人的經行方式，無關乎對空的觀照。我在擔憂宗才的健康，也憶起我母親待在鳳凰城的醫院裡，呼吸困難、對氧氣如飢似渴的模樣。對於不用站在寒風中，把宗才師父的遺體從凍硬的土地下挖出來這一點，我固然覺得鬆了一口氣，但也有點失望。畢竟，我們千里迢迢來到這裡，爲的不就是這個嗎？宗才在接下來的春天或夏天，還有體力再回來一趟嗎？我很懷疑。

我繼續踱步。小佛像望著我。宗才斷斷續續的咳嗽讓他睡睡醒醒。即使我有這個心，也不可能改變得了他要攀爬烏拉山的決定：他這個人主意一打定，就毫無變通的餘地。我望向北邊窗子外，望向凍結的夜，望向星光下的幢幢山影。

我知道我應該趕快睡，因爲除非宗才昏迷了或死了，不然他一定會五點準時開始做早課。

我迷迷糊糊睡著，夢見在佛陀的前面跟宗才相遇。因爲他幾次低聲承認，他有一些跟死亡有關的兆頭，於是吃早飯的時候，我把我睡醒前所做的一個夢告訴他：我夢見自己和一隻獅子繞著圈互相追逐；我們愈來愈近，愈來愈近，最後，牠追上了我，一口把我咬死。

「好，我昨夜也做了同樣的夢。一模一樣的夢。太神奇了！這表示你很快就會找到你的力量。」

你嘴巴說出來的話會傳到上帝的耳裡去，我心想。以前每次我外婆聽到我吹牛，就會說這句話。

吃過早飯後，宗才表示他需要休息一下：「只要睡一下，我精神就來了。」他爬回床上，睡了大半天。

冷。冷的牆。冷的地板。四點的時候，宗才起了床，坐在椅子上曬太陽。即使睡了一個長覺，他仍然滿臉倦容。

「平地都這樣冷了，山上會有多冷？」

「不會太厲害。小喬治，不用擔心。」

那天傍晚，用過晚飯後，宗才捧著一杯熱水，對我說他希望在攀登烏拉山之前，我們可以一起把《金剛經》翻譯出來。

「鑽石❶可以切割很多東西，很多很硬的物質。但反過來，其他物質卻無法切開鑽石。

這表示，智慧可以切開愚蠢，但愚蠢卻無法切開智慧。我會清楚告訴你《金剛經》的哲學和性質。告訴你何謂佛心。」

我以前試讀過《金剛經》好幾次，卻沒有一次可以讀完。它讓我感到無聊厭煩。我找到的英譯本都沒有詩味，都冗長囉唆又莫測高深。所以，宗才提出的挑戰讓我興致勃勃。

「在我們離開西山嘴鎮之前譯出來嗎？恐怕時間不夠。」

「你不需要時間。我可以直接告訴你怎樣譯，你聽著就好。我們只譯五個句子就好。單單五句話，就足以涵蓋整個世界的智慧。」

「少就是多。我喜歡這種觀念。」

我對短詩的力量深具信心。例如，日本的俳句只有十七個音節，而我自己發明的一種詩體更只有五個字，一個疊一個，中間不用「如果」、「和」或「但」這些詞語來連綴，就像這一首：

豐

乳

奶

月

唇

「對，小喬治，不過你必須找到純粹而正確的字眼才行。不要打瞌睡。要經常學習、遊戲。要知道，任何的學習都是一種遊戲。智慧沒有邊界。重點是要簡單。複雜只會把事情搞得一團糟。你只要直接了當把經文的意思譯出就可以。要盡量簡單，連小孩子也看得懂。」

我想我一定是笑了起來，不然他的態度不會突然嚴肅起來。

「這不是玩笑話。要集中精神。要一心一意。請你把你的自私心扔掉。先寫然後唸。一遍又一遍的唸。只要你能瞭解我所說出的經文，就可以瞭解佛的心。」

「我迫不及待了。」

「善哉！善哉！❷」宗才說：「這兩個字，是很好、很好，或很棒、很棒的意思。」

他豎起兩根大拇指，很熱烈地把它們擺來擺去：「成爲佛，眞正成佛。」

我覺得很愉快。詩一直是宗才跟我之間的共通點。詩一直都是一種一淸二楚的東西。

「你是說，當我把這五句佛經翻譯出來，並且明白了它們的意思後，就可以立刻成佛了。」

「善哉！善哉！」宗才微笑著說：「說得好，說得好。」

在他唸我寫的方式下，我們把這五句話譯了出來。

金剛經的本質是空性。

一切法的意義是無性。

我們所見的一切就是性。

性不異空而空不異性。

破解之道：空與非空全都是性。

「每個人都有這種智慧。」他說：「和佛一樣。這就是禪的全部。就是空理。」

「聽起來像物理學。量子理論。夸克。」

「對，完完全全是科學。是禪的物理學。」

宗才靜靜坐在椅子上凝視著我，有整整一分鐘，甚至更長。然後他用一聲大吼把沈寂打破。

「聽好！」

他一躍而起，突然間站了起來。

「你現在變成佛了。不會再口渴了，七情六慾都沒有了。現在你不用再今天修行、明天修行了。不用再修行一年、兩年、十年、一百年、一百萬年了。不需要了。你不再需要透過時間和空氣來悟道了。」

但我不覺得自己比從前任何時候更接近開悟。我喜歡透過時間和空氣得道。宗才坐回他的椅子上。

「注意聽了。」他啜了一口茶，眼神裡充滿驚異。

「你現在是佛了。」他說。

不知道爲什麼，我覺得有點惱怒：「我很高興你這樣想。可惜我拋不開性生活。」

「性是很重要的事情。」

□

深夜一點半。我突然醒了過來，以爲已經破曉。我痛苦地從睡袋爬了出來，赤著腳踩在冷冰冰的地板上。

空和非空，全都是性。

今天我們將要跟帶我們爬烏拉山的嚮導碰面，一個是王貴祿最小的弟弟，一個是他弟弟的牧人朋友。我給自己倒了一杯熱水，喝下，然後把睡袋裹在身上，就這樣坐著睡著了。過了不知多久，我聽到了那種熟悉的慢吞吞的踱步聲。

早上是與佛碰面的最好時候。

「早安，宗才。」

「太早了，不要說話。」

當時是三點半。

「我的胃有點怪怪的。」四點的時候他告訴我。

五點的時候，他說：「水不乾淨，我有點拉肚子。」

他在六點中斷了功課。

「奇怪，我明明已經吃了兩罐藥丸，怎麼還會這樣。」

他的臉色發綠。

「我有些藥。」我說：「很有效的。」

「我的藥丸一樣有效。」

「但不會比我的有效。」

八點，又上了一次廁所之後，他對我說：「我想試試你的藥。」

十點半，他差不多回復了生龍活虎。

「你的藥生效了。我們出發吧。」

「眞正有本領的大夫——」我拍拍自己的胸脯說：「是我！」

「來內蒙以後，我已經病了三次，但你一次也沒有病過。小喬治，你比我強。」

「眞的？我比你強？」

「眞的。」

「太棒了，萬歲。」我逗他說：「我要把你說過的話記下來：『小喬治比我強。』」

「不，不要記下來。」他笑著說：「這也許不全是眞的。」

□

剛剛把吉普車切換成四輪傳動、低檔。我們現在要去的是王貴祿家。我們開過一條車轍滿佈的沙路，顚過一個岩石漫佈的溪谷，進入一條羊腸小徑，開向一座荒涼的沙山。最後，在駛過一個狹窄的斜坡、一道古老的河床和一片石礫地之後，我們到達了一個外觀枯槁、破敗的農莊。幾十頭山羊和三匹粗毛寬肚的蒙古種小馬在吃草料。遠處，有一男一女正在堆飼料。四方八面的沙丘和小山看起來都像是在動，風源源不斷把沙子吹向我們的臉。

我們把車停在一堆王貴祿的儲藏室坍塌而成的瓦礫堆旁邊，然後下了車，穿過鐵門，走入他家的院子。他就在院子裡。他告訴我們，他的四弟和卓福——就是那個牧羊人——正在山上探路。宗才把手伸進袖裡取暖。王貴祿的幾個兒子在屋頂上打穀，揚起的穀糠讓太陽蒙上一圈光暈。聽到王貴祿的喊叫聲，他們紛紛探頭向我們招手。

「我們什麼時候出發？」我問。

「再過五天。他們現在手邊還有工作。到時，他們要跟我們在那兒會合——」他指著北邊的山脈說：「就離毛毛家不遠。我們會在太陽射出第一道曙光的時候出發。」

王貴祿的太太招呼我們到屋裡去，爲我們端上拌了麻油的麵條。

吃過麵以後宗才說：「大家都吃飽了。吃得眞開心。我們可以再好好聊聊。」

但我看見王貴祿面有憂色地對宗才說了些什麼。

「有什麼問題嗎？」

「是有一點。路有點遠，有點危險。不過用不著擔心。」

「有多遠？」

「三十五英里。」

「三十五英里？他確定嗎？應該是三十五公里或三十五華里吧。還是說三十五英里來回？」

「對，是指華里，包括來回路程。」

「你肯定嗎？」

「百分百肯定。」

我有一種不祥的預感：「有多危險？」

「有一點危險。去年的一場地震，把一截路段震壞了。但沒有什麼大不了的。」

「我們有辦法通過嗎？」

「應該有辦法。而且也許我們可以走另一條路。」

「什麼路？」

「士兵的路？」

「那是什麼玩意兒？」

「王貴祿的四弟幫軍隊築過路。爲雷達站築的。他知道怎麼走。我們也許可以走這條路。」宗才的計畫是：剛剛載我們沿著士兵的路，在黎明前坐車坐到烏拉山的西麓，然後我們下車，取道一條卓福認得的山路，前往虛燈的山洞。

「士兵的路很有用，可以節省好幾小時路程。」

「那軍隊怎麼辦？」

「小問題。剛剛把我們送到那裡以後，就會馬上離開。等入夜前再到梅力更召後面等我們。這表示我們回程的時候要多走很多路，蠻危險的，但我們別無選擇。」

「我不知道，但軍隊讓我不舒服。」

「軍隊不會發現我們的。不用擔心。我們不妨一試。原來的路非常顛簸，很難走。」

「你認爲那是最好的方法嗎？」

「最好的。」

王貴祿看來明白我問的是什麼，他點著頭喃喃說：「對，對，對。」

破曉、五天後、走士兵的路。事情就這麼決定了。

「好。」宗才說：「那我們可以準備出發了。」

「我準備好了。」

「我也是。」宗才說：「和尚總是隨時隨地準備好的。」

剛剛正在等著我們。他已經吃過麵，正挨在他心愛的吉普車上。一朵紅色的紙花被吹過院子的低矮土牆，一顫一顫向北飛去，最後消失不見。

「是個好兆頭。」宗才說：「意味著我們會馬到成功。是佛陀送給我們的禮物。」

又是一個吉兆，我心想。這讓我回想起我們在胡士托宗才家中求得的那支上上籤：乾／生。六根實線：代表的是毫無弱點的力量。

但我也記得，在英譯者對第一卦的解釋裡，還帶有隱隱的警告成份，似乎是警告我不要老以為自己是打不死的、老是倚賴運氣。那會是某種死在山上的預言嗎？

「我們會找到我師父的遺體。」宗才曾經預言：「而你，小喬治，你將會找到你的生命、你的力量。而你將會成名。」

他完全沒提我們有葬身山上的可能。

我對《易經》的信任程度，可以媲美占星術和塔羅牌——換言之就是壓根兒不相信。不過，古老的預言包含著詩的成份，而詩又總是包含著眞理。

凶：愼防墜落。亢龍有悔。愼之。❸

回到西山嘴鎮的時候，我們發現林國仁正怒沖沖地等著我們。他花了大半個小時勸宗才打消爬烏拉山的主意。

「我外甥很害怕。我的家人也是。他們覺得我太老了，而且擔心政府會找麻煩。」

林國仁當然沒能說服宗才，最後悻悻然離開了。

「他非常生氣。他控制不了自己的情緒。但你是知道我的心意的。我們出去散散步吧。」他說：「散步對我們都有益，可以談談哲學。」

「小喬治，你看得見我嗎？」走在街上的時候他問我。

「看得見。」

「不，你看不見。你看見的只是我的影子。」

我是可以看見他的影子——那個虛弱、年邁的宗才，如影隨形地跟在他的背後。

「宗才，你的身體眞的好到足以爬山嗎？」

他沒有回答，轉身背向我。

這時才九點剛過。今晚是週末夜，是內蒙古西山嘴鎮的約會之夜。在對街的大北方酒吧裡，閃耀旋轉著紅、白、藍三色的雷射光束，而某種類似音樂的聲音，也從它的各個窗戶轟鳴而出：細聽之下，你會發現那是一種蒙古、中國、美國搖滾樂的混合體。但奇怪的是，酒吧中的男女並沒有跟著激烈的節拍扭腰擺臀，反而像是禮儀學校裡面那些十歲學生一樣，練著華爾滋舞，慢慢的轉啊轉，轉啊轉。從某個角落，有個人——大概是個女的——在擴音器裡尖聲唱著一首大概是「聖誕鈴聲」（"Jingo Bells"）的歌曲。沒有裝消音器的摩托車和猛按喇叭的吉普車在馬路上呼嘯來去。

□

星期四。靛青色的天空。鬼影般的蒼白月亮。雖然有探照燈照來照去，卻沒有守衛。我踱著步。宗才在唸經。剛剛在抽煙，背對著烏拉山。

宗才忽然手舞足蹈起來。

「我們終於要上山了！」

他又呀呼了一聲。

「太美了。特別的山。特別的地方。特別的環境。你應該懂我的意思。」

「我懂。」

他顯得生氣勃勃。

「眞好，眞好，我們要上山了。」

但我們並沒有上山。

我們在那條軍隊用的路的路口一直等一直等，卻始終沒看到我們的嚮導出現。我們一直等到天光亮得很容易讓我們被人發現才離開。在黎明第一道曙光打在左肩時，我們跳上吉普車往回開，穿過鐵軌，往河邊開去，回到泥房子包圍的十字路口，從長計議。

宗才滿腹牢騷。

「人生有時候很奇怪。」

王貴祿家的門是鎖著的。我們蹲著等他回來，像貓一樣緊挨在一面泥牆上，抱緊身體取暖。後來，一個小孩騎著一輛生銹的腳踏車經過，我們就請他去幫我們找王貴祿和他四弟。

「我猜他可能是在田裡工作。」宗才說。

幾分鐘後，王貴祿就出現了，尾隨著一群村子裡的孩子，喳喳呼呼的。他向我們打招呼，從缺落的齒洞裡吐出幾個字：「阿彌陀佛，阿彌陀佛。」

宗才站起來，迎上前去。

「阿彌陀佛。」

他握著王貴祿的手。他們談得似乎很開心。之後宗才轉過來對我說：「是明天，不是今天。我搞錯了。」

「明天？確定嗎？」

「天曉得，數字這東西有時候會把人弄迷糊，明明是一二三四，卻有可能會變成五。」

他笑著，用掌根用力一拍前額，嘆了一口氣：「唉，幾乎比數學習題還要難。」

二十二　攀登

一九九六年，感恩節，烏拉山

凌晨三點，我們在梅力更召以南十公里一處鐵公路交會點，跟王四弟和卓福會合上。他倆都是小個子，但肌肉發達，精力充沛。他們的臉因爲日曬雨淋而顯得蒼老，皺得像胡桃殼，而由於長年在太陽下工作，所以眼睛習慣半瞇著。兩人都穿以草繩作底的布鞋。卓福有著稀疏的髭鬚和腮鬍，每一根腮鬍都是鋸齒狀，分得開開的。他牙齒掉得差不多了，兩頰、下巴和前額長滿了疣。他磨破的褐色尼龍褲管露出一截紅色羊毛衛生褲，上身穿著一件藍色絨毛衫。四弟的鬍子刮得很乾淨，臉色紅潤。他看來比卓福富有，衣著也沒有他那麼邋遢。他穿著一件棒球夾克，頭上的褐色羊毛帽的帽邊拉得很低，快要蓋住雙眼。

四點的時候，我們發現軍用道路被封鎖了，決定改道。

「我們換另一條路走吧。」宗才說。

「對對對。」四弟說。

我馬上附和。離軍隊遠一點才是上策。

我們重新坐上吉普車。四弟、卓福跟我一起擠在後座。剛剛為了炫耀車子的性能，故意把暖氣開到最大，所以沒有久，我們就開始流汗。我們身上散發著一種山羊味和人的油脂味——一種沒洗過的身體和衣服的味道。我喜歡。

在吉普車疾駛過黑暗的同時，剛剛、宗才和兩個嚮導嘰嘰喳喳講不停。宗才轉過身對我說：「他們說路很難走。他們擔心我的狀況。而我則告訴他們我跟你講過的話——」他閉起眼睛，用手掌拍拍自己胸膛：「我可是個和尙。」

我們一直開到高原的邊緣，開上了梅力更召所在的那片高地，然後沿著它北牆後方一條若有若無的路往上開。在一個山麓小丘，剛剛先停下車來更換輪轂，然後把吉普車切換成低檔和四輪傳動，繼續往上開。這條山徑，原來只為供人、山羊和騾子行走而設，路面凹凸不平。車子一顚一顚攀爬著。除了宗才以外，沒有人說話。

「吉普車可以爬上天吶！」他大聲說。

最後，我們在一個路被湍急溪流切斷的地點停住，下了車。宗才雙手抱在胸前，站立在黎明前的寒冷夜色中。他頭上戴著的，當然還是他那頂不離頭的黃色針織帽。僧袍之下，他穿了一件很厚的紅軍運動衫。爲了這一次的攀登，他特地把他薄棉褲的褲管在足踝處用綁腿綁了起來。他的攀登裝備還包括從美國買來的那件羊毛背心和一雙看起來像水手鞋的鞋子。那是一雙橡膠底的黑色軟皮鞋，是他在西山嘴鎮買的：「很棒的鞋子。」他選中它們的時候說：「比你的靴子還要強。」

我看到，在溪水的另一頭，小徑變得更窄了，直陡陡的通向上。

「還有多遠？」我又問了一次。

宗才跟兩個嚮導交換了意見。「很遠。」他說：「而且很危險。路面顛簸滑溜。」

「你辦得到嗎？」

「對我來說輕而易舉。我交代了剛剛三點的時候回來這裡等我們。」

「時間夠嗎？他們不是說路很長嗎？」

「沒長成那樣子。我們走吧。」

說罷，他就動身過溪，敏捷而優雅地在一顆顆石頭上跳躍著。我跟在後面，差點沒掉到又冷又急的水流中。天色很黯淡，空氣冷冽，充滿著柏樹樹脂的香氣。

宗才喊道：「師父，我們來了！」

我把手伸到夾克的口袋裡，摸了摸女兒在臨別時送我的護身符——一個毗濕奴（Vishnu）像，他是印度教的保護宇宙之神。先前，在喇嘛寺後方一片漆黑的地點，我曾看到一個圓錐形的石冢，其頂部嵌有一顆粗糙的大衛之星❶。那會是另一個遊蕩到中國來的流浪猶太人的墳墓嗎？

□

往上爬的路很吃力，又冷又陡又崎嶇。我一面努力跟上，一面想著我的女兒。我恨不得現在能抱著她，聞她頭髮的暖暖香氣。我揣想著她盤腿坐在床上，玩具熊在大腿上，正錄一卷留言給我的情景。她交代我，到中國以後，先不要把錄音帶拿出來聽，直到我感到孤單，再拿出來。所以一直等到昨晚，我才把它放進錄音機去。她在錄音帶裡的聲音是充滿淚水的：

「爸爸，我坐在房間的床上，絲絲熊就在我旁邊。我的房間今天看起來很棒，哎，地板上有個一角硬幣。我想，你到蒙古以前，大概不會把這錄音帶拿出來聽，但我只是想告訴你我有多愛你多想念你。下次你再跑走，我就會給你好看。所以，你不可以再跑走，除非帶我一起去。……不過我並不擔心你，因爲你身邊有我給你的護身符。總之，我很愛很愛你……」

溪水在我們旁邊滾滾而下。隨著我們一階一階往上爬，天色也一層一層陰暗起來。四弟身高不超過一六〇公分、體重不超過五十二公斤，卻揹著四公斤的礦泉水和十八片餅——那是我們全部的飲食。我帶著相機和底片。宗才帶著他的黑色公事包。至於他爲什麼要帶這個，問了也是白問。卓福負責領隊，我殿後。他們走起路來像水手：身體微微向左右搖擺，背向前傾，手抄在背後。溪水從我們右邊流下，隨著我們在峽谷裡愈走愈深，它距離我們也愈來愈遠。一隻鷹展著翅，從藍得讓人張口結舌的天空向下俯衝，然後又沒入陰影中。

卓福指著一棵有墨綠色葉子的小植物給我們看。

「那是中國的毒漆。」宗才說：「給它刺到的話，傷口就會腫起。」

它看起來和美國的毒漆一點都不像。但我知道他們的話錯不了，所以小心避開它。

在路旁一塊平坦的山岩上，我們看到一些大蔥、若干葵花籽殼和一些七零八落的煙蒂。迄今的沿路上，我們到處都看得到那些讓人安心的動物糞便：有山羊的、有綿羊的，也有小驢的。八點的時候，我看了看別在夾克上的溫度計。是攝氏零下十七度，一個很適合登山的溫度。宗才看起來生龍活虎，走起路來像在滑行一樣。

峽谷的出口是一片小小斜斜的田畝，上面的石塊佈滿星形的黃、綠色地衣，在田畝的中央，樹立著一棟荒廢了的牧人小屋，屋頂已經不翼而飛。但再過去，路就不見了。一問之下才知道，卓福和四弟最遠也只到過這裡。田畝的盡頭處是一座高聳的花崗石斷崖，根本無法攀爬。

「一定有路的。」宗才說。我們分散在斷崖基部的四周找路。終於，卓福在岩壁之間找到一條裂隙，它非常窄，我們在往上爬的時候，肩膀會摩擦到岩石。岩縫要到了頂部才變寬，通向一個長滿白楊樹的峽谷。白楊樹光滑的樹幹在陽光下顯得銀燦燦。

我們停下來喘氣。空氣很溫暖，我覺得雙腳充滿力氣。我從背心的口袋裡拿出雪地護目鏡戴上。小徑以優雅的弧形拐過白楊樹林。我們踩過枯乾的金黃色落葉時，沙沙聲驚動了幾隻小鳥，牠們急拍翅膀飛起。

路隨後再轉為上坡。路寬從三十公分到九十公分不等，在陡峭的山肩上彎來繞去。我們的左邊是高峭的岩壁，右邊是一個石頭纍纍的深谷。我可以感覺得到它的高度。空氣很稀薄，太陽把我的臉曬得炙熱。我的胸口感到了壓力，呼吸急促，喉嚨發熱。我竭力去壓抑時斷時續的畏高恐懼，腦海中反覆看到自己以慢動作掉到深谷下面的情景。

十歲住在芝加哥的時候，我常常喜歡玩樓頂飛人的遊戲——從一棟建築的頂樓跳到另一棟的頂樓。這讓我有飛行的感覺。但有一天，我們有一個名叫弗羅伊特的夥伴在跳躍的時候踩了空，直往下掉，在兩棟建築物之間撞來撞去，最後著地，跌成了一堆肉醬。

宗才把我心神喊了回來：「小心，小喬治。不要往下看，踩小步一點。」

十點不到，我們迷路了。

「別擔心，他們已經超過二十年沒走這條路了。只是一時忘記罷了。」

「他們最好不要太常忘記。」

走著走著，我們穿過一條涓涓細流。

「哈，就是這條路，沒有錯。他們的記憶力眞好。」

從出發到現在，我們已走了五小時。宗才看起來輕鬆自如，而我則氣喘如牛。我根本無法得知我們走了多遠和還有多高的路要爬。我們已經深入山脈深處，身前和身後都是像波浪一樣起伏的尖峻山脊。爬下一個只有一臂寬的切口後，迎著我們而來的，是一條天梯般的小徑。

這時，我感覺我的呼吸和沈著都已經恢復過來，彷彿某些潛藏在我意識深處的記憶與恐懼，已被洗滌一清。小徑到頂以後，路就驟然轉爲極陡的下坡路，通過一條鋸齒狀的山脊。十來隻毛篷篷的山羊正在山脊上吃草，牠們以很巧妙的方式保持身體平衡，宛如在表演特技。有一個裹著紅頭巾的女牧童在看管著牠們。看到宗才的時候，她雙手合十，鞠了鞠躬，向我們走過來。看起來，她對於會在烏拉山的深處看到一個穿長袍的和尚和一個帶著雪鏡的蠻夷，一點都不驚訝。她似乎知道宗才是誰，也知道他來這裡幹什麼。他們談了起來。我們這才知道，原來她祖父曾給過虛燈食物。

「她稱呼我師父爲赤腳僧。」宗才告訴我：「不管是哪裡，人們都認定他成了仙。成了佛。」

「她知道山洞的所在嗎？」

「知道，在很遠的地方。她爸爸告訴她的。大約需要走四到五小時。路況很糟。她從未到過那裡，但她知道地點。」

「五小時？」

「對，很遠，要有耐心。」

宗才把雙手按在她低著的頭上，輕聲說了些祝福的話。之後，女牧童就轉過身，向山羊扔出幾塊石頭，又吹起一聲口哨。

山羊蹦跳著走過我們身邊，向山徑下走去。她跟在後面，消失在山脊的另一邊。

宗才怔怔地站著。他好幾次把手探到黃色針織帽裡面，去摸頭上的髮渣。過了好一會兒，他才開口說話。

「那女孩的爸爸是個共產黨員。是他把我師父的鑼給打破的。自那以後，他的生活就變得很糟糕。瘋了，後來死了，自殺死的。眞可憐。」

四弟向宗才說了些什麼，催促他上路。時間已過了十一點。我們在山脊的稜線上攀爬，兩旁都是兇險的陡坡。我的舌頭又粘、又澀、又鈍，嘴唇都裂開了。

「要有耐性。」宗才說，既是對我們說，也是對他自己說：「要小心。非常危險的，慢慢來，慢慢來。」

我們沿著右邊的陡坡彎向北邊，前方的視野很開闊，可以看得見一些雲霧繚繞的山峰。在中途一個地點，我們遇到了兩頭馱著藤枝的小驢，爲了讓牠們通過，我們得把背部緊貼在山壁上。牠們緩步而行，一面走，脖子上的銅鈴一面發出叮叮噹噹的聲音。牠們走過以後，我累得跪了下來，雙手撐在地上。這時，一大群鳥突然從陡坡下方轟然飛起——牠們是被我不經意弄到下面去的碎石所驚起的。我看見，在陡坡下方，有一頭已經死掉的小驢，掛在一片V字型石頭露頭的灌木叢上，屍身腫脹而慘白。

小路轉了個彎以後就變爲下坡。我們又回到峽谷去了，陡峭的岩壁在我們兩旁拔起。經過一個山坳邊緣的時候，我們看到，在大約幾百公尺下方的一片綠茵草地上，有一間石頭小屋，四周佈滿迷宮似的畜欄。一些綁在竿子上的紅色碎布被風吹得啪啪作響。好一個迷你的香格里拉，好一個孤獨無法被刺穿的所在。

「不多久我們就可以歇一歇。」宗才說：「前面有一個我專屬的角落。」

爬過了一連串很陡的「之」字形坡道以後，我們來到了一片綠茵地。一條清泉從一片柏樹林間流過。小樹林的中央有一塊平坦的花崗岩石板，石板的前端放著一塊大卵石，讓它看起來像張巨人的床。

「那是我的僧床。」宗才說：「大卵石是我很多年前搬來這裡的。我拿它當枕頭。」

「是那一塊嗎？最少有四百多公斤重欸！」

「對，就是那一塊。就是我搬來的。沒什麼大不了。」

我一屁股坐到石板上，挨在大石頭上面，面向著太陽。

「那是喜鵲嗎？」我指著一些有黑色扁喙的鳥問宗才。牠們站在一個距離之外吱吱喳喳，聲音刺耳，像是在發牢騷。

「沒錯。」

「你的床很舒服。我喜歡。」

「對，是很舒服。這床我用過很多次。在這上面吃東西、打坐。」

這時，卓福把四弟所揹的袋子解開，拿出薄餅和水來，遞給我們。但宗才依然站著。

「坐吧，宗才。」我拍拍石頭說：「到你的床上來休息一下吧。」

「坐下來吧，不要再站著了。」我又說了一遍，但他還是沒有反應。

我這才注意到，宗才的手在微微顫抖。他是太累了，怕一坐下來就無法再站起來嗎？我抓起礦泉水，咕嚕嚕一口氣喝了半瓶。我感覺我的太陽穴在悸動。

四弟在我面前搖晃一根手指。

「喝慢一點，喝慢一點。」宗才說。

四弟和卓福一口一口撕著薄餅吃。

「最好不要喝水。」宗才的聲音含糊不清，他的呼吸還沒有調過來：「一開始喝水，你就停不下來，愈喝愈想喝。」

我又喝了一大口水，吞下一顆多種維他命、一顆八百毫克的布洛芬❷和兩顆兩百毫克的咖啡因錠。「沒辦法，」我說：「不喝水的話我吃不下東西，太乾了。」

我勉強吃下了一點點薄餅，又把一些餅屑扔給那些喜鵲吃。我很想就這樣挨在大石頭上，手上拿著宗才他們不願喝的礦泉水，在柏樹與清泉相伴下，好好睡一覺，不再去管爬山這檔子事。我穿的化纖衛生褲很吸汗，讓我感到溫暖舒適，但宗才卻在簌簌發抖。我看見他穿的紅軍衛生褲的褲管是溼溼的。他一定已經全身溼透。我身上的溫度計顯示，現在是攝氏四度。

我一定是睡著了。四弟輕輕把我搖醒。站起來的時候，我覺得兩腿像是灌了鉛。

高原把我們帶到了另一片蜿蜒拐向西的陡坡，風向著我們迎面而來。動物的糞便已愈來愈少見，植物也一樣。四弟和卓福的步伐都很快，就像在急行軍。時間已接近中午，離出發迄今，我們已跋涉了七個小時。如果女牧童的話可靠的話，那我們離山洞還有四小時路程。太陽會在六點落下，到時，我們又要怎樣在一片黑漆漆中下山呢？我隱隱感覺，此時如果再不回頭的話，簡直就是頭殼壞掉。但沒有人敢提回頭兩個字。宗才已經鐵了心，他會不惜一切代價爬到虛燈的山洞去。

接下來，我們沿著一片岩壁繼續向著北方和更高的高處走去，經過一大塊突出的岩蓬後，走到一片陰暗處。溫度下降了，風疾勁如刀。宗才在一個軟淺的山洞裡徘徊了一下子。

「以前上山每逢遇到天氣變壞，我都會睡這裡。有很多善良的山靈住在這個洞裡。」

他的呼吸混濁，腳步虛浮，好幾次都差點兒跌倒。我扶住他的一隻手臂，但他掙開了。他喃喃自語，不知在說些什麼。卓福指著一棵在斜坡上的黑皮樹給我們看。在它光禿禿的樹枝上，結著些枯乾的紅色漿果。卓福爬上山坡，把樹上的漿果全部採光。宗才和四弟都很興奮，看他們的表情，就像我們碰到了天降的嗎哪❸。

「那是一種藥材。」宗才說：「稀罕而珍貴。」

「哪一類的？」

「會讓你增強體力的種類。吃吧。」

「那是什麼樹？」

「花漿果。」

四弟抓了一把給我。

我毫不猶豫地把它們吃下。我現在最需要的就是可以增強體力的藥物。這些漿果吃起來泥泥糊糊的，幾乎沒有汁，微微帶點甜味。果肉的中央有一顆小小的果核。

「核不要吃掉。」宗才說。

「我用吸的，好促進唾液的分泌。」

還不到十二點，我覺得自己神清氣爽、活力充沛，我過去沈醉於麻醉藥物的經驗這時起了作用，我的知覺被訓練得對任何生理狀態的改變感受敏銳。我不禁樂得跳起芭蕾舞來。沒想到一把漿果、一顆布洛芬和兩顆咖啡因碇，就足以讓我成了山中的紐瑞耶夫❹。宗才像小妖精似的頭搖了搖。

「有趣。」他說。

確是如此。

「很快就要走到龍岩了。」

「那是什麼?」

「一條眞正的龍。」

山徑在繞過一座峭壁的下方之後，就陡地轉了個大彎，沿著一條急流高高的沿岸向上蜿蜒，然後再向右轉入一個峽谷。

「看，那就是龍岩。」宗才說。

在不到五公尺外的山壁上，嵌著一具像是龍頭骨的化石。它有著一頭迅猛龍的外觀：顎骨巨大而牙齒鋒利。我不敢相信地閉上眼睛一下子再張開——它還在那裡。我半瞇著眼睛打量眼前的恐龍頭骨，突然意識到，很久很久很久以前，這裡並不是高山和沙漠，而是湖泊、沼澤、泥沼、石南，是巨大的蕨類、銀杏、蘇鐵繁榮滋長的地方。

「小喬治。」宗才說：「這些是天堂上的龍。」

「該死!」我想要爲迅猛龍照張相時，才想起相機不在身上。

我在幾里路之前把相機交給了卓福。當時我們正途經一條狹窄的山徑。相機垂在我的臀部，和山壁碰碰撞撞，讓我有被推向另一邊的深淵的感覺。我固然可以把相機移到身體的另一邊，但我又怕這樣做的話，我的重心會向深淵傾斜。於是我就拜託卓福代我拿相機（先前宗才已經把公事包委託給他）。其實，我只要把相機改掛胸前，就可以把問題解決。但我當時的腦子已經打結，沒想到這個最直接了當的辦法。卓福此時已經通過了前面的峽谷，正迎著太陽往上坡路爬去，離我相當遠。

「卓福！等一等！我的照相機！宗才，把他叫住！」

我逆著風大喊，但一點用都沒有。

「晚一點再照吧。」宗才說。

「只好這樣子了。只有等回程了。」

□

一點半的時候，風刮起了刺人肌膚的沙子。

「我有一個師兄在這附近被狼吃掉。」

「一頭狼吃掉一個和尚？」

「對。這山裡有一頭很大的狼，但牠從來不敢對我怎樣。我對牠說：走開，離我遠一點，要不就把我吃掉，我不在乎！」

從他這說話的口氣和穩健的步伐，我看得出來，他的狀況好了一些。那些野漿果的效力顯然還在。

兩點的時候，我們已接近蒙古的屋脊。那是個荒涼、巉巖、孤寂的所在。我感覺到我左腳大拇指上起了的水泡已經破了。兩點十五分，我們到達一片不毛的台地，四下是冰雪和長著青苔的石頭。一道又一道的山脊連綿向北延伸。在前方，烏拉山的峰頂隱約在望。

「就在那裡。」宗才興奮地大喊。

在宗才的帶路下，我們匆匆走過了台地，跌跌撞撞，氣喘如牛。接下來是一片幾近垂直的碎石坡，我們手腳並用，爬爬滑滑，翻上了一片岩石平台。在平台的最後面，離我們幾碼之外，就是一個山洞的洞口。我們到了。

宗才虛脫地趴倒在地，氣若遊絲地說：「天、地、雲在哪裡？我的師父在哪裡？」

我躺到他的旁邊。兩個嚮導也筋疲力盡跪在了地上。

當時是兩點四十五分。我用雙手抱著宗才。

「你回來了，宗才。」我輕聲說。我本來想喊他師父，卻說不出口。

「我回家了。」

我因爲覺得難爲情，站了起來走到山洞口。它比我想像的要大，大約是三點五公尺寬、一點五公尺高、三公尺深。洞口兩邊各堆著一道用石頭疊成的粗糙石牆，用意是把洞口收窄。

「這些石頭是師父和我一起砌的。」宗才說，他走在我後面。我在地上撿起一塊石頭，把石牆上一個洞孔堵住。

我忘了應該讓宗才先進洞，冒失地第一個走了進去。在微弱的光線中，我勉強看得見在山洞最後面的地上，有一塊高起的岩塊。那是過去虛燈端坐的地方，宗才在的話，則會坐在他的下首。由於山洞已經有四十年沒有打掃，所以地上積著厚厚一層的山羊糞、枯樹葉和風吹進來的黃土粉末。

宗才似乎知道我在想些什麼。「這裡的生活很苦。」他說：「我們常常不睡覺，只管念經和打坐。」

我坐在虛燈過去所坐的位子上，但除了疲倦以外，什麼感覺也沒有。

「小喬治，你出去吧。我要一個人在這裡念念經，再打打坐。」

宗才坐在洞口處，閉起了眼睛。他的呼吸很緩慢，幾近於停止。一道白光從他頭上射出，照明了山洞。我從卓福那裡拿過照相機，咔察咔察地拍了兩卷底片。

宗才睜開眼睛的時候，我告訴他有關光的事情。

「剛才有一道像閃光燈一樣的白光，從你的頭頂射出來。」

「嗯，那是佛光。事實上，每個人都有這樣的光。這很自然，沒什麼特別。」

我們走到碎石坡的邊上俯瞰。舉目盡是山峰和山脊，連綿到天際。在東方的位置，有一個大碗狀的開口，我們先前經過的那間牧人棚屋就位於它的下首——細小得像一顆微點。風裡帶著北極的寒意，而太陽已經開始下山了。

四弟從山洞的上方喊我們。他幾乎是用跑的匆匆忙忙爬了下來，遞給宗才一塊銅的碎片，因爲年深日久，銅片已經發綠。宗才先是把它在自己的唇上碰觸了一下，再放在胸前心臟的部位。

「我師父的鑼的碎塊。」他說：「女牧童告訴了我有關這個鑼的故事。那是她爸爸告訴她的。自從這個鑼被打破以後，泉水就停了，沒有再回來過。我猜當時連土和石頭都一樣感到悲哀。」

宗才帶我爬到山洞上方三十碼，去看以前泉水流出的位置。在一條山縫的下面，可以看到一個碗狀的凹陷，那就是泉水過去瀉下的地方。

「每逢除夕，我和師父都會在這裡用些酒食。」宗才說：「有很多白色的狐仙會前來這裡。他們是來參拜我師父的。他們坐著雲來，會轉圈圈的雲。像龍捲風一樣轉圈圈的雲。」

「狐仙和雲？」

「對，走的時候也是坐著雲。只是雲的旋轉方向會不同。會向後轉。反方向轉。唉，很難解釋。大家大都不相信有這種事。」

他呼吸很喘，臉色蒼白，一副氣力耗盡的樣子。只有天曉得他在說些什麼。

卓福和四弟開始催促我們下山。除非是在牧羊人的棚屋裡待一個晚上，否則我們下山的大部分路程都會是在摸黑中進行。

「我們眞的麻煩大了。」

「對。」宗才答道：「眞奇妙。這一生中，你不會再找到另一個像這裡的地方。」他的牙齒格格作響，模糊了他說話的聲音。

「宗才，我這一生，我不可能會再遇上另一個像你的人。」

「我也是，小喬治。」

我又吞服了一顆布洛芬和兩顆咖啡因碇，然後把最後一塊薄餅給吃掉。之後，我把靴子的鞋帶鬆開再重新綁上，好讓腳上的水泡可以輕鬆一點。宗才從他的公事包裡取出一瓶小藥丸服下。他的嘴唇裂開了，正在流血。

「我的嘴巴流血了，有點麻煩。」他說：「但沒什麼大不了的。」

我把水壺遞給他。他用水潤了潤唇。

「喝吧。」

他搖搖頭，把水壺遞還給我。「你留著喝吧。」他說。

三點十五分的時候，我們動身下山。

「必須快馬加鞭。」

深信死亡將居，
我釋懷地享受陽光。
我知道營救不會來到。

三點三十分的時候，我只想狠狠踹自己一腳，因爲我發現我把一捲底片忘在山洞裡。我打算往回走。

「小喬治，你要去哪裡？」

「我忘了一捲底片在山洞。你們先走，我隨後趕上。」

「專注一點。有點紀律。別做蠢事了！」我沿著碎石坡往回爬的時候，宗才在後面喊。回到山洞，我感到頭暈眼花，呼吸急速。我跪在地上，用手去摸索地上那厚厚一層粉狀物，想找到底片。我沒有找到底片，卻找到了一塊藍色的搪瓷碎片。就在把碎片放入我的背心口袋時，我猛然想起，原本我以爲遺失的底片還裝在照相機裡。

「白癡！」我大聲咒罵自己。這兩個字就像驚雷一樣在山洞裡引起陣陣迴響。

我拍了拍身上的灰塵，就跑出洞口。我本來覺得，我應該轉過身，在離開前對著山洞說些什麼話，但聽到宗才在下面喊：「小喬治，我們在等你。動作快點！」

「他媽的算了！」我只說了一句，就跨出了平台的邊緣。碎石在我腳下快速滑落。

二十三　下山

下坡的路陡峭得像瀑布。接下來的大多數時候，我們都是在黑暗中前進。我們上山用了十個小時，那麼下山說不定只需要八小時——前提是沒有迷路、受傷、力氣耗盡或摔落。

「如果在這裡摔落的話，屍體永遠找不到。」宗才說：「往前走，只管走，不要想別的事情。」

「我不會花五分錢去賭我們的勝算。」

「什麼意思？」

「很艱鉅、很難達成的意思。」

「想太多只會給自己帶來麻煩。」

「我們會陷在現在的麻煩裡，就是因爲想得太少。」

「唉，小喬治，你應該學會放柔軟一點。」

我幾乎想要大吼一聲。我們會身陷險境，就是因爲他的頑固和愚蠢，但他現在還有心情談哲學。

「如果我放柔軟的話，早掉到山下去了。」我幽幽地說。

□

不到四點半的時候，宗才開始舉步唯艱。他的腿在發抖，走路的時候磕磕絆絆，摔倒的頻率愈來愈高。他不斷對自己說：「忍耐下去。忍耐下去。」

我手伸到口袋裡去摸老喇嘛送給我的念珠，口裡說出唯一想到的禱告辭：拜託幫幫忙。

「小喬治，你沒事吧？」

「我很好，我只是爲你擔心。」

「我的腿變得像橡皮一樣軟。眞是難以置信。」

我們以宗才跟得上的最快速度前進，走入了一個風沒有吹得那麼強的峽谷。他的嘴唇這時已發紫了。

我建議他脫掉腳上的衛生褲：「你的衛生褲都溼透了，宗才。它會讓你愈來愈冷。你可以穿我的。我的衣服很暖和，不穿衛生褲也撐得住，你不用擔心。」

「我知道該怎麼辦。」他喃喃地說：「我有經驗。」

他拒絕我的建議，不純粹是因爲「我是個和尙」或「我總是對的」的頑固心理在作祟，更重要的是，他不想讓我或任何人代他受苦或陷入危險中。但他有所不知的是，他正在把我們推向危險，讓我們身陷愈來愈深的夜色和愈來愈低的溫度中。

我們走到一條水勢奔流卻像根蘆葦般狹窄的瀑布。我打從心底振奮起來，感受到一股回味無窮的韌性。

六點的時候，太陽已經完全退出了天空，群山的輪廓變得模糊。月亮要晚一點才會出來，要過了午夜之後。但我們不能等。六點十五分的時候，氣溫是攝氏三度。空氣變得極其稀薄，而且沒有一絲的暖意。到了六點半，氣溫已降至攝氏零下五度，而且還在持續下降。

「宗才，我有手電筒。」

「不要用，它只會帶來混亂。用過手電筒，你就無法在黑暗中看見任何東西。」

七點的時候，路變窄了，變得不超過三十公分寬。它以四十五度角彎向左邊，而在路彎的右邊，則是一片深紫色——下面是個萬丈深淵，只有絲綢般的雲霧飄浮於空中。爲什麼我記不起上山時曾經經過這裡呢？我們一定是迷路了。

卓福走在最前頭。他在凹凸不平的路面上慢慢移動，石礫和沙子在他腳底下滑出，先是沙沙作響，繼而無聲無息地掉入了深谷中。從容不迫地到達路彎之後，卓福就背對著深淵，以左腳當軸心，一擺身體，把右腳擺到路彎的另一邊，跟著就消失了。四弟跟在他之後越過了路彎。他們在黑暗的另一頭喊，叫宗才前進。

宗才猶豫了一下，然後跪在地上。

「我兩條腿軟得像麵條。」

他用跪行的方式，慢慢移動到路彎，然後用手到處摸索，想找到一些可以攀扶的東西。

「小喬治，我看不見。」

「什麼？」

「我瞎了。覺得兩眼昏花。」

「什麼時候開始的？」

「入黑前。」

「你非繼續往前走不可。那是唯一的辦法。你非做到不可。」

他站了起來，點了點頭。

「我的眼很花，我會掉下去的。」

這時四弟走了回來，和宗才簡短交談了幾句。之後，我看四弟雙手合十，在額上輕輕一碰。接下來，他慢慢移動到路彎處，雙腳跨在路彎的兩邊，背朝外，雙手向外張開，什麼也沒抓。他只有腳尖是踩在路面上的，至於腳跟，則突出到陡坡之外。在他身體前面，留出了勉強可以供一個人通過的空間。

「如果我掉下去，他也會掉下去的。」宗才說：「我們會一起死掉。他知道這一點。」

「宗才。」我輕輕喊了一聲他的名字，就像是在禱告。

我緊張得屏住了呼吸。宗才摸索到路彎後，就用腹部緊靠著山壁，兩隻手抱住山岩，慢慢移動到四弟的懷抱中。他們默默站在一起，一動不動，呼吸一致，像同是一個人。

「小喬治。」喊過我的名字以後，他就緩緩移動身體，轉過了路彎。

這時四弟向著我的手指了指。我看見我的手上閃著古怪的光。原來是我右手中指的第一個關節不知什麼時候割破了，血不斷流出。他給了我一塊碎布去裹住傷口。我發現，我的右膝蓋也脫臼了。

「可以嗎？」

「可以，沒有問題。」

「阿彌陀佛。」

說完，他就走了，跨到了路彎的另一邊，只剩下我一個人。現在，他們在路彎的另一邊，離我只有一步之遙。但也說不定，我們是分別站在世界的兩邊。在他們那一邊的世界，住著我的女兒、太太和朋友，是個我一直以爲自己會渡過餘生的所在。我就這樣站在路彎處想著、猶豫著——雖然明知我再想下去的話，很有可能會掉到萬丈深淵之下。

「不要想東想西。」我聽見宗才大聲說：「只管向前走！」終於，他的話發揮了作用。

我的右腳向外跨出。有那麼零點零幾秒的時間，我覺得我踩空了，馬上就要往下掉。但我隨即意識到自己的右腳落在了一個踏足點。看到我安然通過，四弟和卓福隨即轉過身，繼續往前去，沒入黑暗中。

宗才對著我微笑。

「嗨，小喬治。」他說。

□

七點半的時候，宗才狠狠摔了一跤。當時我們正在下坡，在一大片淩亂的大石頭之間擇路而行。他用手和膝把身體撐了起來，然後勉力站起，但才走出一步，就又摔倒。與其說他是在摔跤，不如說是在崩潰瓦解。

「對不起，小喬治，我走不動了。你的朋友宗才是個兩百歲的老人家。」

他頹然靠在一塊大石頭上。我扶起他，發現他全身不由自主地打著哆嗦，呼吸又淺又急。

「我們需要休息一下。」他說：「一下下就好。我全身都覺得痛。」

「我們得到了牧羊人的小屋才能休息。」我說。

宗才長歎了一口氣：「我們已經在黑暗中錯過了那小屋。我們迷路了。沒有人知道這裡是哪裡。」

「我們走錯路了？」

「不，我們走了一條不同的路。」

第一次，一個念頭掠過我的腦海：他可能快要死了。

「我們可以走了嗎？」

「我走不動了。」

我壓根兒不知道我們身在何處。卓福和四弟商量了一下之後，就給了我們每人最後一把花漿果。然後，四弟彎下腰，讓我們把宗才抬到他背上——他決定要把至少比他重九、十公斤的宗才揹下山。卓福在前頭帶路，確定安全無虞。

我脫臼的膝蓋很痛。它扭曲變形，無法支撐我身體的重量。然後，突然奇蹟似的，我找到了一根拐杖。它像把紳士的雨傘一樣，斜斜靠在山壁上。那正是我最需要的東西。靠著它，讓我順利通過了一些較陡的下坡路。雖然走起路來一瘸一拐，但我卻感覺體力充沛——這可能要歸功於甜味仍殘留在我口裡的花漿果。

八點半的時候，我們走過一條古老的河床。我只覺得自己的力氣比中午的時候還要強。

「一切讚頌歸於花漿果。」我說。

「眞是好東西。」在四弟背上一搖一晃的宗才說。

這時我想起了那條迅猛龍。

「那條龍，宗才，我們錯過那條龍了。」

「我猜牠一定是躲起來了。」

九點時，一個裹著動物毛皮的人毫無預警地打我們旁邊經過。走過我身邊的時候，他咆哮地說了些話，但沒有放慢腳步，之後，他又跟跟卓福和四弟互相叫罵了一陣，才消失在黑暗中。

「他怪你不跟他打招呼。」宗才說。

「什麼?我根本沒有聽到他對我說話。」

「卓福問他是不是可以幫我們的忙。」

「他怎麼說?」

「他說不。他說他們活該，說誰叫他們帶著一個老頭到山上來，何況你又對他那麼不客氣。卓福臭罵了他一頓，罵得很難聽，我不想轉述。」

「他打哪來的?」

「沒有人知道。也許是蒙古的沙漠或山脈吧。」

九點半的時候，揹了宗才已經整整一個半小時的四弟開始大口喘氣，我不認爲他可以再撐多久。我們沿著一條很陡的狹道往下走，走到一片斜斜的、佈滿岩屑亂石的田畝。突然間，四弟絆了一下，賴卓福及時扶住才沒有摔倒。但宗才從他背上滑了下來，一屁股掉到了地面上。宗才一摔到地上就把身體捲曲起來。

「宗才！」

「我很累，小喬治，眞的眞的很累，讓我休息一會兒吧。」他的聲音細得像耳語。

四弟蹲了下來，以手托頭。

我脫下手套去握宗才的手。他的手就像死肉一樣，又冷又硬。我爲他揉搓雙手。他要死了，我在心裡想，就在此時、此地。但我感到的不是難過或絕望，而是氣憤。我氣他爲什麼把我買給他的保暖衣物——包括手套與靴子——全送了給別人。我接著開始憂慮他死了的話，會有什麼後果。他的屍體怎麼辦呢？在這裡，我是個非法的遊客，既沒有獲得許可，也沒有通行證或簽證，換言之，我是沒有任何權利可言。另外，他的親人又會說些什麼呢？我又要說些什麼呢？他們會把宗才的死歸咎於我。我自己也會這樣認爲。而我又將要怎樣背負著這樣的罪惡感活下去呢？他是我的朋友。我的父親。我的師父。

「宗才，穿上我的夾克，求求你。」我不帶希望地哀求他。叫他的慈悲見鬼去吧，那只是自我中心和頑固的僞裝罷了。不過，出乎我意料之外的，他竟然向我伸出一隻手，就像是個等待媽媽爲他穿衣的小孩子。我深怕他會反悔，趕緊把夾克脫掉。我把一隻袖子套進他的左手，把衣服繞過他的肩，再幫他找到另一隻袖子的洞口。都穿妥之後，我把夾克的拉鍊拉到翻領的最頂端，讓翻領蓋過他的兩頰。

「暖多了。」他說。

我爲他揉搓肩膀和手臂。他雙眼閉著，像是在打盹。風很凜冽，穿透我身上好幾層的衣服。宗才像是冷僵了似的，一動不動。

「宗才！」我不斷推他。

過了好一陣子，他才像是從很遠的地方回來那樣，悠悠張開眼睛。

「頭好暈。我覺得好虛弱。眞奇怪。我剛才對我的身體說：『撐著點，你非撐著不可。』但它沒有回答。」

「不要死。」

「別擔心，小喬治，我還有生命。宗才還死不了。」

這時，卓福突然指了指。那裡！我看見了，是那間我們先前登山時經過的牧人棚屋。整個世界登時又重新拼湊在了一塊。我知道我們在哪裡了，也知道該做些什麼了。

「宗才。」我對他說：「快到了。我感覺我很有力氣。我去找剛剛過來。」

「千萬小心。」他說。

我讓他們在原地等著，匆匆走過田野，一邊避開碎石和坑洞，一邊找到上來的小徑，沿著小徑進入了峽谷中。那條滔滔流過峽谷的溪水就在前方。夜空微明，在地面上形成幢幢暗影。我時而單腳跳躍，時而一瘸一拐，走下了一連串很陡的岩石梯道，然後跟著小徑轉了一個彎。這時，月亮的頂端開始出現在鋸齒狀山脊的一個凹口處。月光照徹四周，有如一塊布幕被升起。然後我看出，峽谷壁上除了有來自月亮的亮光以外，還有來自斷斷續續的手電筒光束。千萬拜託不要是軍隊而是剛剛。我以儘可能快的速度，爬下一個滑溜的岩石山溝。然後，繞過一片因坍方墜落而成的岩石露頭後，乍然看到剛剛和他的吉普車。他衝上前來一把抓住我的手。

「宗才呢？」

「還好，但他需要幫忙。」

我用手勢給剛剛大概說明過路線後，他就出發了。

我挨在吉普車身上，舉起那根山岳送給我當問候禮的拐杖，用力把它遠遠拋過小溪。然後，我坐上駕駛座，發動引擎，把暖氣開到最大，又打開雙黃燈，讓它們一閃一閃。

沒多久，卓福就出現了，跟著是小心翼翼摻扶著宗才的四弟和剛剛。

我們所有人都終於安全奔回本壘了。當時是一點，換言之，我們在山裡一共耗了十八個小時。

我讓宗才趕快到吉普車裡。車廂很溫暖。他坐到後座，坐在我和卓福中間。剛剛把車子掉了個頭，帶著我們開下最後的一段山徑。我吻了吻宗才的額頭。他伸出手，握緊我的手。接著，他就熟睡了，頭靠在我的肩上。

第三篇　飛龍在天

佛陀說：來，來吧，我會教會你一切事物的。

——宗才

二十四　大路小路

等我們回到梅力更召的時候，月色已經照徹山峰。我們把卓福和四弟載到鐵公路平交道旁放下。

「小喬治。」宗才閉著眼睛對我說：「請你爲我向他們致意。我太累了，無法親自道謝。他們兩個小伙子救了我們一命。值得我們尊敬。」

我踏出吉普車，在黑暗的路旁跟他們四目相視。我握了握他們的手，彼此無聲地頷首。我本想照宗才所交代的，向他們說些致敬的話，但沒有說。我找不到能夠充分表達我的意思的字眼——無論是中文還是英文。他們呼吸的氣息在寒冷的藍光中吹向我。

回到吉普車上後，我發現宗才又睡著了。我很想坐到後座，緊緊靠在他旁邊。我可以聽到他的呼吸在肺裡循環吹息。剛剛把吉普開得很快，石礫不斷飛擊到汽車的底盤。

「宗才。」我說。

他因爲咳嗽而半醒過來：「太好了，小喬治。現在只有小喬治和我，沒有其他人。我們今天的遭遇，生命裡不會再有第二次。」他又咳得彎起身子。我用我厚夾克的袖子，爲他擦去頰上和嘴巴上的唾液。

「只有我們兩個人，眞好。」

他微笑著，伸直了背，闔上眼睛。

我亢奮得根本睡不著，心中只是反覆回想著在烏拉山上的經歷。一上東西向高速公路，剛剛就把車速加到一百公里，整個車廂爲之震動，風在帆布的縫隙裡呼嘯。宗才的呼吸很淺。儀表板上的琥珀色微光照亮他的臉龐和頭顱。

十二點十八分的時候，一輛沒開大燈的貨車像個沒有實體的黑影一樣在我們旁邊高速掠過，吉普車被它帶動的氣流牽引得一晃一晃。剛剛一雙手漫不經心地搭在方向盤上。他顯然是開得太快了，但我一點都不緊張。今天稍早，死亡已經錯過了我們，而自那一刻開始，我們就是不朽的了。

□

除了摩托車店閣樓對面的大北方酒吧還亮著一盞小小的藍燈以外，整個西山嘴鎮都漆黑一片。吉普車猛地轉了一個一百八十度的大彎，就停了在摩托車店的大門前。車頭的大燈穿射房子正面，照在負責守夜的小伙子臉上，他舉起手去遮眼。一看到我們，他就跳了起來，從門口往店裡面大聲喊叫。

風把空蕩的街道刮得稀哩嘩啦。剛剛和我下了車。林國仁從店裡衝了出來，身上披件有羊皮鑲邊的紅軍大衣。我們比原定回來的時間晚了十二小時，他一直在等。他透過車窗看了看正在咳嗽的宗才，問了剛剛兩三個問題，然後就轉身看著我，一臉不悅地罵了些簡短、不友善的話語。雖然我聽不懂，但他顯然是責怪我不應該慫恿他年邁的舅舅去爬烏拉山，害他們一家人提心弔膽。

我沒理他：「宗才，到家了。你能走嗎？」

「抱歉，小喬治，我走不動。我的腿會抖，需要人扶。」

我把他扶下了車，然後，他在剛剛和林國仁的左右攙扶下上了閣樓。熱水壺已經在那裡等著。放下宗才以後，林國仁和剛剛就轉過身下樓去了。

「我叫他們離開的。」宗才說：「他們擔心過度了。也很生氣。他們不瞭解我的用意。」

他喝了幾杯熱開水，服下一些藥丸以後，就跌坐到床上去。

「小喬治，你可以幫我脫衣服嗎？我太累了。」

他舉起雙手。我幫他脫掉那件我借他穿的夾克、他的背心、僧袍、褐色棉布功夫裝，還有他綁在已經瘀紫的脛骨上的綁腿。他的衛生褲已經溼透，身體在發抖。我用手背按了按他微微發燒、冷而粘溼的額頭，然後用熱水瓶裡的熱水沾溼了毛巾的一角，輕拭他的臉，擦乾淨他傷口上的沙粒、他指關節上的血痂和黏在粗大腕關節皮膚細紋裡的髒土。

「你人眞好，小喬治。」他說：「眞是個好人。」

當我想要扶他躺下來的時候，他說：「行了！」他一貫的倔強勁兒又重新出現在他的聲音之中。

他把棉被拉到齊頰高，閉上眼睛。我把燈關掉，轉身離開。黃色的針織帽仍緊緊戴在他的頭上。

我走回自己的房間，喝了一加侖的熱開水，吞了八百毫克的布洛芬。不知道是誰留了兩個橘子在我的睡袋上面。吃掉橘子以後，我扯掉身上的衣服，堆在地板上，然後站在放裝備的大衣櫃的鏡子前面，審視自己全身。在燈泡的昏暗光線中，我整個身體自脖子以下看起來都像一隻被拔光了毛的雞：白皙、光溜而沒有血色。而在脖子以上的部位，我看起來則像個蒙古人：臉是髒兮兮的，因爲風吹日曬而紅腫乾裂；顴骨和鼻子上都有傷痕，像白骨般發亮；唇是裂開的；鬍鬚和鬍子上黏著髒東西。我用肥皂和冷水沖洗身體，然後把熱水壺裡剩下的熱水往頭上澆。我聽到自己在唱歌：

啊，你要走的是大路

我要走的是小路
而我將會比你先成爲佛
莎啦啦啦　　　　　啦啦
莎啦啦啦啦
而我將會比你先成爲佛

我的這些歌詞是打哪來的？我不知道。但每次死裡逃生之後，我都會自鳴得意。沒有錯，我是個白癡，是個連禪宗的混混都不夠資格當的普通混混。但我不在乎。我就是爲我的精彩表現而樂昏了頭。所有的失望、沮喪、挫折、被人排斥、窮困，全隨著流過我頭上的熱水而被沖走。

「而我將會比你先成爲佛……」

我一面哼歌，一面檢視身上的傷口。我右手中指關節上的傷口深可見骨，但我並不覺得痛。我把傷口清洗過，塗上殺菌藥膏，貼上膠帶，然後又爲其他的小傷口和腳上癟掉的水泡搽上酒精。之後，我就爬到睡袋裡，像個佛一樣呼呼大睡，直至第二天早上六點半才被宗才的咳嗽聲所吵醒。

當我拖著腳步、懶洋洋地走到他房間的時候，看到他正單腿盤坐在床上，身上裹著毯子。

「我們辦到了。終於辦到了。是師父給予我們的力量。他告訴我，你必須與小喬治一起來。我們做到了，我快樂無比。」他試著用舌頭在嘴唇上舔了一舔：「你看我的臉怎麼樣？」他的牙齒和嘴唇上都有血，臉色慘白。「看來很糟。」我說：「你的嘴巴在流血。」他點點頭。「沒什麼要緊的，只是外傷。我很老了。但你的氣色不錯。你比我強壯多了。這一次眞是幹得漂亮。」他笑著說，牙齒上都是血：「況且現在還是冬天呢，額外危險，而我們竟然成功了，眞的不可思議。稍有差池，我們就粉身碎骨了。眞是太美妙了。卓福和四弟都很害怕。如果我們死掉的話，他們也會死掉的。他們會自殺的。」

「自殺？」

「對，爲了保存名譽的緣故。」

「名譽？」

「對，這是蒙古人的價值觀。你不會明白的。」他邊說邊慢慢站起來：「啊，好痛。」我伸手要去扶他，但他聳肩把我掙開：「我要律己，得做早課。」但說完，他又一屁股坐了下來。「我覺得頭暈。」他說。

「也許你該把早課暫停，多休息休息。」

「你去休息吧，小喬治，睡覺或做些什麼其他的。但我不可以。我是個和尙。修行就是我的生命。」

我引用老子的話對他說：「夫唯道，善貸且成。」

「我還是得做早課。」他對我丟的假書包置之不理：「但今天只做一半。每一式只做五十次。不過之後我還是得坐禪。」

我是不是無意中哼了一聲？

「你不必這樣做。」他說：「但我得做，因爲我是個和尙。」

「我知道，我知道，修行就是你的生命。」

「我別無選擇。」

「我會跟你一起做的。從今以後，不管你做什麼，我都會跟你一起做。」

「你做不到的。你的方法不對。只會有害無益。相信我說的。坐禪的時候千萬別胡思亂想。只要你發現身體動了，哪怕只是一點點，都馬上停下來。站起來，走一走，再重新來過。」

我坐下，把心念放在呼吸上，腦子裡掠過一句又一句不同出處的佛經（不過我從來拿不準我記得對不對）：

空是一切法之本。

修行，然後頓悟。

慢慢地，我身體扭動了起來，有一種觸電的感覺。接下來，我覺得我的頭著火了。我的腦子燒了起來。不可思議，我心想，難道我終於有了小成不成？還是只是另一個幻象？是花漿果的威力還沒有完全消失的緣故嗎？

等早飯送上來的時候，我把剛才的感覺告訴宗才。

「宗才，剛才坐禪的時候，我覺得自己的頭髮著了火，然後全身都冒出火花。」

他啜了一口茶，在杯沿上留下了一抹血印，像是液狀的口紅：「你一定是想：『嘩塞，太棒了。』你一定是以爲，你擁有了特殊的力量了。錯！有些人在坐禪的時候會感到抽痛，有些會感到腹脹。我想你的錯覺一定是腹脹造成的。」

「腹脹聽起來很合理。」

「忘了吧，不要再想這檔子事了。」

我站了起來，想要走開。

「等一等！」他用很嚴厲的聲音說：「坐下來，坐下來。我的話還沒說完。我還有一件很重要的事情要說。你必須謹記。每當我說什麼，你就得留心聆聽。」

我坐了下來。

「這個世界的一切，不管是有生物還是無生物，都像人一樣，有著同樣的禪心。動物、樹、河流、石頭或木頭都莫非如此。但凡『檸檬之物』都是如此。」

「『檸檬之物？』」

「當然是『檸檬之物』，不是『檸檬之物』還會是什麼別的？」他用掌根一拍自己的額頭：「對，就是『檸檬之物』。我們以前不是談過很多次了嗎？你知道我說的是什麼。你應該知道什麼是『檸檬之物』才對。」

「你要說的是『有情之物』吧？」我大膽猜想說。（編按：宗才將英文 human being 記成 lemon being，所以科瑞恩才糾正他。）

「是『檸檬之物』沒有錯。你不要亂猜，要知道，你是個正在學習的人。我說的是『檸檬之物』，你記住了嗎？」

「我記住了。」

「你只需把我說的話一字不漏記下來就可以。如果你因爲懷疑而擅自變更的話，就會爲自己惹麻煩。」

「我不會更動一個字的。」

「那很好。禪是你推不動、摸不到、看不著、聽不見、說不出來，也傷害不了的。」

「那我弄錯了也沒什麼關係囉。」

「不，你必須千萬小心。從你口中說出來的每句話都不是眞正的禪。」

「我會小心的。」

「務必要小心。禪是一個完全的世界。苦與樂、憤怒與平靜、愛與恨，這些都只是坐禪的枝節及果實。你今天會哭，說不定明天會笑，所以它們是沒有意義的，就像幻象一樣，就像虛無。但禪卻像一座山一樣，是你推動不了分毫的。肯定或疑惑並行不悖，那就是禪。」

宗才指著從廚屋煙囪飄出的一縷輕煙。

「你的意思是禪就像一縷輕煙？」我問道，滿腦子想著的都是形上學。

「不，我是要告訴你，他們正在煮餃子。」他說：「特別為我們做的。我喜歡吃餃子。你呢？」

「嗯，我也很喜歡。」

問：偉大諸佛和衆可敬祖師的教誨是什麼？

答：是餃子。

「小喬治，呵呵呵。眞有你的。」他高興地說：「嗯——當然就是餃子了。」

但他的好精神沒能維持多久。就連餃子也幫不上忙。他吃早餐的時候都咳個不停，最後非得我把他扶回去床上不可。他只吃了一點點東西，跟著就陷入昏睡。我一個人在冷颼颼的閣樓裡的小桌旁，吃掉剩下來的所有餃子。

他連續四天都沒下床，當然，做早課的時候是例外。我好像在哪裡讀到或聽過「沙肺炎」這種病，不過那也可能只是我想像出來的。但不管事實如何，我還是很肯定，宗才得的是這種病。爲今之計是盡快離開內蒙古，離開這個冷冰冰的閣樓。我開出的處方是芬芳的空氣、棕櫚樹、乾淨的床單、上好的食物和長長的熱水澡。最好是再加上第一流的飯店和南中國海帶鹽味的煦風。

我們把佛像和盧燈的遺物——鑼的碎片和碗的碎塊——留在閣樓裡。在宗才有能力建廟，並爲他師父的遺骨建佛骨塔以前，這個閣樓將會一直充當盧燈的神龕。

林國仁爲我們買了飛機票。宗才身體太虛了，根本無法照我們當初所計劃的，回程要循著他當年的逃亡了十六個月的路線，坐火車到香港。這一次他答應坐飛機：從包頭到香港所需的時間是七小時。

二十五　太多心事

十二月七日，香港東陽寺

東方的天空泛著深靛青色，俯臨它下方那個奧茲仙境般的城市❶和黑漆漆的港口。打更的聲音彷彿來自四面八方。

哐。匡。匡。匡匡。

停頓

匡。匡。匡。匡匡。

停頓

世界上存在著一個眞理，那是什麼？

是空。

世界上不存在著一個眞理，那是什麼？

停頓

匡。匡。匡。匡匡。

我們是前天來到香港的。我本來滿懷希望，以爲一到香港我們就會住進豪華飯店，享受客房服務、熱水澡、厚浴巾、篷篷的羽毛枕頭和美食。但宗才另有主意。

「我們到我的老地方去住。」他說：「會有僧人把我們照顧好的。」

在飛機場，我們揮手叫了一輛計程車。宗才打定主意要直接到東陽寺——香港最古老的禪寺之一。我把一扇車窗搖下，舒舒服服靠在豪華賓士車的沙發座椅背上。那是個明媚的十二月天的中午，空氣輕柔而溼潤，和內蒙古夾帶著黃沙的寒風相比判若天壤。摩天大樓櫛比鱗次、高聳入雲，而在它們之間的窄街裡，商店雲集。食物、鮮花和南中國海空氣的味道在在讓人迷醉。在這個東西融合、眩目而又性感的城市讓我心癢難耐，亟欲有所行動。沿途所看到的行動電話比行人還要多。宗才靜靜望著窗外。天曉得他在想些什麼？我沒有問。在一盞紅綠燈前面，我看過一個皮膚光滑如絲的婦女，快步穿過一群穿著格子裙和及膝襪的天主教私校女學生。她消失在我視野之外以後，我又看到了另一個。

稍後，計程車開進了山區，在曲折的山路上蜿蜒，最後停在一條窄街盡頭的一扇鐵柵門前。我們根本不需要去拉鈴。早有一個矮得像侏儒的和尚——只有一百二十公分高——在門後等候著。他頭戴一頂軟呢帽，身穿一件灰色的僧袍，背和腳都因爲年紀老大而變得彎曲。他用顫抖的手轉動一大串的鑰匙，徐徐推開鐵柵門。

「宗才。」他低聲地喊著：「宗才，宗才。」

「無雲。」

無雲和尚向宗才深深鞠了個躬，可以看出他的骨頭很僵硬，我眞怕他的腰會扭到。

「拜託不要這樣。」宗才說，急忙挽著他的手肘，把他扶了起來。

「他在等著我們。他知道我們要來。」

「他怎麼知道的？」

「他是個得道的高僧。」

「他可以看見未來？」

「沒有人可以看見未來。他是感覺出來的。」

我們跟隨著無雲緩慢的步伐，走下一條寬闊的、弧形的石階。石階邊緣長著青苔，兩旁是幽暗的樹木。黃昏已近，昆蟲在通往下方港口的翠綠山坡上唧唧叫。東陽寺蓋在一片山坡地上，前後左右是一片片的梯田。昔日，城市離東陽寺離得很遠，但現在已慢慢在它下方成長起來。

「他一直是這裡的守門人。」宗才說：「我第一次來的時候，這間寺有兩百個僧人，但現在除無雲以外，只剩下七個年輕的僧人。」

我們走過了一條只有一盞黃燈照明的拱道。

佛殿和僧舍蓋在一個鋪了石頭的院子四周。院子裡有一些栽在陶盤子裡的竹子和一些滴著水珠的黑色樹木；裊裊青煙從一個三腳大香爐上面飄起。在僧舍的二樓，突出一個陽台，由漆成猩紅色的柱子承托。四周沒有一個人，只有一隻作勢要躍出的貓。我隱約聽到念經的聲音，又聞到檀香的味道。我們跟著無雲走入僧舍，拾級而上一道漆黑的樓梯。

「這裡是僧人居住的地方。」宗才告訴我。

無雲把我們帶進一個大房間裡，裡面裝著微微閃爍的日光燈。塗在灰泥牆壁上的油漆已經發黃、龜裂、沾滿了灰塵。有幾扇開向陽台的落地窗。在一張長木桌的四周，圍繞著八張有精美雕刻的椅子。桌面上堆滿書本和紙張。無雲把書本紙張推到一邊，騰出一個空間來。

「寺裡的用飯時間已過。」宗才說：「所以無法提供我們新鮮的飯菜。無雲覺得很抱歉。」

無雲爲我們送來的晚餐是「公仔牌」的「厤油麵」和「上素麵」泡麵，用一個保麗龍碗裝著。

「這就是僧人的膳食。」我嘀咕著說。

「很好吃的。」宗才說：「吃吧。」

我往陽台的方向望出去。我幾乎可以聞到從港口那些餐廳裡傳來的香氣。在我前方的桌面上，擺著一尊胖胖的塑膠佛像，屁股又大又圓，臉上堆著個咧齒的傻笑。我輕輕戳了他一下，沒想到他竟然發出電子的罐頭笑聲，東陽寺的寧靜頓時被這笑聲所充滿。

「抱歉。」我說。

「不過是小孩的玩具罷了，拿去。」宗才說：「送給席莉。」

我東張西望，想看看有什麼值得一看的，卻沒有。百無聊賴地把速食麵攪了幾下以後，我終於敵不過飢餓，把麵咕嚕嚕地呑到肚子裡。

宗才和無雲滔滔不絕地交談，分別要把這些年來的空白塡補起來，又互相以動作模仿自己身體的小毛病：宗才裝著手上拿著拐杖的樣子，拖著腳在客廳裡走來走去，而無雲則把一隻手掌攏在耳邊，裝出想聽淸楚別人說些什麼的樣子。然後他們都笑了起來。

「我們都是老和尙了。」宗才說。

無雲點點頭，又反覆用手掌拍打前胸。「對。」他說：「都是老頭了。」

我走出陽台，由他們談他們的。香港正沐浴在芳香的黃昏之中。一陣微風從南方吹來，夾著斜斜雨點和沙沙樹葉。金黃色的高速道路和紅寶石色、琥珀色的馬路在摩天大樓之間彎來繞去。我恨不得可以走到山下去，到那些匿名的街道和小巷裡，一探這城市的隱密，探探那裡的酒吧、女人和鴉片煙館。我回到室內去的時候，無雲已經離開。

「我帶你去看睡覺的地方。」宗才說：「我對這地方很熟。」

八號僧房裡有一個光禿禿的電燈泡、一張窄窄的鐵床、一張灰色的粗毯子和一張搖搖晃晃的寫字桌。房間內瀰漫一股消毒藥水和腐朽的味道。就在我把房間裡唯一的一扇窗戶推開的同時，宗才像事先排演好似的從門外探頭進來。

「把窗關起來。」他說：「山上的寒風會讓你得風溼的。」

「我願意賭一賭。得風溼也總比聞這種味道強。」

「什麼味道？把窗關起來。」

我輕嘆了口氣，然後把窗關上。

他一定是察覺到我的不耐煩了：「不要生活在長嘘短嘆裡。」

這話讓我動容，讓骯髒的僧房與「公仔牌」速食麵帶給我的不快一掃而光。一整天把我們分隔開來的那堵牆，蒸發了。

「好見解。」我說。

「是好見解。」

「你睡哪裡？」

「我不會睡。我只打算坐著。太多心事了。」

他關上門後，我重新把窗戶打開。空氣很甜美。我坐在那張硬邦邦的床緣，脫下靴子、厚襪子和三個多月來沒脫下過的衛生褲。說不定我可以像對家人承諾過那樣，趕得及在聖誕前回到家。我在飛機場的時候打過電話給他們。我母親還活著；雖然病情愈來愈沈重，但仍然活著。我換上乾淨的牛仔褲和T恤，躺下，然後就睡著了。但四點半的時候，我感覺有什麼爬過我的臉上。我把它一把掃開，然後去拉電燈的開關。燈亮的一剎那，我看見一條有八公分長的蜈蚣遁入了床底下。我的睡意至此煙消雲散。我走到陽台上去看正在隱褪的星星。我看到宗才盤腿坐在院子裡的一張石凳上。他咳了一下。一隻狗警覺地咆叫起來。一陣微風隨之而來。

太多心事了。

他在石凳上一定已經坐了一整晚，回憶年輕時代的往事，回憶那已經死去和改變了的人、事、物。宗才的禪是一種感情很豐富的禪，不像日本禪那樣，強調一種超然的、無動於衷的「無心」，主張感情只是一種幻象，是「無」。

突然間，我像靈光一閃似的明白了宗才對我說過的一番話：「打坐就是心靈與感情的合一，感情是每一個人的根，很難去控制，道行越是高深的和尚也越具憐憫之心。所以說，世人真是很可憐。佛性是很仁慈的。是最悲天憫人的。」

匡。匡。匡。匡匡。

打更的聲音。深靛青色的天空。

世界上不存在著一個眞理，那是什麼？

匡。匡。匡。匡匡。

這時，七個捻著念珠的和尙緩緩走過院子，魚貫往佛殿走去。宗才站起身來，跟在他們最後面。我沒有跟過去。我沒有這個資格。這種自輕之感讓我覺得憤怒。我不需要有這種罪惡感的，我心想，我也不需要有這種虔誠。然後，誦經聲就響起了，像一陣生命的洪音一樣向我沖刷過來。

「你不必在意。」宗才聽我說了爲什麼沒有跟他們一道做早課之後說：「眞正的佛教就是修行。但每一刻都是修行。每一刻都應該是眞實的。」

我們跟東陽寺的僧眾一起，默默吃了一頓早飯．一碗稀粥、一小碟泡菜和一碟紅豆。沒有人對我感興趣。

才八點，宗才已經準備好要離開。他迫不及待要去看他的老友道安禪師。這麼多年來，道安一直一個人住在深山洞穴裡，過著舊日的儉樸生活。

「他是個很特別的人，一個不凡的僧人。我們一起住了很多年，一起打坐，一起談論佛法。」

無雲把我們送到大門。一個老婦人在石階上打掃昨晚的落花，一看到宗才，她馬上放下掃把，上前親吻他的袖子，深深一鞠躬，又各給了我們一個橘子。

二十六　一隻禪貓

由於宗才的記憶已經模糊，所以要找到道安的住處，恐怕得花上我們好幾小時。

我們沿著東陽寺後面的一片山坡往上走。慢慢，住宅區的柏油路面就被泥土路和梯田所取代。上午十點左右，我們在路邊看到一頂防水布搭成的帳蓬，帳篷前面坐著個怪人。他穿著一件濺了泥巴的僧袍，交疊著雙腿，坐在一張折疊椅裡，頭上頂著張破傘。他下巴有一綹細鬚，臉像上了油的皮革，嘴巴裡咬著一根肥肥圓圓的煙捲。他雙腳是赤著的，就像貓狗的爪子一樣，又黑又多繭。他看到我們的時候，他張開雙手，眼睛瞇成一條小縫。好一個恍惚的聖人、好一個發瘋的先知、好一個我輩族類。

「他在抽的是大麻煙。」宗才說。

「沒錯。」大麻的煙草味道讓我蠢蠢欲動。

我向著那個邋遢的和尚走過去。

「要小心，小喬治。」

「我只是想做點善事罷了，宗才。我要發點慈悲，給他一點佈施。」

我把一些錢幣放進他的碗裡。我原希望他會把大麻煙給我吸一口，沒想到他卻突然從椅子上跳了起來，大聲喊叫，嘰哩咕嚕，兩手在空氣中亂揮，跳起了舞來。我湊上前去，跟他一起手舞足蹈，一起胡言亂語。宗才抓住我的肩膀，把我搖了搖。

「別瘋了，小喬治，我們走吧。馬上！」

他拉著我離開。在路彎處，我回頭去看那個瘋和尚最後一眼。他還在跳舞。這樣的生活其實不賴。一點大麻，一張曬太陽的椅子，不用工作，不用負任何責任。他才是我的聖人導師，我的赤腳師父。不是虛燈。我不需要什麼赤腳眞人，我要的是黑腳痞子。

我們走過了一些在白色石灰岩懸崖上鑿出來的通道和階梯。下方的城市在薄霧裡呢喃著。青翠的山巒起伏。那是個熱天，但宗才卻邁著大步。他想試試看自己的腿復原了沒有。

「還在痛。」他說：「眞難以想像。」

但我卻暗暗稱奇。才一個星期前，他還是病懨懨的，爲沙肺炎和牙齦流血所苦，幾乎下不了床，但現在卻健步如飛。

我們跳過一條條的灌溉溝渠，走過一些有竹籬笆圍著的菜園和小屋。雞鴨在嘰嘰喳喳地啄食，看門狗向我們咆哮。在菜園裡工作的婦女刻意迴避我們的目光。稍後我們才得知，原來這一帶的居民正飽受一個名叫龍幫的大陸幫派的騷擾。毒打、勒索、綁架和謀殺的事情時有所聞。

中午的時候，我們登上一條河堤，然後打一座橋越過了一條秀麗的河流。

「現在我認得路了。我是個好嚮導。我告訴過你許多次了。」

「許多次了。」

「那裡就是我的祕密住處，小喬治。很少人知道。」

「哪裡？」

他指了指。我發現他已經汗流浹背。在一叢密密麻麻的樹葉後面，我勉強看到了一扇生銹的鐵柵門。鐵柵門上有鐵鍊鎖著。在它旁邊的山岩上刻了一個佛像。佛像因爲歷經風雨侵蝕、已經相當斑駁。

「哈囉！哈囉，佛陀。我有個橘子要給你呢！」宗才把橘子放在佛像前面的地上：「我離開了很長一段時間，但現在回來了。」

在鐵柵門的後面，是一條弧形的上坡小徑，兩旁叢生著野葛，藤蔓又粗又扭曲。宗才雙手抓住鐵柵門的欄杆，用力搖晃，大聲喊道：

「道安！道安！」

他喊得咳了起來。但沒有人回答。什麼動靜都沒有。

「也許他不住這裡了。」

「不，他還住這裡。我很肯定。這裡是他全部的世界。我們只要有耐性，就一定等得到他。說不定他在坐禪。也許我的老朋友道安現在耳朵不靈光了。我們等著就是。」

宗才額頭和兩頰的肌膚都顯得潮紅斑駁，呼吸很不均勻。他坐在佛像旁邊，讓太陽照在臉上。

「你還好吧？」

他沒有理我：「我們唯一需要的是耐性。等著吧。不用擔心。坐下來吧。」

我拿出瑞士刀，把橘子的皮削成連續的一長條。我把削了皮的橘子分一半給宗才。

他揮手把我支開：「不用給我，你自己吃吧。對你的身體有益。」

「你一定也餓了。」

「我不想吃，也不需要。」

「你比我善良。你是古格・丁恩❶。」

「什麼古格・丁恩？」

「他是個送水童。他把水帶給別人喝，但自己卻不喝，就像你一樣。」

宗才咕嚕了一聲，瞇起眼睛瞄了我一眼。我把橘子分成一片一片，慢慢地吃。旁邊的溪流在白色鵝卵石上旋轉，形成圈圈旋渦。吃完橘子後，我把手在牛仔褲上擦拭了一下，就把棒球帽的帽舌拉下，遮住眼睛，挨著山壁打起盹來。

忽然宗才推了推我的手：「有人來了！」

我醒了過來，抬起張望：「我沒看到任何人。」

「她還沒有走近。」

「她？」

「對，是個女的。」

我站了起來，這才看到一個尼姑拾級上了河堤，正向橋的方向走去。她戴著一頂寬邊的帽子，手上提著個籃子。她遠遠看到我們的時候，停頓了一下才繼續往前走。沒多久，她就走到我們面前。她身材圓圓胖胖，有著一張娃娃臉，年齡不超過三十歲。我有一種感覺：她知道宗才是誰。

「法師。」她對宗才說，然後脫下帽子，鞠了個躬。我暗自嘀咕了一聲。對鞠躬叩頭這一套，我一向都很不以爲然。她的頭光禿無瑕。她的道袍是灰色的，泛著上乘絲綢的光澤。她的眼睛很像小嬰兒的眼睛，睜得又圓又大，水汪汪的。她身上聞起來有一股薑的味道。

「她名叫何美。」宗才跟他交談過後告訴我：「是道安唯一的弟子。她每天都來這裡照顧他。」

宗才輕拍我的肩膀，介紹我說：「這是我的朋友小喬治。」

何美垂下眼睛，雙手合十，食指尖碰著嘴唇說：「眞高興認識你。」聲音細得幾不可聞。

「這是我的榮幸。」

宗才用手摸了摸頭。這讓何美注意到他手上的傷口。她驚嘆了一聲，然後跪下，拿著宗才的手，親吻每一個傷口。她的熱情和感性讓我備感震驚。宗才閉上眼睛，欣然接受何美的致意，身體的重心放在腳跟上，以幾乎看不出來的幅度在晃動。

之後，何美站了起來，拿下用一根繩子綁在脖子上的鑰匙，打開了鐵柵門。我們跟著她往裡走，一面走，野葛的藤蔓一面拂過我們的臉頰和小腿。我可以聞到溼溼的白堊味道。小路漸漸平坦，盡頭是一塊寬闊的岩台，四周長滿棕櫚樹、美洲蒲葵、竹子和一些有著粉紅色花朵或猩紅色花苞的矮樹叢。

道安的小屋蓋在岩台後方一座頂部突出的山崖下面。就像宗才在胡士托的家一樣，道安的住處帶點中國式的雜亂無章，讓人反而覺得有家的味道。在一條晾衣索上，晾著三件內衣、一條條紋平口短褲和一隻破襪子。在一個沒有門的冰箱旁邊，放著好幾個橘色的塑膠水桶，雜七雜八各種生銹的工具撒滿一地。冰箱裡放滿一個個裝著鐵釘的廣口瓶。院子裡還有一頂像步兵鋼盔樣子的東西，稍後我才知道，那是道安的鍋子。

一隻胖胖的橘色斑貓趴在一堆堆肥上曬太陽，一個老和尚蹲在旁邊，輕撫牠的耳朵。

「道安，我的老朋友，我回來了。」

道安看到宗才後，就站了起來，面露微笑。就這麼多。那就是他流露出來的全部情緒。我永遠也不會搞懂這種漫不經心的佛門見面禮——或告別禮——是怎麼回事。不知內情的人會以為，他們上次分別，只是一小時前的事。他們分別以來到再聚首中間那許多年，彷彿都是不眞實的。

道安看起來比宗才老十歲。他臉上的皺紋也要更多，更形老朽。就跟宗才一樣，他身上的衣服也是處處補丁。他的一隻襪子是紅色的，另一隻是咖啡色的。他上唇左右各有六、七根長長的白鬍子。他的右眼充血，但兩道濃眉卻相當有個性。

讓我感到驚訝的是，道安對我的注意，比對宗才還要多。他目不轉睛地瞪著我好一會兒，才如夢初醒般緩緩開口對我說話：

「眞高興見到你，我朋友的朋友。」

「謝謝，我朋友的朋友。」

宗才對我的得體表示嘉許：「小喬治，說得好。我告訴他，你是我的至交。」

「那你們兩個應該就要算是兄弟了。」

「不，不完全是這樣。道安看起來像我，但不完全一樣。你想看看我以前住過的地方嗎？」

我跟在宗才後面，走入了道安的陰暗、有霉臭味小屋。牆上和地上到處都是書。宗才撿起其中一本書，翻了開來：「這是我的書，小喬治。你知道我的習慣的，我是個愛看書的人。」

一個約兩百五十公分高的佛像佔據了小屋面積的三分一，頭高及天花板，但佛身上的金箔都脫落了。在佛像的左邊，放著道安的床和書桌。他的僧袍掛在一口釘子上。宗才走到房間的另一邊，一屁股坐在了一張靠牆的帆布床上。

「這是我的床，呵呵呵！」他伸手去撫摸一個已經發黃的枕頭。

「哎喲喲喲，我回來了。這是我的頭！」

「你說你的枕頭是你的頭？」

「當然是我的頭！不然還能是誰的頭？」

「我想也是。我猜，你一高興起來，時間就不翼而飛了。」

「對。」他說：「時間就像無，就像幻象。」

「三十年和三十秒並沒有太大分別？」

「不對，應該說毫無分別才對。」他更正我說：「你用字務必要注意精確。」

我們再次走出屋外，道安正坐在一張白色塑膠椅上，頭上是一片與外牆齊寬的綠色遮陽篷。那隻花貓蜷曲在他腳下。當花貓看到我們的時候，牠在地上翻了一翻，伸開爪子，伸了個懶腰。

「這是隻禪貓。」宗才說：「非常聰明。」

我們在一張鋪著綠色油布、擺著一瓶黃花的圓桌子前面坐下。何美為我們奉上茶。

「請用茶。」道安說，雙手抬起。

我斜著椅子喝茶。雖然道安和宗才就在我旁邊，但我卻跟單獨一個人沒兩樣。因爲他們與其說是在我旁邊，不如說是在某個別的地方——某個我到不了、也非筆墨可以形容的地方。何美消失了一會兒，回來的時候，手上拿著消毒水和紗布，幫宗才料理傷口。一個風鈴被吹得叮噹響。

「她很細心。」

「是很細心。」

下午的太陽把一抹維美爾❷的黃色塗灑在兩個老和尚的身上，也塗灑在他們肩並肩背靠著的那面牆上。

「小喬治，你曉得嗎？當故事和感受合而爲一的時候，它就會產生靈魂。唉！」他嘆了一口氣，兩隻手反覆拍打兩個膝蓋：「靈魂是一個很詩意的字。對，一首好詩就是應該可以唱、可以跳、可以畫成圖畫的。很多年很多年前，道安和我就像現在一樣在談話。就像一首詩一樣。但我們現在都老了。」

這兩個老人純粹得就像沒有雕琢過的木頭，我心裡想。他們沒有我那種罪惡感或忿怒，也沒有我那種傲慢和尖刻。他們看來是一無所求的。他們就是禪的體現：樂於生，樂於死，把工作做好並傳承下去。他們不像我那樣，擔心這個宇宙是無意義的；不像我那樣，總是孜孜尋求答案，孜孜於抓住那個我搆不著的佛。對他們來說，佛就在他們身旁，隨時會對他們伸出援手。我想向他們告解，懺悔我曾經做過的所有齷齪事，我所有行過的騙。你欺騙過誰？宗才一定會這樣問。每個人，宗才，我騙過每個人。當我抬起頭時，發現他們倆正用烏黑、溼潤的眼睛瞪著我看。

「小喬治，唉，小喬治。」宗才輕嘆著說：「你太憂慮了。有時候太愚蠢了。擔心太多了。都是你的狐狸心在作的祟。」

一隻蜻蜓停在了道安的肩上，四片薄翅不停振動。

「沒錯。」我說。

我看著何美清理桌子、點燃蠟燭、將茶壺的水添滿。她繫上一條圍裙，把袍子的袖子捲起，露出了胖胖的手臂，開始準備晚飯。她把蔬菜和豆子放到一個橘色的塑膠桶子裡浸泡，然後在院子的一個磚坑裡用木柴生了火。天色慢慢黑了下來。閃忽的火光照映在她的臉上和手上。她用一把菜刀輕快俐落地把薑切成細絲，之後在那張步兵鋼盔似的鍋裡澆上油。烤花生的味道頓時充滿在空氣中。

這時我想起宗才以前說過的一番話：「一切都是陰與陽、因與果。空是來自色，色也是來自空。它們就像是陰與陽、因與果。小喬治，你被困在物質的世界裡，被困在慾望的世界裡。空就像風一樣，是你無法捉住的。」

那天晚上，我把道安給我的一張帆布床挪到綠色遮陽篷的下面，睡在室外。我一覺睡到天亮，完全沒有做夢，完全與世界失去接觸。醒來的時候，我從太陽所在的位置得知，早課早就結束了。何美和兩個老人家比我早起了好幾小時。

「嗳，小喬治，你氣色好多了。」宗才對我說：「你睡得很好，臉色很好。你想照照鏡子嗎？」

我看了鏡子：裂開和流著血的嘴唇、凌亂的短髮、長而尖的鬍子、皺紋、疤痕、受傷的鼻彎。沒有比這更差勁的臉了。我這張「氣色很好」的臉，可說是已飽受風霜。

弔在火堆上的水壺燒著，茶已經在等著我。但宗才也在等著我，他還有地方要去。

「快。我們必須出發了。何美會爲我們帶路。」

「去哪兒？」

「道安剛才告訴我，我從前的學生賴先生碰到些麻煩。我得幫他的忙。這事情很重要。」

「什麼樣的麻煩？」

「他瘋了。」

「怎麼個瘋法？」

「瘋得很厲害，我不想去形容。」但他頓了一下以後又說：「賴先生成了一個很邪惡的巫師，沈迷在女色和法術之中。」

喝過茶後，我就開始收拾東西。宗才一定是早跟道安道別過了，因爲一看到我把東西都放進背包，他就轉過身，跟在何美後面離開了，沒說一句話，也沒有再回過頭來。

我多留了一會兒。我想要擁抱一下道安，但因爲做不出來而若有所失。

「你眞是個好人。」我說：「謝謝你。」

道安抬頭看著我。然後，他往自己雙手吹了吹氣，伸出手來握住我的手。這就是我所想要的擁抱。

「下一次到香港來的話，到我這裡來住。」他說：「我會餵你的。」

二十七　黑法師

「這裡就是賴松坡的廟。」何美說，說完就轉身離開了。

那是一棟白色三層樓別墅，蓋在一個面南的岬角上，可以俯瞰城市和海港的景觀。別墅的窗戶都裝了鐵欄杆。一輛黑色賓士轎車停在它的下方。

走過一條弧形的拱道後，就是一條陡峭的樓梯。梯級上灑著點點陽光，兩旁的竹子隨風搖曳，發出嘶嘶聲。在上樓梯的半路上，我們碰到一個女的迎面而來，她的嘴唇塗得深紅，穿了一條讓大腿若隱若現的裙子。我對著她微微一笑，等她走過我們身邊之後，又轉頭去看她的背影。

「不要再這樣做了。」宗才說。

「我只是想表示我的仰慕罷了。」

「小喬治，你感情太豐富了。」他咕噥著說。

「說不定給你說中了。」

上樓梯以後是一個有矮牆圍繞的露天平台，傳來陣陣花朵和草藥的香氣。在院子的最遠端，是一扇厚重的、漆成藍色的門。宗才拉了拉一個從一棵石榴樹上垂下來的鈴子。但沒有任何回應，於是我就敲門。開門的是一個中年婦人，她身上所穿的絲質套裝，從顏色到質地都是奶油色。她把黑亮的頭髮盤成一個小髻。不管是從她纖細的手、她的骨頭、她兩頰上的淺窩、她脖子上的嫩皮，在在都流露出一個中年婦人的纖弱與風韻。

「我是宗才。」

顯然這是我們唯一需要的自我介紹。因爲那中年婦人聽到這句話以後，就轉過身，把我們帶到一個靜悄悄的客廳裡去。在接近門口的地方，有一張深色的木頭接待桌，上頭什麼都沒有放。在它後面的牆上，掛滿用金邊相框鑲著的照片。照片中的是一些長相雅緻的男男女女（以女的佔大多數），他們全俯伏跪拜在一個外表同樣雅緻的僧人腳前。

「那些都是他的弟子。」宗才解釋。

那中年婦人示意我們在一張栗色的天鵝絨沙發上坐下。沙發前面放著一張玻璃茶几，桌面上攤著一些商業雜誌。隔著玻璃茶几與沙發相對的是一張搖椅。客廳裡有一些高達天花板的櫃子，裡面擺滿古代的佛像，有象牙的、有木頭的、有銅的、有瓷的、也有翡翠的，加起來有幾百個之多。賴先生顯然是個佛像收藏家。

宗才坐在沙發的邊緣，東望望、西看看。「賴先牛，唉，賴先生。」他說：「中毒中得很深！」

「賴先生是個禪僧嗎？」

「他連僧人都不是。他是另一類的。」

「哪一類的？」

宗才靠回沙發手肘支在兩個膝蓋上，把臉埋在雙手裡，沒有說話。

「宗才？」

「小喬治，人心是好是壞是很難知道的。」他說，然後停頓了許久：「所以最好不要妄下論斷。所有人，所有事物，包括動物、植物，甚至石頭，都有一個同樣的中心。」

這時，一個比我女兒大不了多少的女孩子從客廳後方的陰影處走了出來，手上端著個黑色的漆托盤，裡面放著一個淺綠色的茶壺和兩個茶杯。她跪在地上，把托盤放到茶几。她倒出來的茶聞起來有股綜合了秋天、烤米和燒樹葉的味道。倒完茶，她就站起來，不發一語地轉過身離開。

「賴先生怎麼還不出現？」

「他會來的，小喬治。先喝你的茶吧。要有耐性。」

那些茶讓我覺得神清氣爽。在當我想站起來看看架子上的佛像時，一個穿著黑色長袍的男人就走了進來。他大約六十出頭，英俊而精瘦，有一個結實的小腹和一頭理得不能再短的平頭。兩個柳腰的年輕女子跟在他身後。她們都赤著腳，穿著黃色的絲上衣和橘色裙子。宗才從沙發上站了起來，繞過茶几，走到賴先生的前面。賴松坡的眼睛半閉，面無表情，手垂在身體兩邊。過了一下子以後，他才微微頷首，勉強算是承認宗才曾經是自己的老師。

宗才向他介紹我說：「這位是喬治・科瑞恩，一位知名作家。」

「世界知名的。」我補充了一句，然後伸出一隻手。

賴松坡的握手冷硬而直接。他下巴上有一道斜斜細細的白色疤痕。他給了我他的名片，上面寫著：

尊貴的達爾嘎上師

華嚴佛教靜修中心住持與基金會有限公司管理主任

我把名片遞給宗才，指著上面的頭銜問他：「這是什麼意思？」

宗才把眼鏡推到額頭上，閉起一隻眼睛，用另一隻瞅著名片看。「錢的意思。」他說：「大生意的意思。」

賴松坡對其中一個女的說了些什麼，那女的就把茶几前面的搖椅挪到一片從窗戶灑進來的弧形光影中。他坐上搖椅，兩個女的分站在左右兩側。流瀉進來的陽光灑在他的頭上，讓他的頭比眼睛還要突出。

宗才指著我，對賴松坡說了句以我的名字開頭的話，然後又對我說：「我希望你對他表示敬意。」

我知道宗才想要我做些什麼，但我不甩他。

「你明白我說的話嗎？」

「明白，但我不知道爲什麼你想叫我這樣做。」

他希望我向這個人——他最出色的弟子——行俯伏跪拜的大禮。但爲什麼他沒有要求我對道安這樣，卻要求我向賴松坡行這樣的大禮呢？難道宗才正跟他進行某種無聊透頂的較勁嗎？他是要向賴松坡顯示「我的弟子比你的弟子強」嗎？不管理由是什麼，我都覺得那都是狗屎中的狗屎，不想在上面踩一腳。

「禮數太過頭並不是好事。宗才，這話可是你自己說過的。」

「話是沒錯。」

「但你又爲什麼要我那樣做？」

「你必須要體諒。」

「我不敢說我做得到。」

宗才拍了拍他僧袍下襬的灰塵。

他知道我的感受。我不願意鞠躬，也不願意下跪，更不會遵守他們那一套。有些狗屎我是不願意吃的。我試著找一番可以拒絕他的說詞。但我的心卻硬不起來。我應該讓步的，我想，以免讓他受到傷害或沒面子。

再說，也許受一點點古怪的羞辱，對我的靈魂不無助益。我知道這樣的大禮包含什麼樣的程序——我看過的次數夠多的了。時間彷彿慢了下來。我伸開雙手，把雙掌合了起來，然後先後觸在我的額頭、唇和胸膛上。然後我雙膝下跪，彎下腰，把手、肘和前額都貼在賴松坡腳前的地板上。

我站起來的時候，賴松坡眼睛無動於衷地看著我。我唯一聽到的聲音就是他的呼吸。我把合十和俯伏跪拜的動作又重複了一遍，只覺得有幾下刺眼的閃光在我旁邊閃起。我再度站起來之後，才發現剛才的閃光，來自賴松坡一個女弟子手上的照相機：她把我這位「知名作家」向他師父頂禮膜拜的情景拍了下來，以便拿來向別人炫耀。我恨不得一拳打在賴松坡的眉心上。但按規矩，我還得再向他再跪拜一次，大禮才算完成。宗才滿懷期待地凝視著我，於是，我不顧身上每一條神經的抗拒，再次跪了下來。我有一股想要作嘔的感覺，但我竭力把它壓抑下來，以免自己吐到賴松坡的腳上。站起來之後我轉身瞪著宗才。我不想再和他及什麼禪宗、什麼黑和尚有所瓜葛。

「你滿意了嗎？」

「現在你學習到了，小喬治，靠你自己學習到了。」

「我唯一學習到的就是我不會再幹這樣的事。」

「你有嘴巴並不代表你就要說話。」

「我永遠不會再幹同樣的事。」我重申：「永不。」

我把我的照相機從皮套子中抽出來，對準了賴松坡。但我還沒來得及按下快門，他就伸出一隻手，擋在鏡頭的前面：「你要付我多少錢？想爲我拍照的人都得付一筆錢。」

「由於一切都是空，所以我想你會樂於接受我付你『無』吧？」

宗才吃吃笑。賴松坡用一根手指指著我的胸前說：「你很會耍嘴皮子嘛。」他對俚俗英語的精通讓我嚇一跳。「也許現在該是你閉嘴或剃頭的時候了。」他又說。

我笑了。這是我最拿手的遊戲。他想在我的地盤上撒野，門兒都沒有。「還不是時候。」我用手撥一撥頭髮說：「我的女士們特別喜歡玩我的頭髮呢！」

「當然，你沒錯。」賴松坡說。

「小喬治。」宗才說：「把西格莉和席莉的照片拿給他看。」

我從皮夾裡抽出一張我太太女兒的合照。她們頭靠著頭，兩把金髮上的光暈交混在一起。

賴松坡看著照片好一陣子，然後對宗才說了些什麼，繼而哈哈大笑。

「他說什麼？」

「我不想轉述。」

「你說了些什麼？」我直接問賴松坡：「告訴我啊，你會說英語的啊。」

「不。」

他轉過身，對其中一個女弟子說了些話，又指了一指。她隨即從架子上取下一尊銅的菩薩像，交到他手裡。

「這是我送給你女兒的。」他說。

女弟子為我們添茶的時候，宗才和賴松坡交談了起來。我則自己想自己的事。這個姓賴的傢伙是個不折不扣的渾球，如果他膽敢碰我女兒一根頭髮的話，我會親手幹掉他。但那得是在我心情好的時候。如果我心情不好，就會把他交給我太太，那他的死法會更慘。

賴松坡的其中一個女弟子拍拍我的肩說：「我們師父懂得隱身術，而且可以穿過玻璃。」

「眞的，你們看過嗎？」

「看過，每個人都知道這件事。」

「那我願意付錢請他表演一下。告訴他！」

聽我這樣說，她漲紅了臉，沒有再說什麼。我突然聽到宗才的聲音轉為強硬，接著就看到賴松坡倏地站起走出客廳。

「你們到底在談什麼？」我問宗才。

「賴先生吩咐我們留下來吃晚飯，在這裡過一夜。」

「他的女弟子方才告訴我，賴松坡懂得隱身術。」我說：「還可以穿過玻璃。」

宗才透過齒縫吹了一聲小口哨：「他能穿過什麼我都不在乎。不過是魔術罷了，都是騙人的把戲。」

「阿巴拉卡達巴拉。」

「我不懂這個阿巴拉什麼的是什麼意思。」

「是魔咒的意思。」

宗才用鼻子哼了一聲：「魔術是行不通的。」他又爲自己倒了一杯茶，一飲而盡：「愚蠢。迷信。」

我走到窗前。天氣變了。維多利亞港上空的雲止在積聚當中。天空下著微微雨，一層薄霧繚繞在香港的摩天大樓頂部。我們所在的這個千佛洞幾乎全黑了下來。

「來吧。」宗才說：「賴松坡的女弟子要帶我們去看看睡覺的地方。」

一個穿著橘色裙子的女弟子帶著我們走上了樓梯，臀部在我們面前一搖一擺。經過二樓樓梯間的時候，我們看到旁邊有一道加裝了鐵閘門的鐵門。

「裡面是賴先生的住處。」宗才說。

「他在防誰？」

「餓鬼。」

我們被帶到位於三樓的一個房間去。百葉窗都是拉起來的，房間裡放滿盒子和紙皮箱、疊成一堆堆的卷軸、一張捲起來的地毯和一些玻璃的展示箱，裡面放滿草藥和飲劑。在陰暗中，我看到了有好幾十尊性愛塑像。喜金剛正和太太❶擁抱、接吻、交歡——男性慈悲和女性的智慧被凝結在這至樂的一刻，在這拒絕到來的高潮前的一剎那。

這個賴松坡到底是怎麼一回事？他是想透過違反所有的誡律，擁抱權力、金錢、性三位一體的邪惡慾望，來達到開悟的目的嗎？他是頭狐，這毫無疑問。從他的麝香味、從他身上散發出來的色慾，我都嗅得出來他是頭狐。他會主持縱酒縱慾的祕密祭神儀式嗎？女人會赤裸著跪在他的寶座前嗎？他的女弟子又如何？他會飲婦女的經血或處女的尿嗎？或者他會鞭打和捆綁她們？不管是他那自以爲是的姿態、他那假笑、他下巴那道疤痕，都隱約透露出他具有虐待狂的傾向。他把性和死亡扯在一塊嗎？我覺得炫惑，覺得被深深吸引。從賴松坡的身上，我看到了自己身上的那頭狐，看到我最根深蒂固的慾望，看到我那個過度膨脹的自我：尊貴的科瑞恩上師。

「這些是什麼玩意兒？」我指著那些性愛塑像問宗才。

「是佛。」他回答說：「西藏的佛。」

「你以前不是跟我說過，賴松坡已經結婚了嗎？」

「對，他有太太。」

「她在哪裡？」

「她剛離開了。她知道他的習性。」

兩張帆布床架在地板僅餘的空地上。宗才躺了下來，閉上眼睛，並且就像往常一樣，馬上就睡著了。我卻思潮起伏。我用手指觸摸那些塑像，並考慮把地上的紙皮箱打開，探索裡面的祕密。但我按捺了下來，我把床拉到枱燈下，拿出我在香港機場一張椅子上撿到的一本《英倫情人》來讀，然後便迅速地被翁達吉（Michael Ondaatje）❷華麗文體的魔咒給拉了進去。

七點的時候，賴松坡的一個女弟子來帶我們去用晚餐。她穿著一件短黑裙，脖子上掛著一串珍珠項鍊，頭髮剪得像男孩。在她的帶路下，我們穿過二樓鐵閘門和鐵門，進入了賴松坡的內宮。那是一個空蕩蕩而沒有窗戶的房間。有一張靠牆的長木凳，木凳前面擺著張茶几，上面放著一碗花生、一碗蜜餞和一盒金箔紙包裝的巧克力糖。

賴松坡帶著微笑與悠閒的神情，從房間遠端的一塊布簾後面走了進來，坐到與我們相對的一張高背扶手椅上。那扶手椅比起我們所坐的長凳要高上幾乎七十公分，宛如一張寶座，讓我們不得不仰視他。他身上的衣服，已經從黑色的僧袍換成一套寬鬆的黃色絲質睡衣褲。宗才穿著的，是他那套縫縫補補過不知道多少次的工夫裝。賴松坡走進房間的時候，宗才向他冷淡地揮了揮手，但沒有抬頭，而是繼續聚精會神，一粒一粒地吃著他的花生。由於小睡過，所以他顯得精神抖擻，背直挺地靠在長凳後面的牆上。我則半挨在長凳的遠端，兩條腿擱在凳上，細咬著巧克力糖。賴松坡彈了個響指，他的一個女弟子隨即從布簾後面走了進來，交給我一隻褐色的玉鐲子——上面刻有狐狸追逐兔子的圖案。

「我師父希望你收下這個。」

「你的師父太慷慨了。」

我把鐲子遞給宗才：「他送我這個是什麼意思？」

「賴先生說他看得透你的心。」

難道他已經把我歸類爲一頭狐，一個性愛的追逐者？

「我不懂。」我說。其實我懂。狐認得狐。

「佛陀說過，不存在智慧這回事。這個道理你懂嗎，小喬治？」宗才說。賴松坡盯著我看。

「不，我不懂。我沒有智慧。」

「嗯，很好。」

賴松坡點了點頭。

我想了片刻以後說：「也許從今以後，我不必再唸佛經、不必再稱唸佛號，也不必再坐禪了。」

「也許。也許你眞的不必再唸佛經、不必再稱唸佛號，一樣可以成佛。」

「也許我已經是佛了。」

賴松坡拍了雙手一下，聲音像是摑掌。宗才露出個大樂的笑容，上半身前後搖晃。

「也許小喬治是佛，也許不是，誰又知道呢？我不打算再說什麼了。」說罷，他就靠近我，用手拍拍我的頭，嚇了我一跳。

「我瞭解小喬治的爲人。想事情想太多了。」宗才又撥了撥我的頭髮：「不過很可愛。」

他說的沒錯。至於他說的「可愛」是什麼意思，讓我想了又想。

八點的時候，賴松坡的女侍從們爲我們端來一道又一道小巧精緻的菜式。宗才默默無聲地進食。我們全都是如此。菜的味道好得讓人詫異，說不定，這頓飯是我有生以來吃過最美味的一頓。但是當最後一個盤子被收走之後，我就想不起來剛才吃過什麼。我懷疑賴松坡會不會在飯菜裡下了藥。看來不無可能。

桌面被收拾乾淨以後，女侍從爲我們端來顏色淡得像雨水的茶。之後，她們點起了香，又把電燈關掉。在近乎全黑的環境裡，宗才和賴松坡的談話聲像漲潮一樣愈來愈響亮。

我想知道他們談些什麼，便轉身去捏宗才的肩膀，想叫他翻譯給我聽。但我沒有來得及開口，他就把我的嘴封住了。

「別說話。別問問題。保持安靜。」

他們的談話來回往復，有時針鋒相對，有時互相詰疑問難，有些時候則是語帶挖苦（都是來自賴松坡）。宗才始終坐著，表情顯得很失望。他說話時候的手勢很優雅，偶爾會晃動一下上半身或用手摸一摸自己的光頭。

十一點的時候，一個女弟子就像是得到暗號似的，帶著一個木盒子走了進來。木盒子上面裝了雕刻精緻的黃銅樞紐。

「現在你可以自己看了。」宗才說，這還是他叫我閉嘴之後第一次對我說話。

賴松坡打開了木盒子，取出三個銅鈴，它們的木手柄都漆得烏黑油亮。他把它們輪流拿起，輕轉手腕，搖了一搖。

「眞好聽。」我說。

「安靜！」宗才喝道。

賴松坡閉起眼睛，微微一笑。然後，他的身體一動不動。開始的時候他只搖一個鈴，而且搖得很慢，但後來又改爲同時搖兩個，而速度也在不知不覺中加快。他不斷變換銅鈴的組合和節奏。雖然他不斷搖不斷搖，但銅鈴聲非但沒有變得重覆枯竭，反而愈來愈變化萬千：和絃愈來愈豐富，泛音愈來愈層出不窮，回聲與迴響互相交織、不絕於耳。我的心靈彷彿被一股鈴聲的洪流所淹沒，我的思緒彷彿被另一個更大的思緒所吞噬。

鈴聲一直不斷不斷。本來靠在牆上的宗才此時把背挺得筆直，下巴縮起，兩眼直直看著賴松坡。我被推到了絕對的孤獨中，自我消失，融入了空間——一個幻象四起、因與果互相混雜的空間。我覺得自己迷失其中。我一直信心滿滿所依憑的西方思考模式、一切理性的思維、一切何者爲是何者爲非的意識，現在全派不上用場。既沒有問題，也沒有答案。沒有任何需要知道的事。無。無。無。我全身被一種無以名之的喜悅所充滿，就像我女兒誕生的時候一樣。我看到她的第一眼就愛上了她。

也許我睡著了。我唯一知道的事情是，時間就這樣消失了。

銅鈴聲在半夜兩點的時候嘎然而止。那一刹那的寧靜就像是空。我被這寧靜給吵醒過來。賴松坡把手上的銅鈴扔在地上，頹然跌坐在椅子裡。他的臉又紅又溼，兩眼下面掛著黑眼袋。他的睡衣已經被汗水溼透了，黑褐色的腋毛在睡衣的腋下隱約可見。我聽到宗才輕微的呼吸聲向我靠近。

「你睡著了嗎？」他問我。

我的意識很清楚：「我醒著。發生了什麼事？」

「賴先生作完法了。他想要蠱惑我，攝走我的力量。」

「他想要向你施咒？」

「我太強了，他沒有成功。單純的僧人擁有的是自由。而自由就是力量。」

宗才目不轉睛地看著賴松坡這個達爾嘎上師、這個華嚴佛教靜修中心的住持好一陣子，然後輕聲說了些話，聲音低沈而嚴厲，幾乎聽不見。賴松坡沒有答腔。他把銅鈴子一一放回盒子裡，蓋上蓋子，站起身，就離開了房間。我聽到他的膝蓋發出微微的喀喳聲。

宗才搖搖頭：「人眞是很複雜的動物，很可憐。」

「你跟他說了什麼？」

「我說：『小伙子，就算你有一百個法師，每人搖三個鈴，都動不了我分毫；就算你有一千個法師，每人搖三個鈴，都動不了我分毫；就算你有一萬個法師，每人搖三個鈴，都動不了我分毫。你辦不到的，因爲我是個和尙，因爲我是空。』」

尾聲

一九九七年四月，紐約州北部，卡茨基爾山脈

我們在一九九七年新年前及時回到紐約。宗才隨即到布隆克斯去找他的好友樂土法師，順便好好休養一下。

初春有一天，我接到他的電話。「快看看我，小喬治。」他說：「我又恢復年輕了。就像季節的循環一樣。變得英俊了。明天你來接我。」

第二天我在鎮上巴士站的綠蔭下接著了他。他身上還是穿著那件老舊的僧袍，除了他那個破公事包和草藥書以外，沒有別的行李。他還是老樣子，把身邊的一切都送給了別人。山上已逐漸回暖。有一點點嫩綠已經長了出來，空氣中瀰漫著草葉、溼土和古老岩石的氣味。

「哈囉，佛陀，我回來了。」他在開門時滔滔不絕地說著：「嗨—嗨—嗨，哈囉，哈囉。

啊，能夠再看到我的佛陀，眞是太棒太棒啦。」

我在柴爐裡生了個火。宗才把水壺放在瓦斯爐上，然後到儲藏室裡東找西找，找他的茶葉罐子。

「蒙古那邊有什麼最新消息沒有？」

「我外甥的太太過世了。」

「我很遺憾。」

「該來的總是會來。生命就是這麼回事。」他嘆了口氣，就像是他甥媳婦呼出的最後一口氣。

「你有告訴你外甥我想念他嗎？」

「有，我告訴他了，說得很動聽呢。」

「關於你師父骨骸的事怎樣了？他的親人怎麼說？」

「目前還很難說。他們還不願意把骨骸交給我。不過也許明年他們就會答應。屆時我們就可以回去，蓋一座廟，還有爲我師父和我自己蓋一座佛骨塔。」

這倒是件新聞。他從未向我提過他希望死後要葬在哪裡。

「你想葬在蒙古？就在你師父旁邊？」

他豎起右手的拇指，抵在胸口上說：「不是把整個宗才葬在蒙古，只是葬一點點。就像我要爲我師父做的那樣。小喬治，你可以幫我辦成這件事嗎？那是你的工作。你辦得到嗎？」

「沒問題，就當我已辦成了。」

「很好，謝謝你，小喬治。現在我感到心滿意足。在我前往西方淨土以前，我們必須再去山洞一趟。我得把我師父的一片骨頭放在那裡，然後唸我所寫的詩。我還要再跟空氣、樹和石頭說說話。」

「宗才……」

「我知道，我知道，小喬治。我太老了，太容易頭暈眼花，不能爬了。但我有一個想法，一個夢想。」他把雙手高舉過頭頂，模仿螺旋槳旋轉的樣子：「我會去弄一部直升機。然後你跟我兩個，小喬治，一起坐直升機飛到山頂。嗚嗚嗚嗚嗚，嗚嗚嗚嗚嗚，轉啊轉，轉啊轉。等到達山洞上方，我們就一起往下跳。不會太遠的。我們可以辦得到。」

我笑了起來：「你希望我們從直升機上往下跳？」

「沒錯，這是我的夢想。你怎麼個看法？」

雖然我還在笑，卻說：「有何不可？」

我願意跟他從任何地方往下跳。

中文版註釋

第一章

❶經行是佛教修行方式的一種。方式爲繞著一個地方不斷踱步，口中唸誦佛號或咒語。

❷《傳心法要》爲黃檗山斷際禪師所作。書中引文次序稍有更動。這個段落的原文是：「心自無心，亦無無心者；將心無心，心卻有成，默契而已，絕諸思議；故曰言語道斷，心行處滅。」

❸梅力更召是一間喇嘛廟，「召」在蒙古語中是廟的意思。參考第393頁，第十二章註❷。

❹據譯者查證，虛雲和尚（1840-1959）乃死於病重圓寂而非被處死。

❺出自《般若波羅密多心經》。

❻〈疏梅〉爲元朝馮海粟所做的一百首詠梅詩的其中一首。後來明代周履靖另唱和一百首，加上他自己的詠梅詩共一百多首，合集爲《千片雪》。

❼出自《般若波羅密多心經》。

❽出自李白詩〈自遣〉。

❾出自杜甫的〈羌村〉（其一）。

第二章

❶出自聖經〈出埃及記〉第二十卷第五節。

❷惠特曼（Walt Whitman, 1819-1892）：十九世紀美國著名詩人，思想上呼應美國開國民主、自由、獨立的精神，詩中提倡種族、萬物融合，富實驗風格，著有《草葉集》（*Leaves of Grass*）。

❸凱魯亞克（Jack Kerouac, 1922-1969）：美國小說家。以寫作時廢寢忘食、打字時迅疾不斷著稱，他習慣直接把小說打在一整捲的電報紙上，極少修改內容，例如《旅途上》（*On the Road*）的手稿便是如此完成的。

❹原詩爲：「蕭蕭幾幹樹空庭，點點花苞似散星，夜半幽軒人不寐，月移輕影上虛櫺。」

第五章

❶辨圓禪師（圓爾辨圓，1202-1280）是日本鐮倉時代的禪師，幼年出家，師天臺宗，後從臨濟宗，也曾學過密宗，南宋理宗端平二年（1235）入宋，拜南宋當時的高僧徑山無準師範爲師，淳祐三年

(1243）回到日本，曾爲幾位天皇講禪授戒，提倡禪院山林制度，參與禪寺的修復，並爲京都東福寺開山，花園天皇賜諡聖一國師。

第六章

❶是美國石油鉅子洛克菲洛（John D. Rockfeller）的集團所創立的洛克菲勒基金會獎學金，宗旨爲資助亞洲或美國有傑出表現的人士，進行各類研究或深造計劃。

第七章

❶鄂州巖頭全豁禪師，泉州人，姓柯氏，六祖下六世。台州瑞巖師彥禪師，閩越人，姓許氏，六祖下七世。見《景德傳燈錄》卷十六及十七。

❷黃河的源頭應該位於青康藏高原巴顏喀喇山北麓，約古宗列盆地的一條河叫瑪曲曲果，之後流經沼澤湖泊星羅棋布的星宿海，注入扎陵湖及鄂陵湖；青海省多瑪縣以上的流域都算黃河源頭。由此可見，黃河源頭與喜馬拉雅山之間仍有一段距離，但是原作的確作喜馬拉雅山。

第八章

❶「前進基督精兵」（"Onward Christian Soldiers"）是一首基督教聖詩，作者在哼唱時把「基督」二字

改爲「佛教」。

第九章

❶剛剛在英語中的音譯是Gun-gun，而gun的原意爲槍，故作者有此一說。

❷撞車比賽（Demolition Derby）：一種參加者駕著舊車互撞的比賽，最後未被撞毀的車輛爲勝利者。

❸古詩十九首之十五。

❹見第389頁，第一章註❶。

❺烤麵條布丁（Noodle Kugel）：一種猶太人常吃的食物，通常用烤鍋把麵條加上麵糊焗成有布丁口感的麵食。

第十一章

❶出自英國小說家、詩人吉普林（Rudyard Kipling, 1865–1936）的敘事詩〈曼德勒〉（"Mandalay"）。〈曼德勒〉講的是一個英國士兵向他的緬甸情人道別，即將回到祖國時，心中不禁比較起殖民地和祖國生活的差異，依依不捨，也才以此段渴望回到東方充滿異國情調的殖民地之感慨爲總結。

❷羅伊・賓（Roy Bean）：十九世紀美國西部開拓史上的傳奇人物，是美國西南部、德州地區有名的法官，以公正不阿著名。科瑞恩在此把殷法官比作「蒙古的羅伊・賓」，自有貶意。

第十二章

❶曼陀羅（mandala）：原爲梵語，又名「壇城」或「壇場」，是印度佛教密宗裡，密宗本尊及其眷屬集會的道場，以防止妖魔入侵。藏傳佛教文物唐卡上繪製的就是壇城。

❷梅力更召（蒙古語爲聰明、智慧之意）：位於包頭以西三十公里，經查，其實應建於康熙十六年（1677），康熙四十一年（1702），御賜廣法寺，是中國境內唯一使用蒙古語念經的黃教喇嘛廟。這裡的「濟元廟」是英文 Chi Yua Mei 的譯音，與「廣法寺」出入甚大，可能是另一別名。

❸仙納度（Xanadu）應指上都，是忽必烈於西元一二五六年所建，作爲元代首都大都（今北京）的陪都。位於內蒙古錫林郭勒盟多倫縣附近。

第十四章

❶此段的「大沙山」是 Big Sand Mountain 的意譯，和前幾章所提的「沙山」（Sand Mountain）應是同一處。惟在本書中兩者交錯使用，無一定的規則，譯文以尊重原文爲原則。

❷宗才發不清楚小提琴的英文發音，此譯爲「小帝琴」。另外這裡的英文雖然指的是小提琴，但是，編者根據文意推敲，應該指的是蒙古人特有的馬頭琴，因此以下皆以馬頭琴稱之。

第十八章

❶阿帕契族（Apache）：美國西南部一支印第安部族。

第二十章

❶波希（Hieronymus Bosch, 1450-1516）：十五世紀荷蘭畫家，畫作多以聖經、宗教爲主題，風格神秘、怪誕、奇幻，帶有夢境的味道，製造象徵、諷寓的效果。生平不詳，甚少離開其出生地。豐富的想像力影響後代的藝術家甚巨，尤其啓發了近代歐洲超現實主義運動的成員，如達利等。狄更斯（Charles Dickens, 1812-1870）則以十九世紀倫敦寫實小說爲名。這裡的比喻主要強調了兩者荒謬的綜合體。

❷輕鬆的錢（easy money）在美俚中指「得來容易的錢」或引伸爲「不義之財」。

第二十一章

❶《金剛經》英譯本的名稱爲《*Diamond Sutra*》，即「《鑽石經》」，故宗才在這裡提到鑽石。

❷宗才這裡說「善哉！善哉！」是針對作者「我迫不及待了。」一語表示嘉許而發。

❸這似乎並非《易經》本文，而是作者仿作。

第二十二章

❶大衛之星（Star of David）：猶太人的標記，由兩個等邊三角形反向疊成的六角星。

❷即ibuprofen，一種消炎止痛藥。

❸聖經記載，猶太人在出埃及之後，上帝曾經從天上降下嗎哪（manna），供他們充飢。至於嗎哪究爲何物，則不得而知。

❹紐瑞耶夫（Rudolf Nureyev, 1938-1993）：蘇聯著名芭蕾舞星，一九六一年趁舞團在巴黎訪問演出，即將返國時，投奔自由，也是第一個逃亡西方的俄國芭蕾舞星。死於愛滋病。

第二十五章

❶奧茲國（Oz）：是美國作家法蘭克・鮑姆（Frank Baum）的童話《綠野仙蹤》（*Wizard of Oz*）裡的魔幻仙境。

第二十六章

❶古格・丁（Gunga Din）：英國小說家及詩人吉普林（Rudyard Kipling, 1865-1936）的同名詩中的主角。古格・丁是英軍雇用的印度籍背水、送水的差役（Bhisti）。他又老又衣衫襤褸，但是心地善

良，熱心助人，總是隨傳隨到，只顧送水給士兵，自己却不喝。

❷維美爾（Jan Vermeer, 1632-1675）：十七世紀荷蘭風俗畫畫家。作品不多，早年不太受重視，直到十九世紀印象派興起，人們逐漸注意到他的畫作講究的光線來源及效果。他喜歡透過窗戶自然的光線，強調主題的顏色對比和光影的粒子，製造出靜謐、詳和，但隱約散發神秘的氣氛。

第二十七章

❶喜金剛和無我母（Hevajra and Nairatmya）：喜金剛是將藏密中所修行的大圓滿法寫下公諸於世的鼻祖，成《喜金剛本續》；無我母（又稱金剛無我母）是喜金剛的佛母，也就是他的配偶。藏傳佛教或密教中，佛常有配偶。

❷《英倫情人》（*The English Patient*）：邁克•翁達吉（Michael Ondaatje）的著名小說，敘述二次世界大戰結束前夕，一個戰地護士經歷戰亂，心力交瘁，在義大利的修道院裡遇上另外三個戰爭的受害者。其中的英籍病人緩緩述說他情感複雜迂迴的過去，後來他死了，他的回憶却緊緊纏繞其他人的生命。整本小說以詩般的散文體寫成，耐人尋味。

國家圖書館出版品預行編目資料

師父還在沙漠裡 ： 蒙古禪師與美國嬉皮的狂
沙之旅／喬治・科瑞恩 (Geroge Crane) 著；
梁永安譯. -- 初版. -- 臺北市 ：
大塊文化，2001 [民 90]
面； 公分. -- (Mark ; 27)
譯自：Bones of the Master : A Buddhist
Monk's Search for the Lost Heart of China
ISBN 957-0316-84-5 (平裝)

1. 釋宗才 - 傳記

229.386 90014629

105 台北市南京東路四段25號11樓

廣	告	回	信
台灣北區郵政管理局登記證			
北台字第10227號			

大塊文化出版股份有限公司 收

請沿虛線撕下後對折裝訂寄回，謝謝！

地址：□□□_______市／縣_______鄉／鎮／市／區

_______路／街______段_____巷______弄______號______樓

姓名：

大塊 LOCUS 文化

編號：MA027　書名：師父還在沙漠裡

讀者回函卡

謝謝您購買這本書，爲了加強對您的服務，請您詳細填寫本卡各欄，寄回大塊出版 (免附回郵) 即可不定期收到本公司最新的出版資訊。

姓名：__________________ **身分證字號**：__________________

住址：□□□__________________

聯絡電話：(O)__________________ (H)__________________

出生日期：______年______月______日 E-mail: __________________

學歷：1.□高中及高中以下 2.□專科與大學 3.□研究所以上

職業：1.□學生 2.□資訊業 3.□工 4.□商 5.□服務業 6.□軍警公教 7.□自由業及專業 8.□其他________

從何處得知本書：1.□逛書店 2.□報紙廣告 3.□雜誌廣告 4.□新聞報導 5.□親友介紹 6.□公車廣告 7.□廣播節目8.□書訊 9.□廣告信函 10.□其他__________

您購買過我們那些系列的書：

1.□Touch系列 2.□Mark系列 3.□Smile系列 4.□Catch系列
5.□PC Pink系列 6□tomorrow系列 7□sense系列

閱讀嗜好：

1.□財經 2.□企管 3.□心理 4.□勵志 5.□社會人文 6.□自然科學
7.□傳記 8.□音樂藝術 9.□文學 10.□保健 11.□漫畫 12.□其他_____

對我們的建議：__________________

____

____

LOCUS

LOCUS

LOCUS

LOCUS